붉은 향일

독립과 건국의 적(敵)

붉은 항일

황대일 저

기파랑

이 책은 방일영문화재단의 지원을 받아 저술, 출판되었습니다.

머리말

괴담 너머의 진실을 찾아서

"남한은 친일파에 관대했으나 북한은 친일 청산에 성공했다"고 막연히 알고 있는 사람들이 많다. 이는 일부만 맞고 나머지는 틀린 말이다.

남한과 북한 모두 건국 내각에 친일 인사를 최대한 배제함으로써 정통성 경쟁을 벌였다는 것은 어느 정도 사실이다.

1948년 8월 출범한 대한민국 초대 내각은 유진오와 윤치영을 제외하면 대부분 독립운동가나 미국 유학파로 짜였다. 그다음 달 선보인 북한 정권 내각에서도 이승엽의 행적이 의심스러울 뿐 나머지는 일제와 무관했다. 그러나 각료 외 요직에는 남북한 모두 조선총독부에 협력한 인물을 상당수 중용했다. 건국 당시 우수 인력이 극도로 빈약한 현실을 고려한 궁여지책이었다. 또 대한민국이 동북아시아에서 급팽창하던 공산 세력을 막는 데 일제 경찰을 활용한 데 반해, 북한은 체제 선전과 김일성 우상화를 위해 친일파 문화예술인을 우대했다.

건국 전 일제 치하의 독립투쟁을 좌파가 주도했고, 민족주의자들의 항일운동은 미미했다는 역사학계 안팎의 주장도 설득력이 약하다. 공산주의자들의 항일운동 지향점은 자유민주 국가 건설이 아니라 '붉은 세상'의 구현이었다. 공산주의자들에게 민족주의 독립운동 단체는 일제와 마찬가지로 타도의 대상이었다. 이들은 민족주의 진영과 한시적으로 손을 잡는 척하다가도 종국에는 어김없이 내쳤다. 청산리전투 주역들을 학살하고 물산장려운동과 신간회를 파괴한 것도 공산주의자들이었다. 청산리전투를 지휘한 김좌진 장군은 반공 노선을 고집하다 '붉은 손'에 살해됐다.

일제하 공산주의자들은 볼셰비키 러시아의 꼭두각시 기구인 코민테른(국제공산당)에 충성 경쟁을 벌이느라 내부 총질도 서슴지 않았다. 한반도는 물론 대륙과 태평양까지 침략한 일제에 맞서 지푸라기 힘이라도 모아야 할 판에, 계급투쟁 신앙에 포획돼 동족상잔을 일삼았다. 그 결과 1930년대 중·후반부터 국내는 물론 국외에서도 독립 무장투쟁이 사실상 실종된다. 도탄에 빠진 민족을 구한다며 호들갑을 떤 공산주의들이 열어젖힌 세상은 온통 지옥이었다.

1937년의 보천보전투는 중국공산당 산하 동북항일연군 소속 한인들이 일제 관공서를 약탈한 사건인데도 북한은 최대 항일 무장투쟁으로 선전한다. 떼강도 사건을 이끈 김일성을 신격화하기 위한 완벽한 역사 왜곡이다.

한국이 제2차 세계대전 이후 국제무대에서 소외된 것도 항일 세력의 좌우 분열과 무관하지 않다. 상당수 피식민지 국가가 연합군의 일원으로 2차대전에 참전한 덕에 샌프란시스코 강화협상에 영향력을 미쳤으나, 한인들은 좌우를 막론하고 그런 기회를 얻지 못했다. 특히 일본이 이 협상에서 독도 영유권을 주장할 시기에는 6·25 전쟁에 휩싸여 속수무책이었다.

북한은 6·25 남침을 감행함으로써 빈사상태에 허덕이던 일본의 경제 재건과 재무장을 화끈하게 도와준 꼴이 됐다. 미군정이 종전 직후 일본의 비군사화와 민주화를 목표로 국가 개조를 추진하면서 군국주의의 버팀목은 송두리째 뽑혀 나갔고 대다수 일본인은 폐허에서 신음했다. 하지만 해체된 일본 재벌기업들이 6·25 전쟁을 계기로 줄줄이 회생하면서 일본은 한순간에 선진국 대열에 진입했고 자위대는 세계 굴지의 강군으로 발전했다. 결국 김일성의 남침은 쓰러져 가는 일본을 구원해 준 '신의 바람' 신풍(神風)이었다.

일제하 공산주의자들이 민족주의 진영을 배척하면서 독립운동을 망친 행적과 정권 수립 후 친일파 중용, 일본의 한국전쟁 특수(特需) 등을 읽어 나가다 보면, 오늘날 정치권 등에서 맹위를 떨치는 친일몰이가 얼마나 날조된 허구에 기반하고 있는지 깨닫게 될 것이다. 적반하장 격인 반일 선전선동의 근저에는 대부분 '괴담'이 똬리를 틀고 있는 것은 물론이다.

독립운동의 대안 이념, 공산주의

공산주의는 19세기에 자본주의를 대체하는 사상으로 확립돼 1917년 레닌에 의해 러시아에서 처음으로 구현됐다. 이후 공산주의는 마르크스·레닌주의로도 불리며 여러 나라에서 혁명이론으로 맹위를 떨쳤다.

공산주의 이론에 따르면 무산계급(프롤레타리아트)이 폭력혁명으로 자본가 계급을 타도하고 정치권력을 장악한 다음, 사유재산제를 완전히 철폐하고 생산수단을 공유하여 모든 사람이 능력에 따라 일하고 필요에 따라 공짜로 소비하는 새로운 사회를 건설한다. 종국에는 정치권력마저 사라져 모든 구성원이 평등해짐으로써 비로소 공산혁명이 완성된다. 다만, 자본주의 국가가 세상에 하나라도 남는다면 체제 수호용 군대가 유지된다.

공산사회로 이행(移行)하는 과도기에는 노동자, 농민, 엘리트 계층이 능력별로 일하고 노동의 양과 질에 따라 분배하느라 도시와 농촌, 육체노동과 정신노동 등에서 일부 차별이 생기는 사회주의 사회가 등장한다. 하지만 사회주의의 완성체가 공산주의라는 점에서 두 주의의 구분은 큰 의미가 없다. 성장기의 푸른 사과든 수확기 붉은 사과든 사과이긴 마찬가지인 것이다.

러시아 혁명 직후 상당수 한국인은 공산주의 사상에 열광했다. 혁명 이듬해인 1918년, 러시아 하바롭스크에서는 공산사회 건설을 표방하는 한인 중심의 한인사회당이 창설됐다. 한인사회당은 한때 동포들을 상대로 선전과 출판·교육 활동을 펴면서 항일 의지를 다지기도 했으나, 머잖아 내분에 휩싸이면서 되레 독립투쟁에 독배(毒杯)가 되고 만다.

한반도 안에 붉은 바람이 휘몰아치기 시작한 것은 1919년 3·1운동 직후다. 사회주의자는 물론 민족주의자조차 러시아 혁명에 크게 고무됐다. 이들은 공산주의가 새로운 독립운동의 방편이 될 것으로 기대했다. 농업사회에서 곧바로 사회주의 혁명을 일으켜 차르 체제를 끝장낸 러시아의 비결에도 큰 관심을 보였다. 그 무렵 세계 공산화를 목표로 등장한 코민테른은 각국의 반(反)제국주의자들에게 든든한 버팀목이 됐다. 약소민족의 독립을 약속하며 막대한 공작금과 무기도 지원했다. 그 결과 1920년대 중엽 상당수 국가에서 공산당이 출현했다.

1925년에는 한반도에도 조선공산당(조공)이 탄생했다. 하지만 조공은 일제의 탄압으로 금방 무너져 변변한 성과를 내지 못했다. 조공은 최대의 좌우합작 독립운동 단체인 신간회에 들어가 명맥을 잇는 듯했으나, 머잖아 민족주의 계열과 결별함으로써 몰락하고 만다. 신성(神聖) 권력으로 군림하며 노동자·농민 이외의 세력을 배척하도록 한 코민테른의 지령을 맹종한 결과다. 만주에서 조선인 공산주의자들 약 2,000명이 일제 간첩이라는 누명을 쓰고 학살당한 사건도 코민테른을 무오류의 국제혁명 지도 기구로 떠받든 것과 무관하지 않다.

공산주의자들은 조선공산당 해체 이후 1945년 해방 때까지 조공 재건을 위해 안간힘을 썼으나 끝내 성공하지 못했다. 러시아에서 레닌이 사망하고 스탈린이 집권하면서 코민테른의 폐단이 드러나고 인간 도살극이 자행됐는데도 한인 공산주의자들은 붉은 이념에 집착했다. 스탈린은 연해주의 한인 약 18만 명을 중앙아시아로 강제 이주시켰고, 그 과정에서 2만 5,000여 명이 목숨을 잃었다. 민족해방의 대안 이념으로 수입한 공산주의가 독립운동을 파괴하고 동족을 학살하는 흉기가 되었다.

공산당의 씨앗 한인사회당

공산주의가 한국을 비롯한 세계 각국으로 급속히 확산한 계기는 1917년 11월(러시아력曆 10월)에 발생한 러시아 혁명(10월혁명)이다. 레닌 중심의 볼셰비키당은 소비에트 정권 수립과 동시에 혁명사상을 각국에 수출했다. 볼셰비키는 러시아어로 다수파를 의미한다. 1903년 러시아 사회민주노동당 전당대회에서 당 규약 표결에서 이긴 레닌파가 스스로 다수파라고 칭하고 패배한 세력을 소수파(멘셰비키)로 부른 데서 유래한 명칭이다. 볼셰비키는 1917년 11월 무장봉기를 일으켜 사회주의 국가를 건설함으로써 한순간에 전 세계에 알려졌다.

'붉은 한인' 발상지 연해주

한인 사회에서 공산주의를 가장 먼저 수용한 곳은 러시아 극동 연해주(沿海州)다. 청(淸)과 러시아의 국경선 획정 직후 함경도 주민들이 1863년부터 이주해 생활 터전을 마련한 동해 인접 지역이다.[1] 한반도 대기근으로 식량난에 허덕이던 조선인의 이주가 꾸준히 늘어났고 1910년 한일합방 이후에는 정치적 망명이 이어져 연해주는 독립운동의 국외 근거지가 됐다.

그렇다고 모든 동포가 한 몸처럼 움직인 것은 아니다. 러시아 국적과 토지를 얻은 초기 이주민인 '원호(元戶)'의 상당수는 공산주의를 반대했다. 러시아 적백(赤白)내전 때는 '에호 한인부대'를 창설해 반혁명 세력인 백군(白軍)을 지원했다.[2]

원호는 1905년 현재 10만 한인 동포 중 약 20퍼센트였다. 제2 세

---

1 한동훈, 「19세기 말 조선인의 연해주 월경과 한인마을의 형성: 조·청·러 삼국의 쇄환교섭을 중심으로」, 『한국독립운동사연구』 제78호(독립기념관 한국독립운동사연구소, 2022), 307쪽.

2 윤상원, 「시베리아내전기 러시아지역 한인의 군사활동: '한인사회당 적위군'과 '에호한인부대'를 중심으로」, 『한국민족운동사 연구』 제66호(한국민족운동사학회, 2011), 50쪽.

대 원호는 러시아 교육기관과 서당에서 학습해 양국 언어와 문화를 수용함으로써 최초의 디아스포라(diaspora, 이산離散) 지식인으로 성장했다. 반면 1890년대 이후 연해주에 정착한 사람들은 대부분 국적도 없이 소작농으로 살았으며 '여호(餘戶)'로 불렸다.

원호들은 1910년 한일합방 이후 러시아 제국에서 윤택한 삶을 누렸다. 5년 전 러일전쟁에서 이긴 일제와 국경을 맞댄 상황에서 러시아는 일본군 견제를 위해 조선인을 정부 요직에 발탁하기도 했다. 2세대 원호는 신문사 특파원으로서 일제의 한반도 식민 정책 등을 모스크바에 알리거나, 1914년 러시아군 엘리트 장교로 징집돼 제1차 세계대전에 참전하기도 했다.[3]

상당수 여호 한인은 1917년 공산혁명 직후 벌어진 내전에서 레닌 정권에 충성했다. 하바롭스크, 우수리스크, 블라디보스토크 등지에 거주하던 이들은 볼셰비키 적군(赤軍)을 도왔다. 이들은 반혁명 세력(백군)에 밀리던 적군의 막강한 원군 노릇을 했다.

이동휘 중심의 한인 사회주의의 씨앗은 하바롭스크에 뿌려졌다. 1916년 시베리아 철도 개통 이후 연해주 최대 산업도시로 발전한 하바롭스크 일대 한인사회당의 적위군은 한인 빨치산(파르티잔partisan) 운동의 선구자였다. 1915년 연해주로 망명한 이동휘는 이곳에서 독립운동 단체 권업회(勸業會) 등을 이끌었다.[4] 1917년 2월 1차대전 연

---

3 박노자, 『조선 사회주의자 열전』(나무연필, 2021), 152-169쪽.

4 반병률, 「이동휘: 선구적 민족혁명가·공산주의운동가」, 『한국사 시민강좌』 제47집(일조각, 2010), 4-5쪽.

합국 대열에서 이탈하려는 볼셰비키 세력을 돕다가 독일 간첩으로 몰려 투옥됐으나, 러시아 10월혁명 직후 볼셰비키당원 김알렉산드라의 도움으로 석방됐다.

연해주 우수리스크에서 태어난 김알렉산드라는 1915년부터 시베리아 벌목장 통역 직원으로 일하다 이듬해에 한인 최초로 볼셰비키당에 가입해 대중 집회와 시위를 주도하면서 계급투쟁과 민족해방운동의 당위성을 선전했다. 10월혁명 이후에는 극동인민공화국 외무위원에 임명돼 이동휘 석방을 돕고 한인사회당 결성을 지원했다. 1920년 4월 17일자 〈독립신문〉을 보면 그의 활약상을 짐작할 수 있다.

> 혁명사상으론 대한여자의 향도관(嚮導官)
> 사회주의론 대한여자의 선봉장
> 자유정신으론 대한여자의 고문관
> 해방투쟁으론 대한여자의 사표자(師表者)[5]

하바롭스크 한인 지도자들은 이동휘를 도와 한인 사회를 대표하는 정당 건설에 동참했다. 그 무렵 적군은 내전에서 악전고투했다. 블라디보스토크를 제외한 연해주에서 볼셰비키의 기반이 취약한 데다 백군의 공세가 갈수록 강화된 탓이다. 러시아 국경까지 군대를 파견한 일제도 적군을 위협했다. 볼셰비키는 고립무원의 위기에서

---

5 박환, 『러시아한인민족운동사』(탐구당, 2015), 280쪽 재인용.

벗어나려고 이동휘 중심의 한인 사회에 손을 내밀었고, 그 영향으로 한인사회당 창당 작업이 탄력을 받았다.

출발부터 이념 문제로 민족주의와 갈등

하지만 한인사회당 창당 작업은 민족주의 계열과 사회주의 진영이 정세 분석과 투쟁 방향을 놓고 충돌함으로써 출발부터 내분을 겪었다. 민족주의 계열이 노동자계급의 국제연대투쟁을 거부하자, 여운형·안병찬·김단야·박헌영 등이 2세대 원호인 김만겸·남만춘·한명세·오하묵·최고려 등과 더불어 이탈했기 때문이다.[6] 이것이 우리 역사에서 이념 문제로 좌우 세력이 갈라진 첫 사례다. 진통 끝에 한인사회당은 코민테른의 도움을 받아 1918년 4월 28일 하바롭스크의 낡은 건물 2층에서 출범하게 된다.[7]

한인사회당은 계급과 사유재산 타파를 주장한 한인 최초의 사회주의 정치단체이자 아시아 제1호 사회주의 정당이다. 중앙위원회에 조직부·선전부와 함께 군사부를 설치한 게 특징이다. 정치·대중투쟁에 주력한 일반 정당과 달리 무장투쟁과 사회주의의 결합을 위해 만든 기구인 군사부는 한인 100여 명으로 적위군을 창설해 러시아 백군을 상대로 싸웠다. 백군이 1918년 6월 29일 블라디보스토크 주둔 체코군의 반란을 계기로 연해주를 점령한 다음 일본군의 도움으로 하바롭스크를 공격했기 때문이다.[8]

---

6   박노자, 『조선 사회주의자 열전』, 174-175쪽.
7   최백순, 『조선공산당 평전』(서해문집, 2019), 80-81쪽.

한인사회당은 좌파 민족주의자와 초보 사회주의자의 혼합체였다. 당대표 이동휘는 민족주의 성향이 강했음에도 항일 독립투쟁에 레닌 정부의 지원이 절실하다고 판단한 나머지 볼셰비키 노선에 집착했다.

한인사회당은 반일·반제(反帝) 사회주의 노선을 토대로 장교 훈련용 군사학교를 세우고 적위대를 양성하는 한편, 기관지 〈자유종〉을 발간해 하바롭스크 일대에서 한인들의 구심체 역할을 하려고 노력했다. 하지만 머잖아 볼셰비키 타도와 황제 옹립을 전투 구호로 내건 백군의 세력이 급격히 커지면서 볼셰비키 소비에트가 순식간에 무너져 한인사회당은 위기를 맞게 된다. 이르쿠츠크, 베르흐네우딘스크, 치타 등이 백군의 수중에 줄줄이 떨어졌다. 급기야 하바롭스크 소비에트는 소개령을 내리고 전면 철수했다.[9]

한인사회당도 코민테른 승인을 받지 못한 채 북만주와 우랄산맥 오지로 흩어졌다. 김알렉산드라는 빨치산으로 변신해 아무르강을 거슬러 철군하는 대열의 마지막 배를 탔다가 배가 백군에 나포돼 1918년 9월 16일 최후를 맞았다. 즉결처형을 앞두고 열세 걸음을 뒤로 걸은 후 죽게 해 달라고 요청했다. 열세 걸음은 당시 한반도 13개도를 상징했다. 총살 후 33세의 시신은 아무르강(헤이룽장·흑룡강)에 던져졌다.

한인사회당에는 새로운 악재가 더해졌다. 중국 주둔 일본군 7만

8　윤상원, 「시베리아내전기 러시아지역 한인의 군사활동」, 51쪽.
9　최백순, 『조선공산당 평전』, 85-86쪽.

여 명이 1918년 10월 블라디보스토크에 상륙했다. 출병 명분은 체코군 구출이었다. 체코군 약 7만 명은 1차대전에서 오스트리아·헝가리 제국 군대에 배속돼 참전했다가 러시아에 투항했다. 약 300년의 외세 지배에서 벗어나 독립국가를 건설할 절호의 기회로 여겼기 때문이다. 러시아 서부전선에서 독일군과 싸우려던 계획이 러시아와 독일의 갑작스러운 강화협정으로 무산되자, 체코군은 시베리아를 횡단했다. 서쪽으로 폴란드를 통과하면 시간을 크게 단축할 수 있었으나, 독일군 점령 지역임을 고려해 정반대로 이동했다. 동쪽으로 시베리아를 횡단해 블라디보스토크에 집결한 다음 인도양과 태평양을 건너는 대장정을 선택했다.[10]

1918년 2월 우크라이나를 출발한 체코군의 대장정은 순탄하지 않았다. 볼셰비키군의 무장해제 명령을 받고 세 갈래로 나뉘어 동진을 시작해, 제1진 병력 1만 5,000여 명만 그해 4월 블라디보스토크에 도착했다. 19만여 명에 달하는 연해주 한인 사회는 체코군의 블라디보스토크 장악으로 극동 소비에트가 무너지자 환영 파티를 열며 체코군을 반겼다.[11] 일제는 그 틈새를 비집고 들어왔다. 독일군을 공동의 적으로 둔 체코군의 안전 귀환을 돕는다는 명분으로 5만 대군을 파병했다.

막 출범한 한인사회당은 동포 사회마저 위험해지자 순식간에 무

---

10 위의 책, 86-87쪽.
11 황정식, 「상해 대한민국 임시정부와 체코군단」, 『동국사학』 제67호(동국역사문화연구소, 2019), 315쪽.

너지고 만다. 창당 수개월 만에 이동휘를 비롯한 지도부가 아무런 기약도 없이 뿔뿔이 흩어졌다. 러시아 태생이거나 귀화한 조선인은 훗날을 기약하며 볼셰비키 적군에 들어가 빨치산으로 활동했다.

러·중서 2개 고려공산당 창당

연해주 한인들은 현지에 주둔한 일제와 기묘한 동거를 했다. 일제는 체코 군대 구출 명분을 지키려는 듯 한인 사회를 섣불리 공격하지 않았다. 대다수 한인이 볼셰비키 혁명에 중립 자세를 취해 탄압 빌미를 찾기 어려웠기 때문이었다. 하지만 1919년 3·1운동을 계기로 국내외에서 항일운동 열기가 확산하자 일제는 바짝 긴장하며 한인 사회를 극도로 경계했다.

사회주의자들 합류로 상하이임정 분열

1919년 3월 17일, 블라디보스토크 신한촌에서 활동하던 항일단체 전로한족회 중앙총회(全露韓族會中央總會)가 대한국민의회로 개편했다. 문창범·김철훈 그룹과 이동휘 계열이 의회와 행정부를 분점한 임시정부였다. 각계 지도자 70~80명으로 짜인 의회가 대한민국 독립과 항일 혈전 결의를 선포하고 군사훈련소를 설치하자, 흩어진 한인사회당 당원들이 재결집했다. 프롤레타리아 독재에 공감하며 볼셰비키 정권과 협력한 한인사회당의 노선은 이전보다 한층 붉어졌다. 레닌 정권으로부터 한인 사회의 유일 사회주의 정당으로 인정

받아 독립 자금을 얻기 위한 '좌클릭'이었다.

그해 말, 서울과 블라디보스토크, 상하이 등에 산재하다가 하나로 통합된 임시정부 총리에 추대된 이동휘는 상하이로 떠났다. 김립과 박진순을 비롯한 한인사회당 핵심 간부들도 상하이임정에 속속 합류했다.

하지만 좌우 동거 성격의 임시정부는 처음부터 투쟁 노선을 둘러싸고 극심한 내분에 휩싸였다. 이승만과 안창호는 윌슨 미국 대통령의 민족자결주의에 바탕을 둔 독립운동을 제안했다. 이동휘 계열은 미국 주도의 국제연맹과 결별하고 대신 코민테른과 손잡고 연해주와 간도에서 무장투쟁을 하자고 맞섰다. 급기야 이동휘 계열은 1920년을 '독립전쟁 원년'으로 선포하고, 외교독립론을 주창한 이승만을 임시정부에서 축출하려 했다.[12]

임시정부의 외교론 배척에는 상하이에 볼셰비키 요원으로 파견된 알렉세이 포타포프 장군의 권고가 큰 영향을 끼쳤다. 그는 파리평화회의나 국제연맹, 1차대전 전승국 모두 한국 독립에 무의미하다며 항일투쟁 강령과 항일 선전, 군사조직 계획을 제안했다.[13] 한인사회당은 이를 수용함으로써 볼셰비키 정권과 더욱 가까워져 1920년 봄 상하이 공산주의자 그룹을 결성했다. 한인사회당 출신의 박진순·김립·이한영을 주축으로 한 이 그룹에 여운형·조완구·신채

---

12 이혜린, 「1920년 대한민국임시정부 대통령불신임운동의 주체와 성격」, 『인문과학』 제57호(성균관대학교 인문학연구원, 2015), 139쪽.

13 최백순, 『조선공산당 평전』, 105-106쪽.

호·안병찬·김두봉도 가담했다.

한인사회당은 코민테른 2차 대회를 염두에 두고 1921년 5월 고려공산당으로 당명을 변경한다. 코민테른 2차 대회는 각국 공산당이 21가지 조건을 충족해야 코민테른에 가입하도록 했다. 코민테른을 엄격한 명령·복종 체계를 갖는 중앙집권기구로 개편하여, 산하 각국 정당들도 정당명을 공산당으로 바꾸고 그렇게 운영해야 한다는 게 주된 가입 조건이었다.

한인사회당은 이미 창당 때부터 민족주의자와 사회주의 계열 간의 내분을 겪은 바 있었다. 사회주의자 이동휘 중심의 고려공산당은 '상해파'로 불렸다. 러시아 바이칼호와 인접한 이르쿠츠크에서 비슷한 시기에 같은 이름으로 창당한 고려공산당과 구분하기 위한 별칭이다. 상해파는 이동휘가 총리를 맡은 임정에서 막강한 영향력을 행사했다. 러시아 담당 외교 라인도 박진순, 한형권, 김립 등 상해파 일색으로 짜여 레닌 정부에서 60만 루블을 확보하는 역할을 했다. 상해파는 동아일보를 선전 기관으로 삼아 국내외 기반을 빠르게 넓혀 나가 이르쿠츠크파 고려공산당을 일찌감치 압도했다.

하지만 이르쿠츠크파가 코민테른 동양비서부의 전폭적인 지원을 받기 시작한 1921년 3월부터는 힘의 우열 관계가 점차 역전됐다.[14]

---

14 김방, 「고려공산당의 분립과 통합운동」, 『아세아문화연구』 제5호(가천대학교 아시아문화연구소, 2021), 170-172쪽.

이르쿠츠크파와 상해파의 적통(嫡統) 싸움

이르쿠츠크 한인 사회에 적색 바람이 강타한 것은 1917년 볼셰비키 혁명 직후다. 시베리아 철도 개통 이후 노동자가 급증한 이곳에 약 5,000킬로미터 떨어진 수도 페테르부르크의 소식이 빠르게 전해져 소비에트가 건설됐다. 소비에트는 노동자, 농민, 병사 등 하층민 대표 기구로 각급 행정단위에서 혁명정책을 집행하는 기구다. 1918년 1월에는 소비에트 수호를 위한 볼셰비키 한인 조직이 탄생했다. 이르쿠츠크에서 태어나거나 일찍 귀화한 김철훈, 오하묵, 최고려, 남만춘 등이 창설 주역이었다. 이후 이르쿠츠크는 30년간 한반도 전역으로 맹독성 붉은 기운을 내뿜는 분화구 역할을 하게 된다.

1919년 9월에는 한인 볼셰비키 조직이 전로한인공산당(全露韓人共産黨)으로 발전했다. 한인사회당에 이은 두 번째 좌파 정당으로 위원장 김철훈, 군사부장 오하묵, 정치부장 한안드레이, 선전부장 최고려, 교통부장 박이노겐치 등이 수뇌부를 구성했다. 이들은 대부분 러시아 태생이어서 코민테른과 쉽게 소통했다.[15]

1920년 1월에는 이르쿠츠크 공산당 고려부가 조직됐다. 고려부는 볼셰비키당 한인 지부로 시베리아 이민족을 다루는 코민테른 동양비서부의 수족 노릇을 했다. 한인 청년들에게 공산주의 교육과 군사훈련을 시키고 기관지 〈경세종(警世鐘)〉을 통해 볼셰비키 정책도 전파했다.

1차대전 참전 장교로 러시아 혁명 후 볼셰비키 적군에 가담한 오

---

15 최백순, 『조선공산당 평전』, 102-103쪽.

하묵은 한인 적군 조직을 총괄했다. 러시아 공산당 이르쿠츠크 위원회 소수민족부장으로 활동한 남만춘은 훗날 조선공산당의 산파역을 한다. 이들은 1921년 5월 4~15일 한인공산주의자대회를 열어 고려공산당을 결성했다. 이른바 이르쿠츠크파 고려공산당으로서, 민족 독립을 염원한 한인사회당과 달리 오직 공산사회 건설에만 진력했다.

이르쿠츠크파는 대회 기간에 발표한 각종 결의문을 통해 상해파와 차별화를 시도했다. 상해파가 옹호한 언론·출판의 자유 같은 '부르주아 민주주의 권리'는 공산주의에 해로운 가치로 여겨 철저히 배척했다. 상해파 간부들을 "종교인이나 소부르주아로 구성된 모험적 반혁명 분자"라고 비판하기도 했다.[16]

상해파는 공산주의를 표방했지만 이르쿠츠크파보다는 훨씬 유연했다. "민족적 해방이 사회혁명의 전제요, 이 역시 곧 세계혁명의 달성을 위한 것이다"라는 강령에서 알 수 있듯이 투쟁 목적이 사회주의 국가 건설과 함께 식민지 조선의 해방이었다. 사회혁명당 출신의 장덕수는 분배구조를 개선한 합리적인 자본주의 경제체제를 노동문제 해법으로 제시할 만큼 사상의 폭이 넓었다. 상해파는 정체성을 의심받아 가짜 공산당이라는 비난을 받을 만큼 이르쿠츠크파와 대조를 이뤘다.

타도 대상도 서로 달랐다. 이르쿠츠크파는 일제와 국내 토착 부르주아를 동시에 제거하려 했다. 해방공간에서 사회주의 혁명과 부

---

16 김방, 「고려공산당의 분립과 통합운동」, 170-172쪽.

르주아 민주주의 혁명의 시차를 둘 필요가 없다는 판단에서 취한 강경 노선이었다. 경제정책에서는 모든 착취자의 농토를 몰수하되 일제 기관의 토지는 물론 한국인 지주와 부농의 땅도 몰수 대상에 넣었다. 국가 독립은 안중에 없었던 탓에 대한제국 부활은 물론이고 민주공화국 건설도 반대했다. 대안으로 무산계급에 완벽한 자유를 제공한다는 소비에트 건설론을 제시했다. 코민테른 극동비서부가 주도한 이 노선은 한국, 중국, 몽골 등 동아시아 피억압민족을 통합한 혁명정권을 수립하되 민족 단위의 소비에트 구성은 차단하려 했다. 민족주의 계열의 항일 무장단체와 제휴하는 것은 임시방편으로만 허용됐다. 그러면서도 상하이임정은 적대시했다. 부르주아 민주주의 국가를 지향하고, 지도층이 부르주아나 구 관료 출신이라고 판단했기 때문이다.

상해파는 이르쿠츠크파와 달리 연속혁명론을 견지했다. 부르주아와 프롤레타리아트 계급이 항일 공동 투쟁을 벌여 민족해방혁명을 달성한 다음 부르주아 계급을 타도한다는 구상이다. 사회주의 혁명에 이르는 중간 과정인 민족해방혁명 단계에서는 국내 토착 부르주아도 상해파의 포용 대상이었다.

상해파와 이르쿠츠크파의 극명한 노선 차이는 국내 공산주의 세력에도 반영돼 화요파, 서울파(서울청년회) 등으로 분열됐다. 이들은 우군이 누구냐는 문제를 놓고 심한 알력을 빚었다. 볼셰비키 정권과 밀접한 이르쿠츠크파는 천도교나 기독교 같은 종교 세력을 일시적 우군으로 삼을 수 있어도 종국에는 타도해야 한다는 견해가 확고했다. 반면, 상해파는 다양한 인적 자원으로 구성돼 진보적 종교인이나 민족주의자들에게 관대했다.

통일전선 대상을 놓고도 두 세력은 이견을 보였다. 상해파는 상하이임시정부에 적극적으로 참여하려 했으나 이르쿠츠크파는 상하이임정과 점진적 문화운동론을 배격했다.[17]

코민테른은 투철한 이념과 외연 확장성 등에서 두 정당이 각각 장점을 갖췄다고 판단하고 통합을 유도했다. 이처럼 신중한 행보는 러시아의 적백내전을 고려한 임시변통이었다. 만주와 연해주 일대의 한인 무장세력을 볼셰비키의 동맹군으로 끌어들이려고 민족주의와 종교 문제에 한동안 매우 유연한 태도를 보였다. 그 결과 대종교 신도가 다수인 봉오동·청산리전투 참전 병력을 머잖아 연해주로 유인할 수 있었다.

상하이와 이르쿠츠크에서 따로 출범한 두 개의 고려공산당은 혁명의 성격과 경제정책, 민족주의 등에 대한 뚜렷한 노선 차이로 사사건건 충돌했다. 한인 공산당의 정통성을 놓고도 심한 갈등을 빚었다. 조선왕조에서 흔했던 적통 경쟁의 판박이였다. 두 정당은 몸집을 불려 가며 모스크바를 향해 충성 경쟁을 벌였다. 세력 확장을 위해 상해파는 중국·일본 공산주의자들과 협력해 국내 공작, 민족주의 무장단체 지원 등에 주력했다. 이르쿠츠크파는 상하이지부와 상하이고려공청 건설, 러시아 한인 군사조직 장악, 한인 볼셰비키화 등으로 맞섰다.

---

17 전명혁, 「사회주의 사상의 도입과 조선공산당 창건」, 『진보평론』 제2호(1999), 344쪽.

국제공산당 자금사건

두 조직의 알력은 창당 이전부터 불거졌다. 분쟁의 발단은 레닌 정권의 거액의 지원금이었다. 한인사회당은 1919년 8월 박진순, 박애, 이한영 등 3명을 모스크바에 보내 조국해방과 공산주의 대의를 위해 헌신하겠다고 맹세하고 돈을 받았다. 하지만 박진순 일행은 귀환길에 이르쿠츠크에서 전로한인공산당에 이 돈을 빼앗기고 만다. 이른바 제1차 국제공산당 자금사건이다.

이에 이동휘는 1920년 7월 한형권을 임시정부 전권대표로 모스크바에 급파해 자금 지원을 재차 요청했다. 한형권은 레닌에게 3·1운동의 배경과 일본군의 블라디보스토크 신한촌 방화·학살 등을 알리면서 4가지 제안을 했다. 임시정부 승인과 차관 제공, 연해주 항일 연합작전 수립, 이르쿠츠크에 한인 사관학교 설립 등이다. 레닌은 요구 조건을 대부분 수용했다. 볼셰비키 혁명을 되돌리려는 백군과 내전을 벌이는 상황에서 한인사회당을 든든한 우군으로 삼고 임시정부를 공산화하려는 속셈에서다.

레닌은 전권대표 일행에게 40만 루블을 제공했다. 이 돈 가운데 6만 루블은 모스크바에 체류하던 한형권에게 활동비 명목으로 맡기고 나머지는 박진순이 22만 루블, 김립이 12만 루블씩 나눠 서로 다른 길을 택해 상하이로 운반했다. 복잡한 경로를 택해 극비리에 돈을 옮겼는데도 아무르강 주변에서 볼셰비키당원에게 3만 루블을 빼앗기는 제2차 국제공산당 자금사건이 벌어졌다.

그나마 상하이까지 무사히 도착한 31만 루블은 머잖아 임시정부는 물론 한인 공산주의자들에게 독배(毒杯)가 되고 만다. 자금 집행

주체와 사용처를 놓고 심각한 내분에 휩싸였기 때문이다. 코민테른이 루블 수령권자를 명시하지 않은 게 화근이었다. 레닌은 접수, 운반, 최종 수령 책임자를 언급하지 않은 채 40만 루블을 금화로 제공했다.

이동휘 일파는 이 돈을 한인사회당 몫으로 여겨 수령 사실을 임시정부에 알리지 않은 채 임정 내부에서 세 확산을 꾀하다 공금 횡령 의혹이 불거져 1921년 1월 24일 국무총리직을 사퇴했다.[18] 한인사회당이 모스크바 지원금을 독식한 사실이 들통나자 임시정부는 거세게 성토했다. 자체 조사를 벌여 이동휘가 최측근인 김립 임정 국무원 비서장(차관급)을 한형권에게 보내 돈을 빼돌린 것으로 판단했다. 김립이 그 돈을 사적으로 썼다는 주장도 했다.[19] 한형권이 외교관 파견에 필요한 의정원(의회) 승인을 받지 않은 점도 도마에 올랐다.

임정은 이동휘가 러시아로 돌아간 지 1년 만인 1922년 1월 26일 이동휘와 김립을 성토하는 포고문을 발표했다. 그로부터 보름도 안 지나 김립은 한인 청년들에 의해 살해됐다. 이 사건의 여파로 이동휘를 추종하던 공산주의자들은 임정에서 모두 추방되고 러시아는 임정 지원을 철회했다.

김립 암살은 양대 공산당의 죽기살기식 적통 싸움에서 비롯됐다는 지적도 있다. 이르쿠츠크파가 상해파를 제압하려고 공금 횡령 소

---

18 반병률, 「여운형의 활동을 통해 본 상해 지역 초기 한인공산주의 조직의 형성과 변천에 대한 재해석, 1919~1921」, 『한국독립운동사연구』 제45호(2013), 231-232쪽.

19 김구, 도진순 주해, 『백범일지』(돌베개, 2002), 311-312쪽.

문을 퍼트렸고, 이를 곧이곧대로 믿은 임정이 응징했다는 것이다. 실제로 이르쿠츠크파는 김립이 북간도 부모에게 1만 루블 상당의 토지를 사 주고 중국 광둥(광동) 기생에게 5만 루블을 쓰며 동거하는 등 향락에 빠졌다는 내용의 보고서를 코민테른에 제출했다.[20] 국제 공산당 자금사건은 만주와 연해주 일대 독립운동가들을 볼셰비키 적군에 편입하는 과정에서 빚어진 '자유시참변'(후술)에도 영향을 끼친 것으로 보인다.

한인 빨치산의 일본인 집단 학살

"영원한 적도, 영원한 친구도 없으며 영원한 국가 이익만 있을 뿐이다"라는 국제 외교가의 불문율은 1차대전 당시 러시아와 일본의 행태에서 확인된다. 두 나라는 1904년 러일전쟁 이후 늘 앙숙이었으나 불과 10년 만에 극적 화해를 했다. 1차대전을 일으킨 독일과 오스트리아·헝가리 제국 등 4개 동맹국에 맞선 연합국에도 함께 참여했다. 하지만 양국 간 협력은 오래가지 못했다. 1917년 10월혁명에 성공한 볼셰비키 정권이 독일과 휴전하면서 두 나라는 다시 대척점에 서게 됐다.

러·일 간의 갑작스러운 관계 변화에는 체코군 이동의 영향이 컸

---

20 반병률, 「잊혀진 비극적 민족 혁명가, 김립」, 『내일을 여는 역사』 제26호(역사와책임, 2006), 112쪽.

다. 시베리아를 횡단한 체코군 일부는 휴전을 반대하는 반혁명 러시아 백군과 결탁했다. 막강한 전투력을 갖춘 체코군의 백군 가담은 볼셰비키 정부에 치명타가 됐다. 이에 놀란 적군은 체코군의 무장해제에 나섰다가 충돌하게 된다. 1918년 6월 29일에는 블라디보스토크에서 체코군이 봉기해 백군의 연해주 일대 점령을 도왔다.[21] 이 무렵 일본, 미국, 영국, 캐나다 등 연합국이 체코군을 지원하기 위해 연해주에 군대를 보내 적군은 사면초가 위기에 몰렸다.

체코군의 귀환이 마무리됐을 때 일본군은 그간의 흉계를 드러냈다. 서방 강대국들이 1920년 철군한 데 반해 일본군은 계속 주둔하며 연해주 점령을 꾀했다.

볼셰비키 위해 싸운 한인 빨치산들

이런 상황에서 한인사회당 적위군을 비롯한 한인 무장부대가 줄줄이 생겨났다. 1918년 9월 4일 일본군의 도움을 받은 백군이 하바롭스크를 점령한 이후에는 한인 빨치산부대가 곳곳에서 창설됐다. 블라디보스토크 동부 산악지대인 수찬(파르티잔스크)에서 창설된 부대가 한인 빨치산 제1호다. 연해주 한인 인구의 41.4퍼센트가 밀집한 수찬에서 1919년 2~4월 한창걸을 대장으로 하는 무장대가 조직돼 반혁명 군대에 맞서 싸웠다.[22] 아무르주 블라고베셴스크로 퇴각

---

21 윤상원, 「시베리아내전기 러시아지역 한인의 군사활동」, 57쪽.

22 윤상원, 「시베리아내전기 연해주 수찬지방 한인빨치산부대의 조직과 활동」, 『아시아문화연구』 제19호(가천대학교 아시아문화연구소, 2010), 136-137쪽.

한 극동 소비에트가 9월 12일 비합법 활동 전환과 빨치산 투쟁 준비를 지시했기 때문이다.

그해 10월 박 이반 다닐로비치 부대가 아무르주 블라고베셴스크에서 활동을 시작한 데 이어, 하바롭스크 동부 한인 마을인 다반에서도 광산 노동자를 주축으로 빨치산부대가 창설됐다. 러시아 기병 장교로 1차대전에 참전한 최니꼴라이가 이끈 다반 군대는 러시아 소코프 빨치산부대에 독립중대로 편입돼 1920년 2월 하바롭스크 탈환전에 투입됐다. 당시 병력은 약 200명이었다. 이들은 볼셰비키 적군과 손잡고 내전에 뛰어들었으나 일본군과 교전하지는 않았다.

장기 내전으로 탈진한 적군은 최신 병기로 무장한 일본군에 공격 빌미를 주지 않으려고 극도로 조심했다. 볼셰비키 정권의 꼭두각시 노릇을 한 극동공화국(일명 치타 공화국)이 스보보드니(자유시)를 포함한 시베리아를 통치한 것도 일제의 군사 개입을 막는 데 도움이 됐다. 러시아가 1920년 4월 완충 국가로 세운 치타 공화국은 1922년까지 자치제로 운영됐다. 일제와 정면승부를 피하고 싶었던 볼셰비키 정권은 소비에트 러시아와 일본 사이에 중립 성격의 극동공화국을 세웠다. 서쪽과 남쪽 국경에 전력을 쏟으려던 볼셰비키 정부로서는 극동의 긴장 완화가 절실했다. 이런 배경에서 탄생한 극동공화국은 볼셰비키 러시아의 통제를 받는 허수아비 국가로서 일본군의 개입을 막는 데 큰 역할을 한 것이다.[23] 극동공화국은 볼셰비키의 내

---

23 구범모, 「러시아 내전기 크라스노쇼코프의 시베리아 활동과 극동공화국: 역내정치에서 지정학으로의 초점 변화를 중심으로」(서울대학교 석사학위논문, 2020), 1쪽.

전 승리를 돕기 위해 군사와 외교 영역을 분리한 투 트랙 전략을 구사했다. 인민혁명군을 앞세워 백군과 치열하게 싸우되, 일본과는 물밑 협상을 하며 철군을 요구했다.

일본군이 블라디보스토크에 상륙한 1918년만 해도 매우 불리했던 적군의 전세는 점차 호전됐다. 비정규군들이 백군의 대항마로 활약한 덕분이었다. 빨치산으로 불린 이들은 백군과 일본군의 보급로 차단, 교통·통신 시설 파괴, 유격전 등에 주력해 큰 성과를 거뒀다.

일본군 북상 시기에 니콜라옙스크(니항)에서도 여러 한인 의용대가 창설됐다. 아무르강 하류에서 태평양과 접하는 니항은 사할린섬 맞은편의 어업 중심지다. 이곳 의용대원의 주류는 러시아 국적을 따지 못한 여호인이었다.[24] 고학력 부유층이 많은 원호인 2~3세들과 달리 빈곤층인 여호인은 적군의 평등사회 주장에 동조해 볼셰비키 정권의 내전 승리에 힘을 보탰으나, 조국 독립에는 백해무익했다.

니항사건, 일제의 대대적 소탕전 빌미

한인 빨치산은 둘로 갈라져 암투 끝에 유혈 사태를 빚은 데다, 일제의 독립군 탄압 빌미를 제공했다. 양대 빨치산 조직은 이르쿠츠크파 '자유대대'와 상해파 '니항군대'로, 나중에 각각 '고려혁명군'과 '사할린 의용대'로 바뀌었다.

박일리야가 이끈 니항군대는 극동공화국 군사위원회에서 한인

---

24 윤상원, 「러시아지역 한인의 항일무장투쟁 연구: 1918~1922」(고려대학교 박사 학위논문, 2010).

군대 지휘권을 확보해 초기 주도권을 장악했다. 1920년 3월에는 니항사건을 계기로 두 조직의 우열 관계가 바뀌게 된다. 일본이 캄차카반도 연안어업조약을 맺으면서 한국계 군인을 엄벌하도록 러시아를 압박했기 때문이다. 일제는 자국 군인·민간인을 포함한 약 5,000명이 니항에서 숨진 사건을 문제 삼아 보복에 나섰다(니콜라옙스크 사건). 이 사건 이전에는 인구 2만 명의 니항에 러시아인 외에 한인, 중국인, 일본인이 각각 500명, 1,000명, 350명 정도 살면서 비교적 평화롭게 지냈다. 하지만 1918년 9월 일본군 600명이 진주해 백군을 지원하면서 상황은 돌변한다. 볼셰비키 정부를 따르는 빨치산 부대가 잇따라 생겨나 곳곳에서 총성이 울렸다. 빨치산들은 내전 초기 열세를 딛고 1919년 말 우위를 보였다. 지형지물에 익숙하고 대중 선동 능력이 뛰어난 데다 전투 의지도 강해 승기를 잡을 수 있었다. 니항 한인들도 34개 의병대를 만들어 빨치산에 합류했다.

빨치산 지도자 중 군계일학은 1차대전 참전 용사인 22세의 트라피친(트라삐친)이었다. 한인 의용대원 400여 명이 속한 다민족 빨치산 부대를 지휘한 트라피친은 일본군은 피한 채 백군만 공격했다. 그러나 1920년 1월 백군 무장해제, 니항 통치권 이양 등을 요구하며 일본군과 협상을 시도하다 충돌하게 된다. 일제는 빨치산 협상 대표 2명을 백군에 넘겨 고문으로 죽게 한 데 이어 빨치산 사령부를 급습했다.[25] 일본군의 수류탄 공격에 발목을 다친 트라피친은 무차

---

25 반병률, 『1920년대 전반 만주·러시아지역 항일무장투쟁』(한국독립운동사편찬위원회, 2009), 23~24쪽.

별 보복을 가했다. "남녀노소를 막론하고 일본인은 모조리 죽이라" 고 명령하자 트라피친 부대는 백군은 물론 일본군과 결탁한 상인이나 지방정부 관리도 잔인하게 살해했다. 아무르강 얼음에 구멍을 내 유대인 상인 400여 명을 산 채로 죽이기도 했다.

트라피친 부대는 일본군도 공격했다. 수적 열세로 일본 영사관으로 피신한 군인들에게 포격을 가해 영사관 직원과 가족까지 몰살시켰다. 일본인 은행과 상점은 모조리 약탈했다. 일주일간 이어진 보복전에는 박일리야의 니항군대도 가담했다. 전체 일본인 희생자는 약 700명에 달했다. 러시아인 4,000여 명도 부역 혐의로 처형됐다. 주택과 상점 등은 모두 불타 도시 전체가 폐허가 됐다.

일본군 철수 협상을 벌이던 극동공화국은 이런 소식을 접하고 격분했다. 일본군은 이 사건을 계기로 만주와 연해주, 시베리아를 묶는 별도 국가를 세우려고 했다. 1918년 시베리아 출병 때 내세운 체코군의 안전 귀환 지원이라는 명분은 자연스레 폐기됐다. 일본군은 러시아 공산주의 혁명을 저지하는 한편 만주 일대 장악을 위한 교두보를 확보하려는 욕심을 드러냈다. 그해 8월에는 만주리를 침략한 데 이어 하얼빈 북서 지역을 점령했다. 일본은 미국을 비롯한 서방권의 견제를 의식해 연해주에서 군사 활동을 자제하고 있었으나, 자국 외교관 가족과 민간인이 떼죽음을 당하자 표변했다. 블라디보스토크를 장악해 북간도와 바다를 연결하는 군사망으로 활용하려 했다.

이 과정에서 한인 사회를 초토화한 '4월참변'과 '간도참변'이 발생했다. 1920년 4월참변은 신안촌 한민학교와 한민보관 등 건물이 불타고 최재형, 김이직, 엄주필, 황경섭 등 한인 지도자들이 무더기로 살해된 사건이다.[26] 간도참변은 그해 10월 하순 청산리전투에서 패한 일본군이 훈춘(혼춘)을 비롯한 북간도 한인 밀집 지역을 급습해 독립군은 물론 민간인까지 학살한 사건이다. 당시 청산리전투에 참전한 독립군은 일본군의 포위망을 뚫고 국경을 넘어 러시아 자유시로 피신했다가 공산주의자들에 의해 몰살당했다(자유시참변, 후술).

니항군대를 비롯한 연해주 일대 빨치산 부대는 일본군의 소탕전을 견디지 못해 아무르 블라고베셴스크로 피신했고, 그 과정에서 트라피친이 처형된다. 볼셰비키 정권을 대리한 극동공화국을 부정한 채 극좌 노선으로 치닫다가 러시아 적군에 체포돼 다른 간부 6명과 함께 총살됐다. 이를 계기로 한인 군대는 분열했다. 박병길이 지휘하던 부대는 그의 처형에 동조했으나 박일리야 부대는 반대했다.[27] 두 부대의 갈등은 1921년 자유시 도착 이후 폭발한다. 상해파와 이르쿠츠크파 군대에 각각 배속돼 총격전을 벌인 이른바 자유시참변이 벌어진 것이다.

동족을 사지(死地)로 내몬 자유시참변

니항사건의 여파는 심각했다. 임시정부가 유동열 중심의 군사기

---

26 박환, 「러시아혁명 이후 블라디보스토크 조선인거류민회의 조직과 활동」, 『한국민족운동사연구』 제90호(한국민족운동사학회, 2017), 126쪽.

27 최백순 지음, 『조선공산당 평전』, 179~182쪽, 서해문집, 2019.

관을 설치하려던 작업이 한순간에 물거품이 됐다. 재력가 최재형을 아령(俄領)총판부 총판으로 삼아 항일운동 기운을 확산하려던 계획도 무산됐다. 니항사건에 대한 응징에 나선 일제가 1920년 4월 5일 참변을 일으켰기 때문이다.

일본군은 미국·영국·프랑스 군대가 1920년 초 시베리아를 떠난 후에도 체코군 귀환 작업을 마무리하겠다며 잔류했다. 군대를 계속 주둔한 속내는 시베리아 확보뿐만 아니라 조선 지배와 만주 침략 야욕이었다.

'선홍빛 경쟁'으로 독립 역량 자멸

시베리아와 러시아 극동 지역은 1919년부터 적군이 장악하고 있었다. 내전에서 백군을 무찌른 러시아 혁명군이 이듬해 1월 26일 니콜스크우수리스크를 점령한 데 이어 연해주 임시정부를 수립했다. 이런 상황에서 한인들의 항일 열기도 뜨겁게 달아올랐다. 군자금과 의병을 모집하고 만주 한인 독립단체에 무기도 지원했다. 친일 인사 살해, 테러, 납치 등도 수시로 감행했다.[28]

하지만 일제는 만만치 않았다. 한인들과 러시아 적군의 연대투쟁에 심각한 위기의식을 느낀 일제는 니항사건을 반격 계기로 삼았다. 1920년 4월 4일 새벽 내전 중립 선언을 깨고 연해주 전역에서 소비에트 적군을 일제히 공격했다. 블라디보스토크와 하바롭스크 일대

---

28 반병률, 「4월참변 당시 희생된 한인애국지사들: 최재형, 김이직, 엄주필, 황경섭」, 『역사문화연구』 제26호(한국외국어대학교 역사문화연구소, 2007), 271-274쪽.

빨치산 부대만 은밀히 제거하려던 계획을 접고 총공세로 돌변했다.

일본군은 한인 빨치산을 색출한다는 명분을 내세워 항일운동의 중심지인 블라디보스토크 신한촌도 급습해 민족운동가 채성하와 러시아 사회당원 박모이세이 등 한인 54명을 체포했다. 니콜스크우수리스크에서도 대대적인 가택수색을 벌여 반일운동가 76명을 연행한 일제는 최재형 상하이임정 재무총장과 김이직·엄주필·황경섭 등 독립투사들을 처형했다. 이른바 연해주 4월참변이 발생한 것이다. 한인들에게 반일 사상을 선동하고 러시아 혁명군을 도왔다는 게 일제의 탄압 이유였다.[29]

최재형은 1906년 의병부대를 조직한 이래 순국 직전까지 항일투쟁에 헌신한 러시아 한인 사회의 최고봉이었다. 국외 제1호 의병단체인 동의회(同義會) 총장으로서 막대한 군자금을 후원하고 대동공보사를 운영했다. 안중근의 하얼빈 의거도 기획하고 지원했다. 1911년에는 블라디보스토크에서 결성된 권업회 초대 회장을 맡았고 이후 한인 아령 50주년기념회장, 전로한족중앙총회 명예회장, 대한국민의회 외교부장, 상하이임시정부 초대 재무총장 등을 역임했다. 그의 사망 이후 러시아 한인 사회의 인적·물적 네트워크는 사라졌다. 일제의 대공세로 블라디보스토크에 거점을 둔 반일 조직이 모두 파괴돼 지하로 숨어들었기 때문이다.[30]

---

29 김승력, 「시베리아 드녜브닉 8. 연해주에 묻힌 무명 항일 빨치산들(연해주에서 온 편지)」, 〈민족21〉 제42호(2004년 9월), 144쪽.

30 주미희, 「최재형 연구의 현황과 향후 과제」, 『역사연구』 제40호(역사학연구소, 2021), 104쪽.

참변을 피해 아무르로 옮긴 대한국민의회가 소비에트 정부를 지지하면서 항일운동 진영의 분열상은 더욱 심화했다. 1921년 1월에는 슈미야츠키 코민테른 동양비서부 초대 부장의 후원을 받은 대한국민의회가 무장 조직 '자유대대'를 확대하면서 민족주의 계열 항일세력은 배척했다.

상하이임정에서 이승만 대통령 탄핵 문제로 안창호와 갈등 끝에 국무총리직에서 물러난 한인사회당의 이동휘도 대한국민의회와 충돌했다. 두 세력은 레닌으로부터 받은 40만 루블의 사용 권한 문제로 다투다 고려공산당 창당 경쟁까지 벌였다. 대한국민의회 지지 세력은 1921년 5월 4일 이르쿠츠크에서 먼저 당을 꾸려 군사 기구인 고려혁명군정의회를 설립해 자유대대를 지휘했다. 자유대대는 1개월여 뒤 자유시로 집결한 한인 무장세력 지휘권 경쟁을 하던 니항군을 공격해 대규모 유혈사태를 빚은 자유시참변의 주범이다.

이동휘를 비롯한 한인사회당 출신들도 2021년 5월 20일 상하이에서 상해파을 결성했다. 상해파의 창당 시기는 며칠 늦었으나 러시아 정부와 코민테른을 상대로 한 외교전에서는 앞섰다. 1921년 3월에는 극동공화군 원동부 산하 한인부의 도움을 받아 니항군 위주의 사할린 의용대를 창설했다. 상해파는 이러한 성과에도 불구하고 자유시에서 이르쿠츠크파에 처참하게 깨지고 만다. 이르쿠츠크파의 뒷배가 시베리아 일대 공산당과 군대, 혁명운동 등을 총괄한 코민테른 동양비서부 슈미야츠키 부장이었기 때문이다. 한인 빨치산부대 역시 슈미야츠키가 승인한 고려혁명군정의회를 중심으로 재편돼 민족주의 진영의 항일운동은 사실상 궤멸했다.

자유시에서 몰살당한 청산리 영웅들

한 국가에 단 하나의 공산당만 인정하는 코민테른의 일국일당 원칙도 항일 세력을 자멸로 이끈 요인이었다. 공인받지 못하면 조직이 위축되거나 해체될 것을 염려한 붉은 세력이 이전투구식 싸움을 벌였다. 1920년 청산리전투 직후 일제 탄압을 피해 러시아로 피신한 항일 전사들을 몰살한 자유시참변도 코민테른에 대한 공산주의자들의 과도한 충성 경쟁에서 비롯됐다. 첨단 무기로 무장한 일제의 정예 대군에 맞서려면 모든 항일 세력을 합쳐도 모자라는 판에, 잿밥에 눈이 먼 공산주의자들이 독립 역량을 스스로 파괴해 버렸다.

자유시는 니항사건 이후 연해주를 점령한 일본군의 탄압을 피해 니항군과 자유대대 등 한인 유격대가 몰려든 곳이다. 홍범도의 대한의용군을 비롯한 만주 일대 한인 군대도 이곳으로 합류했다.[31] 한인 무장세력이 한곳에 집결한 것은 볼셰비키 정권의 파격 원조 약속을 믿었기 때문이었다. 만주 독립군은 봉오동·청산리전투에서 소진한 탄약과 군사물자를 지원받을 것이라는 믿음에서 국경을 넘었다. 러시아 적군과 연합해 일본군과 싸울 가능성도 염두에 뒀다.

하지만 볼셰비키 정권의 생각은 달랐다. 러시아 극동 안정화를 목적으로 한인 무장대를 유인했다. 이들을 적군에 넣어 내전 대응력을 키우고 일본군의 군사 개입 명분을 막으려는 일종의 이이제이(以夷制夷) 술책이었다. 볼셰비키 정권은 제정 러시아의 부활을 꾀하는

---

31 윤상원, 「홍범도의 러시아 적군 활동과 자유시사변」, 『한국사연구』 제178호(한국사연구회, 2017), 240-241쪽.

백군을 무찌르는 데 한국군이 큰 역할을 할 것으로 기대했다. 청산리전투 등에서 극소수 병력과 무기로 일제 대군을 무찌른 전투력과 용맹성이 입증됐기 때문이다. 자유시 집결은 시베리아 일대에 주둔하던 일본군과 철군 협상을 하는 데도 유리했다.

상하이임시정부는 레닌 정권의 최신 무기 지원과 군사훈련 보장이 미끼임을 인지하지 못하고 마수에 걸려들었다. 당시 독립군의 위기 상황과 이동휘의 약점도 자유시 집결에 큰 영향을 미쳤다. 1920년 간도참변 이후 일제의 대규모 소탕전으로 독립군 활동은 사실상 중단됐다. 이동휘는 코민테른에서 거액을 받아 쓴 탓에 레닌의 제안을 무조건 따라야만 하는 처지였다. 이동휘가 상하이임시정부를 공산화하려 시도한 것도 레닌에게 코가 꿰인 탓이었다.

이동휘는 임정 경무국장으로 철저한 반공주의자인 김구까지 포섭하려고 했다. 당시 상황을 김구는 이렇게 기록했다. 이동휘가 "현재 우리의 독립운동은 민주주의 혁명에 불과하오. 따라서 이대로 독립을 한 후 또다시 공산혁명을 하게 되니, 두 번 유혈은 우리 민족에게도 큰 불행이오. 그러니 적은이도 나와 같이 공산혁명을 하는 것이 어떠하오"라고 제안하자 김구는 "우리가 공산혁명을 하는데 제3 국제당의 지휘·명령을 받지 않고 독자적으로 공산혁명을 할 수 있습니까?"라고 반문하며 거절했다는 것이다.[32]

북로군정서와 대한독립단, 대한독립군 등 10개 부대는 1921년 1월부터 러시아 자유시에 속속 도착했다. 사분오열된 부대를 하나

---

32 김구, 『백범일지』, 310쪽.

로 묶어서 대일 항전 역량을 강화하고 소련 적군을 도와 일본군을 몰아냄으로써 자치를 보장받을 것이라는 희망으로 들뜬 독립군은 불원천리 국경을 넘어갔다. 우여곡절 끝에 국경을 넘어 자유시에 도착한 인원은 약 1,900명에 달했다. 이들은 국경을 넘어 먼 길을 이동하며 혹독한 추위와 굶주림에 극심한 고통을 겪었으나 사기는 충천했다.

하지만 북로군정서의 핵심인 김좌진, 김규식, 이범석 등 일행은 러·중 국경 지대에서 러시아행 열차를 타려다 출발 직전에 만주로 회귀했다. 김좌진은 조선 독립을 돕겠다는 공산주의자들을 도저히 신뢰할 수 없는 데다, 힘들어도 동포가 많은 간도에서 재기하는 게 옳다고 판단해 부하들과 함께 발길을 돌려 화를 면했다.[33]

자유시에는 연해주 출신 한인 의용대원도 집결했다. 이들은 니항 등에서 러시아 적군과 연대해 내전을 치르다 일본군의 반격에 밀려 안전지대인 이곳으로 퇴각했다. 이만군과 다반군, 니항군, 자유대대, 독립단군 등 30개 연해주 한인 의용부대까지 자유시에 합류함으로써 전체 한인 병력은 약 4,000명에 달했다.

볼셰비키는 한인 독립군의 무장을 해제한 다음 적군에 흡수해 버렸다. 일제와 미리 짠 각본이 차근차근 작동하는 모양새였다. 일제는 니항사건을 문제 삼아 한인 유격대 엄벌과 무장해제를 요구했다. 볼셰비키 정권은 시베리아 주둔 일본군의 철수를 염두에 두고

---

33 신주백, 「독립전쟁과 1921년 6월의 자유시 참변」, 『지식의 지평』 제41호(대우재단, 2021), 9쪽.

이를 수용했다. 그런 내막을 전혀 모르고 자유시에 모인 한인 군인들은 1921년 6월 28일 참극을 맞게 된다.

러시아 적군은 무장해제를 명령했다가 거부하는 사할린 의용대를 비롯한 대다수 한인 부대를 포위해 무차별 총격을 가했다. 그때 144명이 전사하거나 행방불명됐으며 생존자 864명은 포로가 됐다. 상당수 만주 독립군은 동포들의 의연금으로 산 총을 버릴 수 없다며 총을 든 채 강으로 뛰어들어 익사했다. 지청천을 비롯한 민족주의 계열의 독립군 약 70명은 이르쿠츠크 감옥에 갇혔다. 일제 대군도 감당하지 못한 항일 전사들을 공산주의자들이 삽시간에 제거해 버렸다.

니항군 출신이 대부분인 포로 428명은 유죄 선고를 받고 극동공화국 예하 '죄수부대'로 편성돼 벌목장에서 1년 이상 강제노동을 했다. 이들 중 20여 명은 국경을 넘어 도주했다가 중국군에 발각돼 총살됐으며 5명은 농촌을 떠돌다 살해됐다. 무죄로 석방된 364명은 고려혁명군정의회에 편입됐다. 참변 이후 한인 독립군 1,500명은 식량조차 없는 막사에 수용돼 여름옷만 걸친 채 시베리아 혹한을 견뎌 내야만 했다. 이들은 추위와 영양실조, 질병 등을 겪었지만 아무런 도움을 받지 못했다.[34] 민족해방과 평등사회를 위해 몸 바친 김 알렉산드라가 신봉한 공산주의자들이 되레 조국해방투쟁을 말살하는, '이념의 역설'이었다.

---

34 주미희, 「자유시참변 1주년 논쟁에 대한 고찰」, 『역사연구』 제43호(역사학연구소, 2022), 202쪽.

자유시참변의 주범은 조국 독립이라는 대의를 버리고 권력에 집착한 이르쿠츠크파 공산주의자들이다. 항일 무장투쟁 세력은 러시아와 일본의 노림수를 읽지 못한 채 군대 지휘권을 두고 다투다 공멸했다. 공산주의자들은 독립운동이야 어찌 되든지 이념과 권력욕에 눈이 멀어 붉은 외세와 손잡고 동족을 학살했다. 당시 이르쿠츠크파에 가담한 홍범도는 3인 재판부 판사로 활동했다가 곤욕을 치렀다. 1923년 8월 하바롭스크에서 사할린 부대원들로부터 폭행을 당해 치아 2개가 부러졌다. 러시아 적군을 도와 참변을 주도한 데 대한 응징이었다. 홍범도는 권총으로 이들을 살해했다가 투옥됐지만, 붉은 군대의 도움으로 머잖아 석방됐다.[35]

자유시참변이 독립운동 세력에 끼친 악영향은 4월참변이나 간도참변보다 훨씬 컸다. 무장을 해제당한 채 러시아 적군에 흡수돼 독립군 부대는 소멸했다. 그 결과 상하이임시정부 안팎에서 1920년대 들어 제기돼 온 독립전쟁론은 해방 때까지 사실상 사라지게 된다.

한 해 전 1920년 2월 1일 임시정부는 "올해가 죽느냐 자유냐 독립대전쟁의 제1년을 만드는 해"라는 글을 담은 '국무원포고 제1호'를 발표했다. 1920년을 무장 독립투쟁 원년으로 삼은 것이다. 앞서 1월 1일 임시정부 내무총장 안창호도 임시정부 신년축하회에서 "올해는 독립전쟁의 해"라고 공언했다. 안창호는 지원병 중심으로 군대를 조직한 다음 국민개병제를 도입한다는 등 무장투쟁 세부 계획까지 설파했다. 그러나 1년 반 만에 자유시참변을 겪고 나서는 기존

---

35 윤상원, 「홍범도의 러시아 적군 활동과 자유시사변」, 251-257쪽.

의 노선을 철회하고 평화적 방식의 독립전쟁론으로 급선회할 수밖에 없었다.[36] 1922년 남만주 지역 대한통의부가 군정과 민정 조직을 분리하고 무장투쟁보다 조선인 자치에 비중을 두려 한 것도 이러한 배경 때문이다. 1920년대 중엽경 대한통의부를 계승한 정의부와 참의부, 신민부도 삼권분립에 입각해 자치 중심의 활동으로 전환했고, 1930년대 초반 남만주국민부도 평화적 전쟁 방안을 모색했다.[37]

불리할 때 손을 내밀었다가 이용 가치가 없으면 매몰차게 내치는 볼셰비키의 실체를 깨닫고 민족주의 지도자들은 분개했지만 엎질러진 물이었다. 서일 대한독립군단 총재는 무수한 동지를 비참하게 보낸 원통함과 죄책감을 견디지 못해 자유시참변 2개월 만에 자결했다. 볼셰비키 정권의 민족해방 메시지는 프롤레타리아트 국제주의에 수반된 상투어란 사실을 몰라서 치른 대가였다.

자유시참변 이후에는 한인 중심의 대규모 항일 전투가 국내외에서 사라졌다. 1940년 창설된 광복군 병력은 가장 많을 때도 고작 500명 안팎이었고 그나마 전투력은 초라했다. 해방 직전까지 극소수 인원이 영국군에 배속돼 선무공작에 참여하고 국내진공 훈련을 받은 것이 유일한 성과다.

---

36 박성순, 「1920년 대한민국 임시정부의 독립전쟁 노선과 의용단의 성격」, 『동양학』 제84호(단국대학교 동양학연구원, 2021), 134-135쪽.
37 신주백, 「독립전쟁과 1921년 6월의 자유시 참변」, 14쪽.

제1장

조선공산당 내분에 항일은 뒷전

3·1운동 직후 한반도에도 공산주의 바람이 거세게 불었다. 대한 제국 회복의 희망을 잃은 상당수 민족주의자가 새로운 독립운동 방안으로 여겼기 때문이다. 레닌 정권의 약소국 해방투쟁 지원 약속도 공산주의에 대한 기대를 한껏 키웠다.

공산주의는 러시아와 일본 유학파 중심으로 국내에 일찍 수입됐으나, 여러 파벌이 주도권 싸움을 벌인 탓에 공산당은 1925년에야 창당됐다. 연해주에서 유혈사태를 빚은 상해파와 이르쿠츠크파가 해체된 지 2년 4개월 만이다.

창당 직후에는 일제의 강력한 탄압을 받아 지도부가 수시로 바뀌는 혹독한 시련을 겪었다. 1927년에는 민족주의자들과 손잡고 신간회에 참여하기도 했으나 머잖아 조직을 와해시켜 버렸다. 노동계급 중심으로 혁명 역량을 재정비하라는 코민테른의 지령 때문이었다.

당원들은 공장과 농촌으로 들어가 당세포 조직을 건설하려다 대부분 체포돼 평등세상 구현은커녕 항일투쟁조차 제대로 해 보지 못한 채 조선공산당은 소멸했다.

당 해체 이후에도 공산주의자들의 내분은 반복됐다. 코민테른의 극좌 노선을 맹목적으로 추종하느라 포용력을 상실한 탓이다. 다양한 세력이 앞다퉈 공산당 재건을 시도했으나 일제하에서 끝내 실패했다. 더욱이 이들의 극좌 모험주의는 독립운동을 파괴하는 독배가 됐다. 사회주의 항일운동은 1930년대 후반부터 국내에서 사실상 종적을 감추고 중국에서만 명맥을 유지했다.

일제 치하에서 연명에 급급하던 사회주의자들은 해방공간에서 재빠르게 정국 주도권을 장악했다. 북한에 주둔한 공산주의 종주국 소련의 군대가 든든한 뒷배 노릇을 한 데다 남한에서도 한동안 공산주의 활동이 허용됐기 때문이다. 이런 상황에서 조선공산당이 박헌영 중심으로 재건됐다. 하지만 고질적인 내분과 패권 다툼으로 당이 쪼개지면서 주도권이 북한으로 넘어가게 된다. 남로당 지도자 박헌영은 북한에서 부총리를 맡아 김일성과 동거하는 듯했으나 권력투쟁에서 밀려 1956년 처형되고 만다. 1925년 조선공산당 창당 이후 줄곧 공산혁명을 꿈꿔 온 박헌영이 그토록 갈망하던 이상사회에서 비참한 최후를 맞은 역설이었다.

공산주의 1세대, 러시아 유학파

적색 쓰나미가 한반도를 강타하기 시작한 것은 1919년 3·1운동 직후다. 민족주의의 사상적 무기력함이 드러나면서 공산주의가 대안 이념으로 인기를 끌었다.[1] 언론·출판·집회의 자유가 확대돼 붉은 사상은 전국 곳곳으로 빠르게 전파됐다.

사회주의는 1920년 조선노동공제회 기관지 〈공제〉와 〈조선일보〉, 〈동아일보〉에 처음 소개됐다. 〈동아일보〉는 1921년 6월 3일부터 8월 31일까지 '니콜라이 레닌은 어떠한 사람인가'라는 제목의 기사를 무려 73차례나 연재했다. 레닌의 일생과 활동, 볼셰비키 혁명 등을 소개하는 보도였다. 1922년에는 사회주의 사상을 전문적으로 소개하는 잡지 〈신생활〉이 등장하기도 했다. 이런 상황에서 서울청년회, 화요회, 북풍회, 무산자동맹 등 좌파 단체가 난립하다 1925년 4월 조선공산당이 창당됐다.[2]

고종의 승하로 대한제국 복원의 희망을 잃은 상당수 민족주의자들은 독립운동의 대안 이념으로 공산주의에 매료됐다. 1917년 세계 최초로 공산혁명에 성공한 러시아가 코민테른을 통해 약소국 해방투쟁을 지원하면서 공산화 바람은 더욱 거세졌다.

1차대전 승전국들이 1919년 1월 18일 전후 질서를 논의한 파리

---

1 전명혁, 「사회주의 사상의 도입과 조선공산당 창건」, 335쪽.
2 전재호, 「식민지 시기의 민족주의 연구: 국내 부르주아 우파와 사회주의 세력을 중심으로」, 『동북아연구』 제16호(경남대학교 극동문제연구소, 2011), 100-101쪽.

강화회담도 공산주의 확산에 한몫했다. 우드로 윌슨 미국 대통령의 민족자결주의에 고무된 독립운동가들은 김규식을 프랑스로 보내 독립의 당위성을 호소하려 했으나 무위로 끝났다. 김규식이 파리에 도착했을 때는 연합국 회의에서 전후 식민지 문제가 이미 상당 부분 결정된 뒤였기 때문이었다. 서구 열강의 식민지에서도 민간인 학살이 빈발한 만큼, 3·1운동의 실상을 각국 대표에게 알렸어도 호응을 받지 못했을 가능성이 크다.[3] 그런 상황에서 1차대전 승전국인 일본은 조선 지배를 고수했다. 러시아 혁명 불씨의 동아시아 확산을 막고, 파리 강화회의를 순조롭게 마무리하려던 미국은 일본을 지지했다.

상하이임시정부는 1920년 4월 이탈리아 산레모에서 열린 국제연맹 최고이사회에도 대표단을 보내 일본군의 한인 학살(4월참변)을 철저히 조사하여 응징하고 한국의 독립 문제를 논의해 달라고 요청했으나 그것마저 실효를 거두지 못했다.

열강 중 소비에트 러시아만 임정에 우호적

서방 전승국이 한결같이 대한민국임시정부 승인에 난색을 보일 때 러시아만 유독 우호적이었다. 1921년 한국 독립군 무장과 군수 지원, 독립 자금 제공 등을 약속하면서 임시정부를 승인했다.[4] 임정이 신생국 소비에트 러시아와 '공동의 적'인 일본 제국주의에 맞서

---

3 신효승, 「1919년 파리 강화회의와 김규식의 외교 독립운동」, 『역사와 실학』 제69호(역사실학회, 2019), 405-408쪽.

4 심헌용, 「대한민국임시정부의 소비에트러시아 외교관계의 형성과 독립외교 전개 그리고 '비밀군사협정'」, 『재외한인연구』 제54호(재외한인학회, 2021), 15쪽.

겠다는 의지를 보인 데 대한 일종의 보상 성격을 띠었지만, 진짜 속셈은 한반도 공산혁명 지원이었다.

그런 흉계를 알 리 없었던 상당수 한인은 러시아 혁명정부를 구세주로 여겼다. 모스크바 대학으로 유학하는 젊은이도 꾸준히 늘어났다. 이들이 귀국 후 폭력혁명 이론을 전파한 국내 공산주의 1세대다. 경상북도 안동군 풍산면 출신의 김재봉과 권오설, 이준태 등 '풍산 트로이카'와 박헌영, 김단야, 임원근 등 '화요파 트로이카'가 1세대를 대표한다. 이들은 피지배국 혁명가를 양성하던 코민테른의 도움으로 유학 혜택을 받았다.

코민테른은 1921년 4월 동방노력자공산대학을 산하 교육기관으로 설립해 극동 러시아인과 아시아인에게 공산주의 사상을 체계적으로 가르쳤다. 조선인들은 코민테른 집행위원회 동방부, 러시아 공산당, 고려공산청년회 등의 추천을 거쳐 교육과 생활에 필요한 모든 비용을 지원받았다.[5]

공산당 건설과 선전, 노조 설립 등 실무교육과 이론·사상 학습을 병행한 동방노력자공산대학의 주요 과목은 세계혁명사, 유물변증법, 러시아 공산당 역사 등이었다. 1930년대에는 조선민족부를 신설할 정도로 이 대학은 한인들에게 높은 인기를 끌었다. 국내와 만주에서 활동한 조봉암, 주세죽, 허정숙 등 약 150명이 이 학교 졸업생이다. 중국 덩샤오핑(등소평), 류사오치(유소기), 베트남 호 찌 민(호지명)

5　김국화, 「동방노력자공산대학 조선학부 연구, 1924~25년」, 『인문과학』 제57호 (성균관대학교 인문학연구원, 2015), 175쪽.

등도 동문이다. 박헌영과 김단야는 유고슬라비아 독재자 요시프 브로즈 티토(1892~1980)와 동독 서기장 에리히 호네커(1912~1994)를 배출한 국제레닌학교에서 혁명사상을 배웠다.

한인들이 공산주의에 매료된 데는 레닌의 영향력이 지대했다. 임시정부 외교 특사로 1920년 6월 모스크바를 방문한 한형권을 극진히 환대한 인물이 레닌이다. 군인 2명이 호위하는 관용 기차 한 량을 내주고 중간 기착지마다 지방 행정관들이 인사를 하도록 배려했다. 종착지 모스크바에서는 외무인민위원부 아시아 담당인 레오 카라한을 비롯한 고위 관료들이 역에서 숙소까지 안내했다.

외무인민위원부 고위 간부들은 한형권을 만나 3·1운동 등을 설명 듣고 러시아와 임시정부의 항일투쟁 연대 방안을 모색토록 레닌은 지시했다. 그 결과 임시정부 승인, 적군 보유 무기·장비 지원, 시베리아에 한국인 사관학교 설립, 혁명운동 자금 제공 등 4개 요청이 빠르게 수용됐다. 극동에서 러시아와 일본 간 전쟁이 벌어지면 대일 공동작전을 벌인다는 내용의 비밀협정도 맺었다.[6]

1922년 1월 21일 모스크바에서 코민테른이 주최한 극동인민대표회의(극동민족대회, 극동피압박민족대회)는 각국 공산당과 민족 대표자들의 연석회의 방식으로 치러졌다. 한인들의 기대가 얼마나 컸는지는 참석자 면면을 보면 짐작할 수 있다. 상하이임시정부, 공산주의 계열, 아나키스트 단체, 조선기독교연맹 등 항일 지도자들이 이념·

6 심헌용, 「대한민국임시정부의 소비에트러시아 외교관계의 형성과 독립외교 전개 그리고 '비밀군사협정'」, 19~20쪽.

지역·정파를 초월해 국내외에서 모여들었다. 대회 의결·심의권을 가진 각국 대표 144명 가운데 여운형, 김규식, 김상덕, 이동휘, 조봉암, 김시현, 김승학 등 한인이 56명(35%)으로 가장 많았다.[7] 그다음은 중국인 42명, 일본인 16명, 몽골인 14명, 인도인 2명 순이었다. 의장단 16명에는 김규식, 여운형, 김단야, 김원경 등 4명이 포함됐다.

이는 3·1운동으로 촉발된 독립운동 열기가 식어 가는 상황에서 공산혁명이 독립운동의 대안으로 급부상했음을 보여 주는 정황이다. 코민테른은 이 대회에서 동지적 연대감을 나타냈다. 지노비예프 코민테른 위원장은 기조연설에서 "워싱턴 회의에서 코리아라는 단어가 언급되지 않았다"고 비판했다. 1921년 11월 미국·영국·프랑스·일본 등 1차대전 승전 4개국이 아시아·태평양 신질서 수립을 논의한 워싱턴 회의에서 한반도 식민지 문제를 다루지 않은 것을 우회적으로 비판한 발언이었다.

반면, 레닌은 한인 대표들과 두 차례나 만나 깊은 애정을 보였다. 조선 독립 문제로 토론하면서 한·중·일 공산주의 연대도 강조했다. 레닌은 건강 문제로 본대회에는 참석하지 못했으나 크렘린궁에서 한국, 몽골, 중국, 인도네시아, 일본 등 각국 대표 30명을 접견했다. 한국 대표 여운형은 레닌과 두 차례 만나 "지금 당장 (한국에) 공산주의를 실행하기보다는 민족주의를 실행하는 편이 낫다"는 말을 듣고 선뜻 동의했다. 자본주의가 발달하지 못한 한국에서는 공산혁명

---

7 오미영, 「여운형의 〈몽골여행기〉에 나타난 한·몽 교류사적 의미」, 『몽골학』 제46호(한국몽골학회, 2016), 69쪽.

보다 독립을 위한 민족주의 운동이 실현되어야 한다는 자신의 지론과 부합했기 때문이다.[8]

김규식의 개막 연설문을 보면 러시아에 대한 믿음과 기대가 얼마나 큰지 알 수 있다. 김규식은 "워싱턴이 민주주의와 번영의 중심지였고 모스크바는 전제정치와 제국주의적 팽창의 표상으로 인식됐으나, 이제 상황이 역전됐다"고 목소리를 높였다. 모스크바는 세계 프롤레타리아 혁명운동의 중심지로서 극동 피압박민족의 대표자를 환영하는 데 반해 워싱턴은 세계 자본주의 착취와 제국주의 팽창의 중심지로 전락했다는 점을 강조한 연설이었다. 또한 "세계 제국주의·자본주의 체제를 재로 만들어 버릴 불씨를 얻을 수 있기를 기대한다"고 천명해 140여 명의 각국 대표와 방청객의 박수갈채를 받았다.[9]

한민족분과 회의에서는 결의안이 채택됐다. 여운형은 다음과 같이 요약했다. "산업의 미발달로 계급운동은 시기상조다. 민중이 민족운동에 참여하고 있으므로 계급운동자는 독립운동을 후원하고 지지해야 한다. 임시정부는 실력이 부족하므로 조직을 개혁할 필요가 있다."

한국을 비롯한 동아시아 국가들의 사회주의 운동에 민족통일전선이 중요하다는 사실을 각인시킨 것도 극동민족대회였다. 민족통

---

8   위의 글, 74쪽.
9   임경석, 「극동민족대회와 조선대표단(특집 조선 민족해방운동과 코민테른)」, 『역사와 현실』 제32호(한국역사연구회, 1999), 33쪽.

일전선이 프롤레타리아트 독재 강령과 부합한다는 것이었다. 그 결과 좌우 지도자들은 적극적으로 교류하면서 민족통일전선 기구를 만들 필요성을 자연스레 공유했다. 이렇게 함으로써 상당수 한인 독립운동가는 붉은 사기극에 빠져들게 된다.

출범부터 분열로 얼룩진 조선공산당

국내에서 공산주의 운동을 선점한 것은 사회혁명당이었다. 김철수와 최팔용 등 일본 와세다대학 출신들이 1920년 6월 서울 주택가에서 결성한 단체다. 이들은 민족주의 세력과 연대해 일제를 이 땅에서 몰아낸 뒤 사회주의 혁명을 완수한다는 내용의 강령을 채택했다.[10] 항일 독립투쟁을 사회주의 국가 건설을 위한 디딤돌로 활용한다는 게 이들의 목표였다.

사회혁명당은 계급·사유제 타파, 무산계급 전제정치, 무산층 중심의 혁명운동 실행 등을 주장했다. 김철수는 1921년 5월 중국 상하이에서 열린 고려공산당 창립대회에서 상해파 국내지부 자격을 확보했다.[11] 1921년에는 사회혁명당이 민족주의 계열, 사회주의 그룹 등과 연합해 서울청년회를 꾸리기도 했다. 서울청년회 강령은 조선

---

10 전명혁, 「1920년대 코민테른의 민족통일전선과 서울파 사회주의 그룹」, 『한국사학보』 제11호(고려사학회, 2001), 217-218쪽.

11 전명혁, 「사회주의 사상의 도입과 조선공산당 창건」, 339쪽.

해방, 무산계급 이익에 합치하는 사회질서 실현, 무산계급에 필요한 지식 흡수 등으로 짜였다.

서울청년회는 내분 끝에 사회주의 세력 중심으로 재편돼 1922년 4월부터 노동자, 농민, 청년 세력을 영입해 비밀 공산주의 그룹을 결성했다. 좌파가 주도한 서울청년회는 '서울파'로 칭했다. 서울파는 화요파, 북풍회 등과 더불어 1920년대 사회주의 운동을 삼분한 그룹으로 1922년 10월에는 전국 13개도에 세포조직을 구축할 정도로 막강했다. 1923년 2월에는 전위조직 성격을 갖는 고려공산동맹을 결성했다. 강령에는 '당'이라는 글자를 넣었지만 정식 명칭은 '동맹'으로 한 것은 여러 세력을 포괄토록 압박하던 코민테른을 의식한 조치로 짐작된다.[12]

상해파와 이르쿠츠크파가 진흙탕 싸움을 벌이다 해체된 1922년 12월 직후에는 서울파가 공산당 창당 경쟁에서 독주하는 듯했으나, 코민테른의 급제동으로 고립됐다. 코민테른은 1923년 3월경 조선 사회주의 운동을 관장하는 최고 기구인 블라디보스토크 고려총국(코르뷰로) 밑에 내지부(국내부)를 만들었다. 한인 사회주의 세력을 하나로 묶어 조선공산당 창당 기반을 닦기 위한 기구다. 내지부에는 이르쿠츠크파, 중립당, 중앙공산당, 재일본 조선인 공산청년단체 등 4개 그룹 출신 위원 9명이 참여했다. 이로써 한인 사회주의 운동을 주도하는 강력한 비밀기관의 모양새를 갖췄으나, 좌파 세력 결집에

---

12 전명혁, 「서울청년회의 분화와 서울파의 형성」, 『역사문화연구』 제9호(한국외국어대학교 역사문화연구소, 1999), 163쪽.

는 한계가 있었다.

서울파의 전위조직인 고려공산동맹은 내지부를 거부했다. 김사국과 이영 등이 주도한 서울파는 자유시참변의 주범인 이르쿠츠크파와 40만 루블을 횡령한 상해파를 불구대천의 원수로 여겼다. 국외파 두 세력의 배제와 도덕우월론을 내세운 서울파는 공산당 설립을 독자적으로 추진했다.[13] 1925년 4월 17일 서울 도심의 중식당 아서원(현재 롯데백화점)에서 조선공산당이 출범할 당시 서울파가 불참한 이유다.

조선공산당 창당 주역은 김재봉, 김낙준, 이명, 김약수, 조봉암, 박헌영 등 19명이다. 서울과 지방 당원 130명을 대표하는 이들은 일제 감시를 피하려고 최소 절차만 밟아 대회를 열었다. 당명은 조선공산당으로 하고, 김찬·조동호·조봉암을 전형위원으로 뽑아 중앙집행위원 7명과 중앙검사위원 3명의 선출권을 위임했으며 김재봉은 책임비서가 됐다.

당 규약과 국제당 가입 추진, 노동자·농민·청년·여성 결의안 초안 작성 등 10개 의제도 신속하게 결의했다. 노동계 등의 요구를 반영하는 슬로건도 만들었다. 하루 8시간 노동, 최저임금, 여성 권리 평등 등이 주요 구호였다. 하지만 조선공산당 전략과 전술, 정책 방향을 제시하는 강령은 채택하지 못했다.[14] 일제 감시를 피해 쫓기듯

---

13 임경석, 「고려총국 내지부 연구」, 『사림』 제48호(수선사학회, 2014), 241쪽.

14 임경석, 「조선공산당 창립대회 연구」, 『대동문화연구』 제81호(성균관대학교 동아시아학술원, 2013), 369쪽.

이 대회를 치르느라 화요회, 북풍회, 상해파 간 의견을 수렴하지 못했기 때문이다. 겉으로는 드림팀을 짠 모양새였으나 실상은 당원의 92퍼센트를 화요회가 장악한 탓에 제1차 조공은 코민테른 적통 격인 '화요회 공산당'이라는 비판을 받았다. 화요회는 마르크스의 생일이 화요일인 데서 따왔고, 북풍회는 북쪽 러시아에서 불어오는 혁명의 바람이라는 뜻이다. 명(明)나라에 사대(事大)하고 명이 망한 후에도 100년 넘게 명의 연호(年號)를 고수한 조선의 소중화·조선중화주의의 판박이였다.

우여곡절 끝에 탄생한 조공은 대회 직후 국내외 한인 공산주의 집단을 대표하는 기구로 공인받기 위해 조동호와 조봉암을 모스크바에 보냈다. 이 역시 조선 왕들이 즉위 직후 중국 황제의 책봉을 받기 위해 사신을 파견하던 전통의 변종이었다. 그러나 조선공산당 특사 일행은 먼 길을 찾아간 보람도 없이 아무런 성과를 거두지 못했다. 통일당 구축, 당원 명부 작성, 당조직 완성 등과 함께 필수인 강령을 마련하지 못했기 때문이다.[15]

조공 출범일에 박헌영 자택에서 조공 자매기관인 고려공산청년회도 창립됐다. 이 조직은 화요회로만 구성돼 강령을 쉽게 채택했다. 민족혁명을 거쳐 노동자 해방운동을 한다는 2단계 혁명론 대신, 주·객관적 여건이 성숙하면 곧바로 프롤레타리아 혁명에 돌입한다는 게 강령 요지다.

조공의 민족통일전선 방식에는 이견이 없었다. 3·1운동 이후 조

---

15 최백순, 『조선공산당 평전』, 263-264쪽.

선 민족운동의 주력으로 부상한 종교계에 분리 대응함으로써 타협적 개량주의 운동을 걸러 낸다는 게 핵심이었다. 이를 토대로 통일전선에 토착종교인 천도교 세력만 넣고 기독교와 천주교는 배척했다. 서양 종교는 미국을 비롯한 제국주의 이익을 대표한다는 판단에서 통일 대상에서 제외한 것이다. 그 결과 공산혁명에만 집착할 뿐 조국 독립투쟁은 자연스레 뒷전으로 밀려났다.

조공은 민족통일전선을 구축하라는 코민테른의 지침을 기독교인의 십계명 이상으로 충실히 이행했다. 수재민 구호, 농민·노동자 대상 전국 순회강연, 인쇄·철공·구두·양말·물장수 등 직종별 노동조합 창설 지원 등이 주된 활동이었다. 〈조선지광〉, 〈신흥청년〉 등 잡지를 출판하고 조선일보, 동아일보, 시대일보 등 신문사에는 세포조직(아체이카)을 심어 공산주의 이념을 전파하는 매개 수단으로 삼았다.

항일보다 공산당 복원이 우선

조선공산당은 이 땅에서 일제를 몰아내고 봉건 지배계급을 말끔하게 청소함으로써 모두가 능력에 따라 일하고 필요한 만큼 가져가는 지상낙원을 건설하려 했으나 그 꿈은 허망하게 깨지고 만다. 공산주의 이념에 가장 충실한 화요회가 당권을 독점한 이후 내분과 일제 탄압이 겹쳐 자멸했기 때문이다.

화요회의 독주에 반기를 든 세력은 김약수 중심의 북풍회였다.

김재봉 조공 책임비서는 북풍회에 출당(黜黨) 카드를 내밀었다. 이에 북풍회는 국내 최대 사회주의 계열 조직인 서울파와 손잡고 조공을 협공했다.[16]

공산당 재건 후 6·10만세운동 주도

출범 직후부터 강한 파열음을 내던 1차 조공은 설상가상으로 '신의주사건'으로 조직원들이 일망타진된다. 1925년 11월 22일 신의주 경성식당에서 벌어진 패싸움이 화근이었다. 결혼식 피로연을 하던 조공 산하 신만청년회 회원 20여 명이 취중에 친일 변호사 박유정 등 5명과 시비를 벌이다 집단폭행을 했다. 박유정은 얼굴에 심한 상처를 입었고 금테 안경과 회중시계는 파손됐다. 경찰이 사건 연루자를 찾으려 가택을 수색하다가 비밀문건이 발견돼 조공의 꼬리가 밟히게 된다. 이전까지 창당 사실을 전혀 몰랐던 일제는 곧바로 대대적인 검거에 나서 조공 지도부를 모조리 체포했다. 조직 확대와 모스크바 당원 파견을 준비하던 조공 산하 고려공산청년회의 책임비서인 박헌영과 아내 주세죽도 이때 붙잡혔다.[17]

거센 검거 선풍으로 178명이 체포돼 조직이 붕괴할 위기를 맞았으나, 김재봉의 심모원려(深謀遠慮)로 명맥은 유지하게 된다. 김재봉은 신의주사건 다음 달인 12월 12일 조선일보 경남 진주지국장 강달영을 새로운 책임비서로 하는 간부진을 꾸린 뒤 국외 망명을 시도

---

16 위의 책, 282-283쪽.
17 임경석, 「박헌영과 김단야」, 『역사비평』 제53호(역사비평사, 2000), 128쪽.

하다 일주일 만에 체포됐다. 하지만 준비해 둔 플랜 B 덕에 곧바로 조직이 재건된다. 강달영은 지방 출신이어서 경찰의 주목을 덜 받은 데다 조직 경영 능력이 뛰어나 당내 분파를 서둘러 통합해 2차 조공을 완성할 수 있었다.[18]

2차 지도부는 각계 단체를 망라하는 통일전선을 꾸려 1926년 5월 1일 메이데이(노동절) 시위를 준비했다. 이 무렵 조선의 마지막 왕인 순종이 승하하자 조공은 기존 시위 전략에서 급선회했다. 순종 국장을 사회주의 운동을 선전하는 기회로 활용하기로 했다. 민족운동의 선봉에 조공이 나섬으로써 사회주의에 대한 대중의 경계심을 없애려는 술책이었다. 조공은 장례일인 6월 10일을 기해 일제의 정치·경제 침탈에 맞서 전 민족이 참여한 대규모 항쟁을 벌였다. 일제의 사전 검거와 경성 전역의 삼엄한 경계에도 아랑곳하지 않고 조선 민중이 떨쳐 일어났다.[19]

권오설이 조직한 조선학생과학연구회가 주도한 만세운동은 중앙고보 등 학생 300여 명의 '대한독립 만세'를 신호탄으로 전국으로 확산했다. 하지만 만세운동의 후폭풍으로 조공은 궤멸 수준의 타격을 받았다. 석 달간 당원 130여 명(89%)이 체포됐다. 후보당원을

---

18 임경석, 「강달영, 조선공산당 책임비서」, 『역사비평』 제58호(역사비평사, 2002), 249-254쪽.

19 임승범, 「1920년대 식민지 조선의 자화상, 영화 〈아리랑〉: 6·10만세 운동 정국 속에서 영화 〈아리랑〉의 확산을 중심으로」, 『한민족문화연구』 제74호(한민족문화학회, 2021), 184쪽.

합한 265명을 기준으로 해도 피검률이 49퍼센트에 달했다.[20]

조공은 벼랑 끝에서도 오뚝이처럼 강인한 생명력을 발휘했다. 창당 때 배제됐던 ML파와 통합함으로써 조직을 복원할 수 있었다. ML파는 레닌주의 동맹, 서울파, 일월회 등이 합쳐 당원 450명을 거느린 단체였다. 조공은 이념 무장이 다소 느슨한 ML 중심으로 재편됐음에도 외연 확대에는 무기력했다. 고질적인 상호 불신과 통일전선 적용 범위를 둘러싼 이견이 팽배해져 극심한 내분을 겪다가 급기야 1927년에는 둘로 쪼개져 별도 당 대회를 열고 독자 대표단을 모스크바에 파견했다.[21]

이때 조공은 위기 모면에 즉효인 좌우합작 카드를 꺼내 조직을 되살리는 데 성공한다. 일제라는 공동 적을 둔 민족주의 세력과 손잡고 1927년 2월 신간회를 결성했다. 전국 회원 4만 명을 둔 신간회는 일제하 최대 독립운동 단체다. 그러나 조공은 신간회의 우산 밑으로 피신했는데도 일제의 단속망을 완전히 벗어나지는 못했다. 차금봉 책임비서를 비롯한 상당수 중앙간부가 1928년 7월 체포됐다.

당권을 둘러싼 조공의 내분 양상이 얼마나 심각했는지는 초대 책임비서 김재봉이 1925년 12월 7일 작성한 비밀편지를 보면 짐작할 수 있다.[22] 코민테른 동양부로 보낸 이 서한에는 김약수가 이끈 북

20 임경석, 「김철수와 조선공산당 제2회 대회」. 『역사비평』 제60호(역사비평사, 2002), 173쪽.

21 임경석, 「1927년 조선공산당의 분열과 그 성격」, 『사림』 제61호(수선사학회, 2017), 153-154쪽.

22 임경석, 「책임비서의 비밀편지(임경석의 역사극장)」, 〈한겨레21〉 2019. 5. 16.

풍파의 처리 문제를 화급한 당무로 언급했다. 조공은 화요파와 북풍파 연합체로 출범했으나 화학적 결합에는 실패했다. 혼연일체의 동지적 연대감이 없이 창당 초기부터 사사건건 충돌했다. 북풍파는 세력이 약한데도 요직을 과도하게 요구했고, 공개단체인 조선노농총동맹의 임원진을 짤 때는 상임총무직을 고집했다고 김재봉은 주장했다. 공산당 중앙집행위원회에서 자파 인원이 화요회보다 한 사람 적다는 이유로 임시당대회 소집을 요구했을 때는 김재봉이 거부했다. 전위 혁명당이어야 할 공산당이 연립내각 같은 느슨한 기구가 될 수 있다는 판단에서다. 북풍회의 허술한 보안의식도 김재봉은 개탄했다. 당 회의에 앞서 자파끼리 의논하는 모습을 보고 정파 이익을 우선한다고 질타하기도 했다.

내분 끝에 3년 만에 조선공산당 해체

김약수의 생각은 달랐다. 조선 현지 사정을 잘 모르는 코민테른을 무조건 따르다가 자멸했다며 도그마에 빠진 조공을 비판했다. 1924년 4월 북풍회 중심의 독자 결사체인 까엔당을 조직한 김약수는 분열된 공산주의자들을 단일 정당으로 결합하는 운동에 앞장섰다. 코민테른의 지도를 받는 근로대중을 주력 부대로 삼아 조선민족을 해방하고 자주적인 민주공화국을 건설하는 게 까엔당의 목표였다. 하지만 1925년 11월 조공에서 종파주의자로 찍혀 제명된 데다 12월에는 일제에 붙잡혀 1931년 6월까지 복역했다. 김약수는 코민테른 맹종이 오류였음을 수감 기간에 깨닫고 기존 혁명운동 방식을 바꾸게 된다.

김약수의 새로운 노선을 보여 주는 인터뷰 기사가 당시 〈동아일보〉에 실렸다. "우리 조직체가 결함이 있었으나 당시로는 최선의 노력을 했다. 서울청년회를 (조공에) 포함하지 못한 것은 잘못이었다. 그때 조직 방법은 러시아에서, 이론은 일본에서 수입했다. 러시아 방식은 조선에 적합지 못했으므로 조선화하는 데 어려움이 있었다."

김약수는 출소 후 국제 정세와 내부 역량 등을 토대로 부르주아 민주주의 혁명은 시기상조라고 진단하고 극단적 좌익 세력을 비판했다. 자신을 조공에서 내쫓은 화요회를 비롯한 코민테른 맹종 세력을 염두에 두고 "선명한 구호로 대중을 현혹하는 좌익 세력이 반혁명 개량주의자보다 더 위험하다"는 주장도 했다. 1945년 해방공간에서는 김약수가 공산주의 운동에서 이탈했다. 그동안 항일투쟁을 하느라 적색 사상에 심취했는데, 일본이 물러난 마당에 더는 분열해서는 안 된다며 전향 이유를 밝혔다.[23] 일제하 항일운동 세력을 갈가리 찢어 버린 주범이 공산주의 세력임을 거론한 발언이었다.[24]

조공은 일제 탄압에 내분까지 겹치는 진통을 거듭하다 창당 3년 만인 1928년 해체되고 만다. 코민테른이 1928년 12월 '조선 농민·노동자의 임무에 관한 결의'(12월 테제)를 통해 조공 재건을 압박했으나 무위로 그쳤다. 조공은 12월 테제를 행동 지침서로 삼아 노동

23 박철하, 「김약수, 반일 민족해방운동에서 자주적 평화통일운동까지」, 『내일을 여는 역사』 제28호(역사와책임, 2007), 163-164쪽.

24 이후 김약수는 해방 직후 건준 참여를 거부하고 대한민국 수립에 참여, 5·10 총선거에서 당선하고 제헌국회 부의장으로서 반민특위 활동을 주도했다. 1949년 국회프락치사건으로 수감됐다가 6·25 때 풀려나 월북, 1964년 사망한다.

자와 농민 비중을 늘리는 방식으로 당원 구성을 바꾸었다. "가라 공장으로 광산으로 농촌으로"를 당 재건 구호로 삼아 노동자·빈농 중심의 혁명조직을 건설하려고도 했다.[25]

하지만 조공은 민족주의 계열을 근로대중과 분리해야 한다는 코민테른 지령을 맹신한 나머지 신간회를 무너뜨려 자멸의 길로 접어들었다. 민족주의 계열의 합법 조직을 따돌린 채 불법 지하활동에 집착하느라 운신의 폭이 크게 좁아져 대규모 항일운동은 시도조차 하지 못한 채 줄줄이 일제 경찰에 체포됐다. 조공 해체로 만주와 일본의 조공 지국도 붕괴했다. 당원들은 주재국 공산당에 대거 편입됐고 항일투쟁을 통한 조국 독립이라는 목표는 자연스레 증발했다.

공산주의와 민족주의는 물과 기름

조선공산당이 내분 끝에 해체됐음에도 국내 사회주의자들의 분파투쟁은 되레 심해졌다. 사회주의자들은 코민테른의 극좌 노선을 무조건 추종하느라 포용력을 거의 상실했다. 코민테른의 판단은 절대로 틀릴 수 없다는 도그마에 갇힌 탓이다.

코민테른이 오류를 뒤늦게 깨닫고 대응 전략을 바꾸더라도 한반도 붉은 세력에게는 무의미했다. 조공이 해체돼 코민테른의 수

---

25 최규진, 「〈12월테제〉: 조선 사회주의자들의 나침반, 시대의 강령」, 『내일을 여는 역사』 제28호(역사와책임, 2007), 231-233쪽.

정 명령이 국내에 제대로 전파되지 않았기 때문이다. 코민테른이 1929년 이후 대공황기를 세계혁명의 호기로 판단하고 각국 공산당에 하달한 계급투쟁이 그런 사례다. 기대했던 성과는커녕 이탈리아와 독일에서 1935년 파시즘이 등장하자 코민테른은 전략을 대폭 수정했다. '노동계급의 적'들과 한시적으로 제휴함으로써 혁명 역량을 보존하는 민족통일전선으로 급선회했다. 그러나 국내에는 이를 제때 수용할 대표 기구가 없어서 막가파식 강경 노선이 이어졌다.

극좌 노선 '12월 테제'를 금과옥조로

국내 공산 계열이 기존 '12월 테제'의 극심한 좌편향 노선에서 이탈하지 못한 데는 1931년 무렵 절정을 이룬 일제의 탄압도 한몫했다. 일제는 1925년 4월 21일 공포된 치안유지법을 사상범 억압 도구로 활용했다. 모두 7개조로 조선과 대만, 사할린 등 일본 식민지에도 적용된 이 법은 사회주의자와 무정부주의자를 처벌할 때 조자룡의 헌 칼처럼 쓰였다.

치안유지법 제1조 1항은 국체(國體) 변혁이나 사유재산제 부인을 목적으로 하는 결사체 조직이나 가입 땐 10년 이하 징역 또는 금고에 처하도록 했다. 이 법이 사회주의 세력을 겨냥해 제정됐음을 짐작할 수 있다. 신의주사건과 6·10만세운동에 연루된 101명을 처벌할 때 적용한 법률도 이 치안유지법이었다.[26]

---

26 김국화, 「101인 사건' 판결과 「치안유지법」 적용」, 『한국독립운동사연구』 제74호(독립기념관 한국독립운동사연구소, 2021), 86-87쪽.

일제는 이 법의 효과적인 시행을 위해 고등계 경찰과 사상검사를 채용하고 중앙정보위원회도 설치했다. 그 결과 서울·상해파, ML파, 화요파 등 지도자들이 무더기로 걸려들었다. 코민테른의 지시를 좇아 공산당 재건 경쟁에 나섰다가 일망타진됐다. 1931년 만주사변 이후에는 조선노동총동맹, 조선농민총동맹, 조선청년총동맹 등이 와해했다.

주변 환경이 극도로 불리할 때는 합법 세력과 손잡고 핵심 혁명 역량을 보존해야 한다는 게 공산주의 운동의 철칙인데도 국내에서는 정반대 현상이 나타났다. 조공 해체 이후 지하로 은신한 소련 유학파 청년들은 코민테른의 극좌 지령인 12월 테제를 금과옥조로 여겨 브레이크 없는 벤츠처럼 폭주했다.

12월 테제는 1928년 12월 10일 코민테른 정치서기국이 작성한 10여 쪽 분량의 지령문이다. 조선을 대다수 국민이 농민인 반봉건사회로 규정하고 적절한 공산주의 운동의 전략과 전술을 제시하려는 의도로 작성됐다.[27] 주요 내용은 "조공이 오랜 파벌투쟁으로 발전이 지체되고 정통성과 건강성을 잃었으므로 당내 인적 청산을 서둘러야 한다. 당원이 지식인이나 학생으로 구성되고 노동자와 연대하지 못해 이념이 갈라지면서 당의 영구 위기를 초래했다. 따라서 노동조합에 공산주의 세포를 심고 볼셰비키 대중사업을 벌여 노동자와 빈농을 당으로 끌어들여야 한다"는 것이다.

12월 테제는 세계 자본주의가 마침내 붕괴 위기를 맞아 혁명 정

---

27 최규진, 「〈12월테제〉: 조선 사회주의자들의 나침반, 시대의 강령」, 228-233쪽.

세가 조성됐다며 조선도 국제혁명 대열에 합류할 수 있도록 민족 개량주의자를 배척하고 조공을 서둘러 복원하라는 명령도 했다. 공산주의 그룹들은 12월 테제를 신주처럼 받들며 극좌 노선으로 빠져들었다. 무장봉기를 염두에 두고 주요 공장에 3~5명 단위의 세포조직을 심고 전국 규모의 산업별 노조를 결성하려 했다. 노동·농민 조합을 토대로 광범위한 인민 역량을 단일 대오로 묶어 공산혁명 기반을 다지려는 포석이었다.

1929년 1월부터 4월까지 이어진 원산 노동자 파업은 이런 배경에서 일어났다. 원산 인근 공장에서 일본인 감독관의 폭행·폭언에 항의하며 시작한 총파업에는 일제강점기 최대 규모인 노동자 2,200여 명이 참가했다. 신간회를 비롯한 국내외 각계 단체의 총파업 지원이 더해져 원산 일대 행정·산업이 마비됐고 일제는 군대까지 동원해 진압했다.

그 여파로 1930년대 부산 조선방적공장, 신흥탄광, 평양 고무공장 등에서도 파업이나 폭동이 이어졌다. 함경도 영흥, 정평, 단천, 홍원, 명천 등지에는 대규모 농민 투쟁이 벌어졌다. 1931~35년에 파업 등으로 1,759명이 투옥될 정도로 노동·농민운동이 격렬하게 일어났다.[28]

12월 테제 이후 국외 한인 사회주의자들에게도 큰 변화가 생겼다. 1920년대 일본에서 활동한 한인 사회주의자들은 양국 노동자 연대에 힘썼다. 현지 혁명이 선행해야 조국의 민족해방이 가능하다

---

28 윤여덕, 『한국초기노동운동연구』(일조각, 1991), 201쪽.

는 믿음에서다. 하지만 그것은 오판이었다. 일본 노동자들은 냉담했다. 제국주의에 익숙한 이들은 지주, 자본가, 관리 등과 더불어 조선 침략을 옹호했다. 한인이 가장 미천한 일을 하면서 인간적 수모를 겪는데도 수수방관했다. 이런 상황에서 국내 조공이 해체되자 한인들은 울며 겨자 먹기식으로 현지 공산당에 입당했다.

농민운동도 코민테른의 자기장에서 맴돌았다. 1930년대 초반부터 12월 테제를 신주처럼 모시며 줄곧 과격투쟁을 일삼았다. 농민조합은 빈농을 중심으로 재편돼 지역별 계급투쟁을 지도하고 '토지혁명'을 목표로 싸웠다. 1930년대 농민조합은 전국 80개 군·도에 설립됐다.[29] 전체 220개 군·도의 약 36퍼센트에 해당한다. 1930년대 중반 이후에는 일제의 대륙 침략과 민족말살정책으로 농민운동은 사실상 중단돼 일제 농산물 공출, 노동력 동원, 군수 농작물 재배 등에 속수무책이었다.

공산당 재건 불발로 각국 공산당에 입당

항일투쟁이 치열했던 만주의 사정도 비슷했다. 재만(在滿) 한인 공산주의자들이 중국공산당에 가입했다. 이들의 첫 투쟁은 5·30 간도 사건이다. 1930년 5월 29~31일 간도에서 일어난 야간 무장폭동으로, 한인 공산주의 세력이 일제하에서 주도한 최대 규모 대중봉기다. 이들은 전신·전화선을 끊고 철도·교량을 부수었으며 일본 영사

---

29 김용달, 「일제의 농업정책과 농민운동」, 『동양학』 제41호(단국대학교 동양학연구원, 2007), 276-279쪽.

관과 경찰서를 습격했다. 반일 전단을 뿌리고 곳곳에서 방화하거나 약탈했다.

5·30 간도사건은 투쟁 양상이 너무 과격한 탓에 득보다 실이 훨씬 컸다. 약 1년간 684차례 폭동으로 한인 163명이 숨졌다. 2,333명은 일제에 붙잡혀 국내로 압송됐다. 그 결과 항일 역량이 거의 소진됐다. 특히 중국 육군부대에서 무기를 탈취하고 불을 질러 일제와 적대관계인 중국인의 반감까지 사 고립을 자초하기도 했다.[30]

조공 해체 이후 공산당 재건 운동이 국내외에서 활발했으나 일제 하에서 끝내 실패한다. 여러 단체가 사분오열된 탓에 비밀조직 결성과 출판물 간행, 노동조합 지도 등에서 합심하지 못했기 때문이다. 서울파와 상해파는 1929년 3월 만주 지린(길림)성을 중심으로 〈볼셰비키〉, 〈노력자신문〉을 발행했다. ML파는 상하이에서 기관지 〈계급투쟁〉을 출판하고, 화요파는 1929년 11월 서울에서 조공 재건을 준비했다. 김단야는 박헌영과 함께 1931년 3월 러시아 블라디보스토크에서 〈콤뮤니스트〉 창간호를 냈다.

국내에서는 1933년 8월 이재유 중심의 '경성 트로이카 그룹'이 결성되고, 이주하의 원산그룹은 1936~38년 노동운동을 지도했다. 1937년 6월 두 그룹은 통합해 프랑스와 독일 사례를 본받아 인민전선운동을 전개하려 했다. 혁명적 노동조직에만 집착하지 않고 농민, 소부르주아, 학생, 인텔리겐차, 종교단체, 민족개량주의 조직 등을

---

30 황민호, 「일제하 간도봉기의 전개와 한인사회의 대응」, 『한국민족운동사연구』 제65호(한국민족운동사학회, 2010), 213-222쪽.

망라한 통일기관을 가동하다가 결정적인 순간에 공산당 주도로 무장봉기를 일으켜 조선 독립을 달성한다는 방식이다.[31] 하지만 원산 그룹이 1938년 10월 경찰에 발각돼 이듬해까지 375명이 구속되며 이러한 운동은 무산됐다. 이주하는 흥남과 원산, 평양, 진남포 등지로 잠입해 광복 때까지 계급투쟁을 벌였다.

1939년에는 이관술, 김삼룡, 이현상, 이순금, 정태식 등이 '경성콤그룹'을 조직했다. 경성 꼼뮤니스트 그룹의 약칭으로 국내 공산 세력의 최후 집결체였다. 서울과 함경도, 경남 일대의 노동자·농민 조합 결성과 학생운동 전개가 주된 활동이었다. 하지만 1940년부터 3차례 검거 선풍에 휘말려 대다수 간부가 체포됐다. 이관술과 이현상은 병보석 출소 후 지하운동을 이어 갔다.

일제 말기에 국내에서 광범위한 항일투쟁을 벌인 세력은 건국동맹이었다. 여운형과 조동호 등이 일제 패망을 염두에 두고 사회주의자와 민족주의자를 망라해서 1944년 결성한 조직이다. 전국 10개도에 지부를 둔 건국동맹은 산하에 농민동맹을 꾸려 징용·징병 방해, 민심 선동과 교란, 전쟁물자 수송 차단 등을 주도했다.

공산당 재건운동이 이처럼 국내외에서 활발했는데도 코민테른은 승인을 철저히 외면했다. 이 시기에 전개된 좌익 극단주의 운동이 독립운동에 치명타를 가했다는 점에서, 12월 테제 맹종 세력은 게도 구럭도 다 잃은 꼴이 됐다.

---

31 전명혁, 「1930년대 이강국과 그의 인민전선론 인식」, 『마르크스주의 연구』 제5권 3호(경상대학교 사회과학연구원, 2008), 190-194쪽.

조선공산당이 전국 규모의 파업으로 광범위한 계급투쟁을 벌인 것은 일제가 물러난 광복 이후다. 조공의 전위대는 금속, 철도, 교통, 토건 등 16개 산업별 노동조합 지부를 망라하는 조선노동조합 전국평의회(전평)였다. 전평 산하 전국 지부와 조합은 각각 233개, 1,757개였고 조합원은 50만 명에 달했다.

해방 직후 고물가로 인한 실질임금 하락, 높은 실업률, 식량난 등으로 생활고를 겪던 노동자들이 일제하 노동운동 경험을 되살려 조직 결성에 나선 덕에 전평은 몸집을 빠르게 불릴 수 있었다. 완전 독립과 혁명적 토지문제 해결, 친일 재산 무상몰수 무상분배, 임금 인상 등을 요구한 사회주의자들에 대한 우호 여론도 전평의 급성장에 힘을 보탰다.[32]

전평은 전국 주요 산업지역을 망라하는 조직을 갖추자 실력 행사에 돌입해 무려 2,388건의 쟁의를 주도했다. 하지만 조공 산하 기구로 출범한 태생적 한계 탓에 과격 정치투쟁에 집착하느라 26명이 숨지고 8,000여 명이 체포되는 시련을 겪다가 1948년 대한민국 정부 수립 이후 해체됐다.

---

32 윤민재, 「해방직후 노동계급의 정치사회화과정에 관한 연구: 전평을 중심으로」, 『사회과학논집』 제43권 1호(연세대학교 사회과학연구소, 2012), 6-8쪽.

제2장

'붉은 암초'에 연쇄 좌초한 독립선들

일제강점기에 국내외 사회주의 운동가들이 피를 숱하게 흘렸으나 민족해방에는 별 도움이 되지 못했다. 가톨릭교계에서 차지하는 로마 교황청의 권위를 훨씬 능가하는 코민테른에 충성 경쟁을 하면서 심한 불화 끝에 자멸한 탓이다.

1920년 일본군에 대승을 거둔 봉오동·청산리전투 주역들의 상당수도 공산주의자들의 손에 스러졌다. 항일 전사들은 청산리전투 직후 일제 탄압을 피해 러시아 자유시로 집결했다가 볼셰비키 정권의 앞잡이 노릇을 한 극좌파 공산주의자들에게 참변을 당했다. 첨단 무기로 무장한 일제의 정예 대군에 맞서려면 모든 항일 세력을 규합해도 모자라는 판에, 잿밥에 눈이 먼 공산주의자들이 독립 역량을 스스로 짓밟아 버렸다.

자유시참변을 모면하고 만주에서 항일투쟁을 준비하던 김좌진

장군도 공산주의자의 총격에 살해됐다.

국내 사회주의 운동의 사정도 비슷했다. 사회주의자들은 1920년 대 중반부터 노동자 파업이나 농민 소작쟁의를 일부 이끌었을 뿐, 항일운동 세력에 미친 악영향이 훨씬 심대했다. 국내 최대 좌우합작 독립단체로 1927년 출범한 신간회를 무너뜨린 게 대표 사례다. 일제 의 집요한 탄압으로 급격히 위축된 조선공산당이 신간회를 방패 삼 아 피신했다가, 어느 순간에 내부 총질을 했다. 한반도 정세를 오판 한 코민테른의 지시에 절대로 복종하느라 신간회를 파괴했다.

일제의 경제 수탈에 맞선 민족경제 수호 투쟁이 순식간에 몰락한 데도 붉은 독성이 작용했다. 1920년 평양에서 시작된 물산장려운동 은 서울을 비롯한 전국으로 확산하다 공산주의자들의 분열 책동에 휘말린 탓에 어느 순간 유명무실해졌다.

만주에서 활동하던 조선공산당 총국도 일국일당 수령에 빠져 생 지옥으로 떨어졌다. 1930년 한인들이 중국공산당에 입당했다가 참 변을 겪었다. 민생단사건에 엮여 약 2,000명이 처형됐다. 코민테른 을 무오류의 혁명 지도 기관으로 추종한 이들은 일제 간첩으로 몰 려 억울하게 떼죽음을 당했다. 그런데도 한인 사회주의자들은 이러 한 참상에 애써 눈감은 채 붉은 마수에서 벗어나지 못했다. 소련의 붉은 깃발을 향해 무리 지어 질주하다 빚어진 떼죽음은 레밍 신드 롬을 연상케 할 정도로 무모했다.

독립투쟁 파괴의 사령탑 코민테른

　한인 공산주의자들이 볼세비키 정부에 매료된 데는 1917년 세계 첫 공산혁명에 성공한 레닌의 영향이 컸다. 레닌은 자본주의가 고도로 발달한 사회에서 사회주의 혁명이 필연적으로 일어난다는 마르크스 이론을 수정해서, "혁명은 전쟁으로 완수해야 한다"고 역설했다. 이는 노동자가 전체 인구의 5퍼센트에 불과한 후진 농업사회 러시아에 적용해 성공한 공산주의 변종 이론이다. 레닌은 공산주의 제1단계인 사회주의를 실현하려면 프롤레타리아가 권력을 독점해야 한다는 주장도 했다.

　레닌이 이끈 볼세비키당은 10월혁명 전 1917년 2월 러시아 로마노프 왕조를 무너뜨리고 임시정부를 세울 때만 해도 존재감이 약했다. 하지만 이 2월혁명 이후에는 세력 판도가 급변했다. 1차대전 장기화로 도탄에 빠진 민생이 개선되지 않자 분노한 노동자, 농민, 병사 등이 소비에트 역량을 부쩍 키웠다. 이런 현상에 고무된 레닌은 1917년 4월 4일 '당면 혁명에서 프롤레타리아트 임무'를 발표했다. 이른바 '4월 테제'로, 신문을 통해 공개된 대체적인 내용은 다음과 같다.

　　1) 제국주의 전쟁을 단호히 반대하고 즉각 평화 실현
　　2) 부르주아지 권력을 프롤레타리아트와 빈농이 장악하는 혁명
　　　2단계로 이행
　　3) 임시정부 지지 철회

4) 소비에트 권력 확대

5) 의회제 공화국 반대하고 소비에트 공화국 수립

6) 지주 토지 국유화

7) 모든 은행 국유화

8) 소비에트 생산과 분배 통제

9) 당 강령을 바꾸고 당명을 공산당으로 전환

10) 새로운 국제혁명조직 창설 등[1]

요컨대 모든 권력을 노동자·농민·병사 중심의 소비에트로 옮겨 사회주의 혁명으로 전환해야 한다는 것이 4월 테제의 핵심이다. 이후 볼셰비키 적위대가 곳곳에서 봉기를 일으켜 그해 10월 15일(러시아력) 인쇄소, 우체국, 발전소, 은행 등을 접수하고 임시정부를 무너뜨렸다. 이렇게 해서 '공산주의 괴물'이 세계에서 처음 등장했다.

레닌은 혁명 성공에 만족하지 않고 1919년 3월 국제공산당 코민테른(Communist International)을 창설한다. 모스크바 크렘린궁에서 조선을 비롯한 21개국 대표 52명이 국제 공산주의자 회의를 열어 사흘에 걸친 토론 끝에 의결한 국제기구다. 제국주의 국가의 프롤레타리아트 투쟁과 피억압민족의 민족해방투쟁의 강력한 결합을 의무화하고 사회주의 공동 방어를 위해 프롤레타리아트 독재국가들은 코민테른과 동맹을 맺어야 한다는 선언문도 채택했다.[2] 코민테

---

1 유정, 「4월 테제를 통해서 본 레닌의 연속혁명론」, 『마르크스21』 제23호(책갈피, 2018), 153쪽.

른과 제2인터내셔널의 차이는 민족·식민지 문제다. 그래서 슬로건은 '만국의 노동자여 단결하라!' 대신에 '만국의 노동자, 피억압민족이여 단결하라!'가 됐다.[3]

레닌, 내전 승리 위해 한인 혁명가들에 구애

코민테른은 자본주의 국가 타도와 공산사회 건설을 목표로 1943년까지 존속해 국제사회에서 폭력혁명 투쟁의 공식 지도부 노릇을 했다. 레닌 정부는 재정 형편이 쪼들렸는데도 붉은 사상을 확산하기 위해 각국 공산주의 그룹에 막대한 공작금과 무기를 지원했다. 국가 예산의 약 25퍼센트를 약소국에 제공한 덕에 1920년대에는 세계 곳곳에서 공산당이 우후죽순처럼 생겨났다. 이들 공산당에 대한 코민테른의 영향력은 막강했다. 조직이 아무리 크고 마르크스·레닌 사상에 투철해도 코민테른의 승인을 받지 못하면 존립이 어려웠다. 지방 깡패 조직이 전국구 조폭의 비호를 받지 못하면 버티기 힘든 이치와 비슷했다.

한인들이 러시아 혁명가들과 처음으로 공식 회동을 한 곳도 코민테른이었다. 1918년 12월 19일 페트로그라드에서 열린 코민테른 창설 준비 회의에서 안용학으로 추정되는 인물이 연설을 했다. 이듬해

---

2 오해영, 「세계 혁명 운동의 지도자들이여! 모두 모쓰끄바로!: 공산주의 인터내셔날(코민테른) 창립되다(이 달의 역사)」, 『정세와 노동』(노동사회과학연구소, 2020), 98쪽.

3 전명혁, 「1920년 코민테른 2차대회 시기 박진순의 민족·식민지문제 인식」, 『한국사연구』 제134호(한국사연구회, 2006), 196쪽.

3월 2~19일 코민테른 창립대회에서도 강상주가 모스크바 '한인노동자동맹'을 대표해 "소비에트 러시아만 한국에 피난처를 제공하고 독립운동을 지원했다"며 세계 노동자의 단결을 강조했다.

이에 볼셰비키 정부는 1919년 7월 26일 '한국 혁명조직 국민회와 모든 한국민에게'라는 제목의 서한으로 화답했다. 요지는 다음과 같다.

> 노·농 적군은 한인에게 자유와 원조를 주려고 시베리아 광야로 들어갔다. 한인에게 가장 안전한 유일 장소는 모스크바이다. 한국 혁명가는 우리 적군 대열에 참가하고 있다. 우랄에서 한인들의 항일 전투가 벌어지면 한국에서는 봉기하여 러시아 노농정부와 협력하는 데 힘써야 한다. 우리가 합세해야 일제를 블라디보스토크와 조용한 아침의 나라에서 쫓아낼 수 있다. 해방의 시간은 이미 다가왔다. 한국 혁명가들이여, 노력을 배가하라.

볼셰비키 서한은 시베리아와 연해주 일대 반혁명 백군과 이를 후원하는 일본군에 맞서 싸우는 적군에 한인들이 합류하도록 독려하려는 의도로 작성됐다. 당시 볼셰비키 지도부의 최대 관심은 내전 승리를 통한 혁명 권력 수호였다. 서한이 1919년 8월 12일 모스크바 한인 집회에서 소개됐을 때는 참석자 약 200명이 혁명가를 부르며 환호했다. 한인에게 안식처를 제공해 줄 나라는 러시아밖에 없으므로 적군 동지들과 힘을 합쳐 일본인을 처단하기 위해 한인 군대를 서둘러 창설하자는 제안도 했다.[4]

사이비 종교단체의 부흥기도회와 같은 뜨거운 열기 속에서 이뤄진 당시 집회 참가자들에게 코민테른은 조국 독립은 물론, 민중의 모든 고통을 해결해 줄 수 있는 신적 존재로 각인됐다. 이후 세계혁명의 총참모부를 자임한 코민테른은 최고 권력기구로 군림하며 혁명 지침을 여러 차례 하달했고 한인 공산주의자들은 이를 메시아의 말씀처럼 따랐다. 소비에트 러시아 정권과 코민테른의 지시가 상충하면서 혼선을 빚기도 했으나 진의가 무엇인지 감히 물어볼 엄두를 내지 못했다. 불경죄를 지은 것으로 여겨질 수 있다는 두려움 때문에 의문점을 해소하지 못한 것으로 짐작된다.

코민테른과 자매단체인 공산주의 청년 인터내셔널(국제공청)은 1920~30년대 민족해방과 사회주의 운동의 든든한 지원군 노릇을 하다가 한인 공산주의 세력을 파멸로 이끌었다. 자유시참변도 코민테른과 공청에 집착한 고려공산당 상해파와 이르쿠츠크파의 치열한 권력투쟁 끝에 발생했다.

상해파 박진순은 1920년 7월 코민테른 집행위원에 임명돼 한동안 러시아 극동 지역 혁명을 책임지는 막중한 권한을 누렸다. 상하이임시정부 특사로 활동하던 한형권을 도와 레닌 정부에서 40만 루블을 지원받은 것도 박진순이었다. 이르쿠츠크파는 1921년 5월 조훈을 모스크바 공청 본부에 보내 전권위원 자리를 확보토록 했다. 이때부터 조훈이 한국과 중국 내 한인 공산청년운동을 주도하며 이르쿠츠크파의 영향력을 확대했다.[5]

---

4 반병률, 「러시아(소련)의 대한민국임시정부 인식」, 『역사문화연구』 제35호(한국외국어대학교역사문화연구소, 2010), 492-494쪽.

상해파와 이르쿠츠크파의 다툼은 조선시대 서인(西人)과 남인(南人)이 주자학을 누가 제대로 신봉하느냐는 문제로 피비린내 나는 싸움을 벌인 역사의 판박이였다. 또한 조선 사대부에게 중국 황제가 절대지존이었다면 한인 공산주의자에게 코민테른은 최고 사령탑이었다. 한인사회당, 고려공산당 상해파·이르쿠츠크파 등이 코민테른의 승인을 받기 위해 매달리는 과정은 조선왕조의 고명주청(誥命奏請)을 연상케 했다. 고명주청은 새로운 왕의 즉위 사실을 아뢰고 임금으로 책봉하는 고명을 내려 달라고 황제에게 요청하는 외교 행사다. 이성계는 고명 요청을 여러 번 했으나 양위 때까지 끝내 받지 못했고, 태종은 고명이 취소되는 수모를 당했다. 이 때문에 조선은 대규모 사신단을 꾸려 중국에 수시로 보내 조공하고 사대의 예를 다할 수밖에 없었다.

고명 제도가 동아시아 종주국 지위를 유지하려는 중국의 외교 전략이었다면, 코민테른은 러시아의 세계 지배 기구로 가동됐다. 하사품 규모로는 코민테른이 중국 황제를 훨씬 능가했다. 코민테른이 한인사회당에 제공한 60만 루블은 오늘날 화폐 가치로 환산하면 수천억 원에 달한다. 말과 은, 사냥용 매, 인삼 등을 받고 비단과 서적 등을 답례품으로 하사한 중국 황제와 비교가 되지 않는 액수다.

막대한 재정을 지원한 목적은 코민테른이나 중국 황제가 크게 다

---

5   윤상원, 「국제공산당과 국제공산청년회 속의 한인 혁명가: 박진순과 조훈의 활동 비교」, 『마르크스주의 연구』 제16권 3호(경상대학교 사회과학연구원, 2019), 60-61쪽.

르지 않았다. 1919년 3월 4일 출범한 코민테른은 서방 중심의 국제연맹에 맞서 공산주의 사상을 전 세계에 수출하기 위한 국제기구다. 한국을 비롯한 21개국 35개 조직을 대표한 52명이 참석한 창립대회에서 채택된 레닌의 테제를 보면 이 기구의 성격을 알 수 있다. 주요 내용은 '순수 민주주의'는 부르주아 특권을 옹호하는 것이므로 프롤레타리아 독재로 바꿔야 하고, 소비에트 권력만이 부르주아 기구를 분쇄하며 노동자에게 진정한 자유와 민주주의를 보장해 줄 수 있다는 것이었다.[6] 창립대회 결의문은 국제 공산주의자들의 권력 획득 투쟁의 전투적 강령을 제시하고 공산당의 임무와 기본 전술 방향을 명확하게 규정했다.

각국 공산당은 코민테른에 절대복종

1920년 7월 제2차 대회에서는 코민테른에 대한 각국 공산당의 절대복종을 명문화하는 마각을 드러냈다. 한인사회당의 박진순을 비롯한 41개국 대표 217명이 참석한 이 대회에서는 세계 공산당 통합·지도를 위한 코민테른 가입 조건 21개항이 결정됐다. 핵심은 코민테른을 중앙집권적이고 철의 기율을 갖는 명령·복종 체제로 개편함으로써 국제 프롤레타리아트 투쟁 기구로 만드는 것이었다. 각국 공산당도 동일 방식으로 작동토록 했다.

2차 대회에서는 서구 열강에 침탈된 후진국의 투쟁 방침도 제시했다. 공산혁명이 어려운 만큼, 프롤레타리아트는 혁명적 부르주아

---

6 오해영, 「세계 혁명 운동의 지도자들이여! 모두 모쓰끄바로!」, 99쪽.

지 및 농민과 한시적 동맹을 맺어야 한다는 통일전선 전략이었다. 외연 확대를 통한 민족혁명운동으로 반제 투쟁에 나서라고 주문한 레닌의 속내는 백군과 일본의 공격으로 위기에 처한 러시아 소비에트의 수호였다.

훗날 중국과 북한 등 세계 공산국가 탄생에 막대한 영향을 미친 통일전선 이론은 오늘날까지 좌파 운동권에서 바이블처럼 활용된다. 국민을 10퍼센트의 강자와 90퍼센트 약자로 분류한 다음 다수에 영합해 소수를 공격하는 포퓰리즘도 통일전선의 변종이다. 국민 편가르기로 선거에서 승리한 뒤 극소수 세력이 공산권 정권처럼 권력과 경제적 부를 사실상 독식하기 때문이다.

당시 '민족·식민지문제 소위원회'에 참석한 박진순은 레닌의 요구에 화답했다. 그는 갈수록 영향력이 커지는 한인사회당이 코민테른의 깃발 아래 세계혁명운동을 펼쳐 조선이 소비에트연방공화국(소련)에 편입되도록 노력할 것임을 천명했다.[7]

레닌은 자본주의 강국이 볼셰비키 혁명을 분쇄하려는 상황에서 각국에서 반제 투쟁이 이뤄진다면 내전 승리에 큰 도움이 될 것으로 기대했다. 제정 러시아가 체결한 외국에 불리한 각종 조약을 포기한 것도 동일 배경에서 이뤄졌다. 백군과 내전을 치르는 볼셰비키 적군을 주변 약소민족이 돕도록 하려는 꼼수였다. 당시 연해주 등지에서는 미국, 영국, 일본 등 열강 군대가 백군을 지원했다. 이에 맞선 레

---

7   전명혁, 「1920년 코민테른 2차대회 시기 박진순의 민족·식민지문제 인식」, 212-214쪽.

닌 정권의 전략이 주효해, 한인 독립운동 단체를 비롯한 주변국 무장세력이 적군에 대거 합류했다.

레닌의 국제공산화 집념이 코민테른을 통해 속전속결로 이뤄져 소기 성과를 거뒀으나, 한반도 독립운동에는 독배가 됐다. 코민테른은 창설과 동시에 산하에 극동서기국을 만들어 한 달도 안 돼 하바롭스크와 블라디보스토크 등지에 책임자를 파견했다. 이들은 주변국 사정에 어두워 오판 가능성이 매우 컸는데도 한인 공산주의자들은 좀처럼 이견을 제시하지 못한 데다 치열한 충성 경쟁까지 벌였다. 뼛속 깊숙이 박힌 조선 사대주의의 변종 유전자가 기승을 부려 대참사가 발생하기도 했다. 이들의 머릿속에는 오직 공산혁명만 존재할 뿐, 시간이 흐르며 조국 독립은 개념 자체가 사라져 간 탓이다.

코민테른의 정세 판단이나 투쟁 전술이 허술하고 일관되지 않았는데도 반론은 거의 불가능했다. 당대회에서 당원 총의를 반영하는 '민주'와 상급 기구 결정에 하급 기구와 당원이 복종하는 '집중제'를 결합한 '민주집중제'라는 특수 장치 때문이었다. 다수 지배를 반영하는 민주주의와 당 지도·규율을 연계한 레닌의 이론은 사회주의 국가의 조직·운영의 근간이 됐다.[8]

민주집중제는 밑바닥 의견부터 모아서 응축한 결정을 집행하므로 여간해서는 틀리지 않는다는 신념에서 나온 의사결정 방식이지

---

8 박영자, 「북한 중앙국가기관 특성과 체제운영 실태: '민주집중제'와 '프롤레타리아 독재'에 대한 비교사회주의」, 『동아연구』 제49호(서강대학교 동아연구소, 2005), 234-236쪽.

만, 현실은 정반대였다. 민주적 절차를 무시하는 일당독재로 흘러 대형 오류가 속출했다. 일례로 1929년 미국을 비롯한 서구 산업국 가에서 시작된 경제공황이 세계로 확산할 때 내린 코민테른의 처방 이 크게 잘못됐으나 서울에서는 그대로 수용됐다.

당시 코민테른은 매우 공격적이고 투쟁적인 극좌 노선을 택했다. 자본주의 체제가 최후 붕괴 단계로 접어들어 폭력혁명의 기회라고 판단해, 항일 민족주의 세력은 물론 온건파 좌익 단체마저 적으로 여겨 배척함으로써 대실패를 겪었다.

독일과 이탈리아에서는 공산 세력이 온건파 사회민주주의자들 을 공격하다가 고립돼 파시즘이 급부상했다. 코민테른은 극좌운동 의 여파로 히틀러와 무솔리니와 같은 초대형 악마가 출현하자 오판 사실을 깨닫고 투쟁 노선을 허겁지겁 바꿔 1935년 제7차 대회에서 '반파시즘 통일전선'을 제시했다. 자본주의 국가의 근로 대중은 부 르주아 민주주의와 파시즘 사이에 있는 만큼, 프롤레타리아 독재가 아닌 일반 민주주의 획득을 당면 과제로 삼아야 한다고 역설했다. 노동자계급의 힘만으로는 파시즘에 대항할 수 없으므로 부르주아 민주주의 옹호론자까지 우군으로 삼아야 한다는 주장이었다. 그 결 과, 타도 대상으로 지목됐던 반혁명 세력이 하루아침에 동지로 둔갑 하는 블랙 코미디가 각국에서 연출됐다.

부르주아 민주주의 운동 조직에 붉은 씨앗을 파종하는 방식의 통일전선은 '트로이 목마 전술'로도 불렸다. 이는 이탈리아에서 안 토니오 그람시의 '진지론'과 팔미로 톨리아티의 '장기전'으로 발전 했다.[9] 하지만 한국에서는 해방 무렵까지 여전히 극좌 노선이 기승을 부렸다. 코민테른의 새 지침을 접수할 조선공산당이 끝내 재건되지 못했기 때문이다.

소련의 만주국 승인으로 만주 독립운동 소멸

중국의 국공합작 파기도 코민테른의 책임이 크다. 중국공산당은 제국주의 타도와 민족혁명을 목표로 1924년 국민당과 손잡았다. 노동자, 농민, 도시 중산층, 민족자본가를 아우르는 4계급 동맹을 구축하라는 코민테른 지령에 따른 조치였다. 하지만 머잖아 동맹에 큰 구멍이 생긴다. 1925년 5월 국민당 정부의 상하이 경찰이 공산 계열의 총파업이 홍콩 등지로 퍼지는 것을 막으려고 시위대에 발포했기 때문이다. 국민당은 1926년 3월 공산당 간부들을 체포하고 국민당 내 공산당원들을 축출했다. 이에 공산당이 국민당과 절연하려 했으나 코민테른의 반대로 무산됐다.

1927년 3월 상하이의 노동자 50만 명이 봉기 수준의 총파업을 감행했을 때는 무장해제를 명령했다. 그 틈에 장제스는 계엄령을 선포하고 수만 명을 처형했다.

여전히 국공합작에 집착하던 스탈린은 1927년 12월 극좌 노선으로 급변해 광저우 무장봉기를 지시했다. 하지만 봉기는 급조된 탓에 5,000여 명의 희생자만 낸 채 실패로 끝나고 공산당 지도부는 변방으로 도주했다. 당시 한국인 150여 명도 봉기에 합류했다가 몰살

---

9 홍성곤, 「1930년대 코민테른의 반파시즘론의 발전」, 『역사와 경계』 제38호(경남 사학회, 2000), 157-159쪽.

당했다. 이들은 피압박 약소민족 지원 혜택을 보려고 황푸(황포)군 관학교와 중산대학에 입학했다가 소비에트 건립을 주장한 붉은 봉기에 휩쓸려 독립운동은 펼쳐보지도 못한 채 숨졌다.[10]

1928년 조선공산당을 해체한 코민테른은 이에 그치지 않고 항일투쟁에 독극물을 살포하고 말았다. 소련이 1941년 6월 일본과 중립조약을 맺고 일본의 만주국 지배를 용인함으로써 만주 일대 한인 독립운동이 완전히 소멸했다. 일본은 이 조약으로 소련의 공격 위험을 제거하고 중국은 물론 동남아시아로까지 점령지를 넓혀 나갈 수 있었다.[11] 중립 조약 결과 중국 내륙 산시(섬서)성 일대에서 활동하던 한인 공산주의자들의 총구는 일본군 대신 국민당 군대를 향했다. 충칭(중경)임시정부 산하 광복군을 지원하던 국민당 군대를 적으로 삼은 것이다.

이 와중에 소련에서는 일국사회주의가 강조되고 무자비한 정적 숙청이 벌어져, 공산주의자들의 금과옥조였던 세계혁명은 수사(修辭)로 전락하고 코민테른은 1943년 해체됐다. 그러나 소련은 국제 공산주의운동 지도를 목표로 창설한 코민테른이 해체된 후에도 공산권 종주국으로서 강력한 지위를 유지했다.

2차대전 이후 유럽 중동부 지역에서 탄생한 국가들 대부분이 소

---

10 조은경, 「중국 광주지역 내 한국 독립운동 관련 기념물 조성과 인식 변화: 광주기의열사능원 내 중조혈의정을 중심으로」, 『역사문제연구』 제25권 2호(역사문제연구소, 2021), 317-321쪽.

11 홍웅호, 「1930년대말 소련의 동아시아정책」, 『사림』 제23호(수선사학회, 2005), 137쪽.

련식 헌법을 제정하고 사기업을 국유화하고 집단농장 제도를 도입했지만, 혹시라도 독자 노선을 걸으려 하면 혹독한 대가를 치러야 했다. 옛 유고슬라비아의 티토가 소련 중심의 외교·정치 체제에서 벗어나려다 1948년 이후 무자비한 탄압을 받은 것이 그 사례다. 소련은 유럽의 반공산주의 공세에 대항하기 위해 1947년 발족시킨 코민포름(Cominform)에서 유고슬라비아를 축출했고, 헝가리·루마니아·불가리아·알바니아 4개국은 유고슬라비아와 맞닿은 지대에서 대규모 기동훈련을 벌이는 등 전쟁 분위기를 고조시켰다. 국경 너머로 특수부대를 수시로 침투시켜 군사 동태를 파악하고, 친소련파를 매수해 티토 반대 세력을 결집하기도 했다. 티토의 독자 노선을 소련 주도권에 대한 도전이라고 판단한 스탈린은 정치·경제적 봉쇄와 더불어 군사적 침공도 할 수 있다는 내용의 편지를 티토에게 보냈다. 소련을 비롯한 유럽 공산국가들의 압박에 유고슬라비아 경제력은 불과 1년 만에 3분의 2 수준으로 쪼그라들었다. 이러한 상황이 조금만 더 이어졌더라면 유고슬라비아는 해체됐을 수도 있었으나, 미국을 비롯한 서방의 지원과 1950년 한국전쟁 덕에 비동맹 지대에서 가까스로 생존할 수 있었다.[12]

---

12 김철민, 「코민포름 분쟁(1948)에 대한 유고슬라비아의 시각과 대응전략」, 『슬라브연구』 제18권 1호(한국외국어대학교 러시아연구소, 2002), 12-13쪽.

소련은 러제국 팽창주의 계승

볼셰비키 정권의 이기주의 유전자는 러시아 혁명 이듬해인 1918년 3월 3일 선명하게 발현됐다. 독일 중심의 1차대전 동맹국에 맞선 전쟁을 갑자기 중단함으로써 약소민족의 독립 열망에 찬물을 끼얹은 일이 그것이다. 볼셰비키 정부의 체제 수호를 위해 국가 자존심 따위는 전혀 개의치 않았다. 발트 3국을 포함한 영토를 동맹국에 내주고 배상금 60억 마르크를 무는 한편 우크라이나 분리 독립을 인정하는 굴욕까지 감수해 가며 평화협정에 서명했다.[13]

혁명정부 수호에 급급했던 레닌 정권은 전범 국가들의 지배를 받던 약소국에 치명타를 가한다는 사실을 잘 알면서도 독일에 손을 내밀었다가 배신의 대가를 혹독하게 치렀다. 영토 할양에 반발한 세력이 백군을 형성해 반혁명 투쟁에 나서 체제를 위협했다. 미국, 영국, 프랑스, 일본 등 연합국 진영도 백군을 도와 전면전 양상으로 치달았다. 잔인한 보복 살상이 반복돼 무수한 인명이 숨지거나 다쳐 혁명 이전보다 훨씬 비참한 세상이 펼쳐졌다. 당시 적군과 백군 사상자가 각각 121만 명, 150만 명에 달했다.

---

13 이종훈, 「두 가지 브레스트-리토프스크 조약과 우크라이나 독립에 나타난 민족자결론의 전개」, 『이화사학연구』 제41호(이화여자대학교 이화사학연구소, 2010), 304쪽.

적백내전 승리 후 돌변한 소련

볼셰비키 정권이 막대한 희생 끝에 내전에서 이긴 다음에는 평화가 아니라 야만의 세상이 전개됐다. 1922년 10월 블라디보스토크 주둔 일본군이 철수하자 볼셰비키 정권은 붉은 이념을 공유한 고려공산당마저 짓밟아 버렸다. 그해 4월 레닌의 사망으로 권좌에 오른 스탈린은 한인들을 적군에 편입하고 거부하면 무장을 해제해 국외로 추방했다. 바위처럼 무거워 보인 한국 독립 약속은 헌신짝처럼 버려졌다. 볼셰비키 정부의 배신에는 공산혁명과 내전 여파로 국력이 쇠약해진 상황에서 일본을 자극하지 않으려는 계산이 깔려 있었다. 1925년에는 러시아·일본 기본조약이 체결돼 연해주 항일운동은 원천봉쇄됐다.[14]

볼셰비키 정권의 마각은 1922년 소련의 탄생과 함께 표출됐다. 피폐한 경제를 서둘러 회복함으로써 기아와 가난에 허덕이는 민중을 구하려는 노력보다는 군대 확장에 혈안이 됐다. 서구 열강의 군사력을 따라잡으려고 중공업 우선 정책을 펼친 탓에 소비재 생산력이 약해져 민중의 삶은 도탄에 빠졌다. 그런데도 주변국 민족해방 운동가들은 소련의 흉계를 눈치채지 못했다. 자본주의 강대국을 물리치고 내전에 승리한 위업이 붉은 흉악함을 철저히 가려 인지부조화 현상이 생겼다.

군사력을 어느 정도 키우자 소련은 악마로 돌변했다. 약소민족의 구세주라는 가면을 벗어던지고 주변 지역을 닥치는 대로 침탈했다.

---

14 김방, 「고려공산당의 분립과 통합운동」, 193-195쪽.

옛 러시아에서 독립한 우크라이나와 벨라루스, 캅카스에 이어 중앙 아시아 국가들까지 점령했다. 제정 러시아의 팽창주의를 계승한 붉은 제국의 민낯은 볼셰비키 혁명 이후 줄기차게 외친 반제 투쟁 구호가 얼마나 위선이었나를 입증했다.

소련의 수괴는 러시아 변방 조지아(그루지야) 출신으로 1924년 레닌 사망 이후 권력투쟁에서 승리한 스탈린이었다. 볼셰비키 정권의 영구혁명론 대신 일국사회주의론을 들고나온 스탈린은 집단지도체제를 형성한 트로츠키, 지노비예프, 카메네프 등을 제거하고 절대권력을 휘둘렀다. 신(神)학교 제적 이후 노동운동 투신 30년 만에 1인 체제를 구축한 그는 파시즘 고속도로에 올라 좌측 노선을 미친 듯이 질주했다.

중공업 위주의 계획경제와 함께 농업 집단화도 추진했다. 농민의 재산을 모두 집단농장(콜호즈)에 편입하는 정책이었다. 그 결과 상당수 농민은 도시 임금노동자로 바뀌었다. 농촌을 버린 이들은 1931년 약 250만 명이었고 1928~32년에는 1,000만 명에 달했다. 스탈린은 경찰력을 키우고 강제노동수용소(굴라크)를 만들어 새로운 소비에트 체제의 조기 안착을 위해 폭주했다. 콜호즈를 반대하는 농민은 총살하거나 시베리아로 내쫓았다. 1932~33년 우크라이나와 북(北)캅카스 등에서 흉년으로 750만 명이 굶어 죽었는데도 중공업 우선 정책에 진력해 외형상 성과를 내기도 했다. 공업화 속도가 급류를 타면서 거대 공장과 철도, 수력발전 댐 등이 우후죽순으로 생겨나 농업국이 산업국가로 탈바꿈했다. 1934년에는 소규모 협동조합만 남고 모든 생산수단이 국유화됐다. 공장 굴뚝과 트랙터는 사회주의의 승리를 상징했다. 머잖아 새로운 사회주의 국가 선언이 임박한 것처럼 보였다. 그러나 실상은 정반대였다. 대다수 국민은 궁핍해지면서 반 스탈린 기류가 팽배해졌다.

스탈린 대숙청 기간 한인도 처형·강제이주

이런 상황에서 1934년 12월 1일 레닌그라드 당서기로 스탈린의 친구인 세르게이 키로프가 암살당하자 대학살이 시작됐다. 제17차 전(소)연방 볼셰비키 당대회에 참석한 대표자 1,961명 중 1,108명이 총살되거나 강제수용소로 끌려가 숨졌다. 숙청 대상에는 당과 행정부 간부에 그치지 않고 일반 주민까지 포함됐다. 심지어 스탈린과 생사고락을 같이한 볼셰비키 원로들과 군부도 희생됐다.[15]

인간 도살은 비밀경찰인 내무인민위원회(NKVD)가 주도했다. 니콜라이 예조프가 NKVD 위원장을 맡은 1936년 9월~1938년 12월 숙청이 절정을 이뤘다. '인민의 적'으로 의심되는 사람에 대한 즉결 총살 권한을 스탈린이 부여한 탓에 무고한 희생자가 속출했다. 인민의 적으로 찍히면 본인은 물론 배우자와 15세 이상 자식까지 처형됐다. 15세 미만 자녀는 고아원이나 탁아소로 보내졌다.[16]

NKVD는 반동분자 제거를 빌미로 2,000만 명 이상을 죽였다.

---

15 윤상원, 「1937년 강제이주 시기 한인 탄압의 규모와 내용」, 『한국사학보』 제78호 (고려사학회, 2020), 266쪽.

16 최우철, 「스탈린 국가폭력의 한인 '인민의 적' 가족 해체 사례 연구: 김옥춘과 박정숙의 사례를 중심으로」, 『인문과학』 제82호(성균관대학교 인문학연구원, 2021), 90-94쪽.

예조프는 공산당이나 소련 정부가 아닌 그저 스탈린 개인에게 충성하는 광견(狂犬)일 뿐이었다. 농민과 소수민족은 물론 산업 엘리트나 공산당 간부까지 줄줄이 희생됐다. 간첩·반체제·폭동에 연루된 것으로 의심되면 대부분 총살을 당하거나 굴라크에 수용됐다. 1937년 8월부터 이듬해 11월까지 하루 평균 1,500명이 처형됐다. 굴라크 수용자는 약 150만 명에 달했다. 스탈린의 사냥개 예조프는 "부족보다 과잉이 낫다"고 독려하면서 희생자를 한껏 키웠다.

인민의 적을 색출하기 위해 가족 간 감시 방식도 활용했다. 부부와 연인은 물론, 부모 자식과 형제간도 서로 고발 대상이었다. 가족의 수상한 행적을 알고도 고발하지 않으면 똑같은 형벌을 받았다. 임신 여성, 젖먹이 아기 엄마, 중환자, 전염병 환자, 고령자 등은 일단 체포 대상에서 제외됐으나 조건이 있었다. 주거지에서 이탈하지 않고 가족의 일거수일투족을 철저히 감시하겠다고 서약해야만 불체포 혜택을 누렸다.

그런 예조프도 1940년 2월 4일 모스크바 근교에서 비밀리에 처형됐다. 고문을 견디지 못해 정부 기금 착복, 독일 간첩 접촉, 직무 유기 등 범죄를 자백하고 사형 판결을 받았다. 성적(性的) 일탈과 양성애 성향 등 혐의도 기소장에 적혀 변태성욕자로 낙인찍혔다. 예조프는 스탈린에 대한 변함없는 충성을 외치며 살아 보려고 발버둥 쳤으나 허사였다. 스탈린은 사냥이 끝나 이용 가치가 없어진 사냥개의 시신을 불태워 공동묘지에 버렸다. 전형적인 토사구팽이었다.

소련에서 살인 광풍이 휩쓴 1937~38년 숙청 희생자는 약 68만 명으로 기록됐으나, 실제로는 200만 명 이상 숨진 것으로 추정된다.

그 결과 권력에 저항하면 모조리 죽는다는 공포심이 자연스레 팽배해져 스탈린은 신성불가침의 지존으로 부상했다. 스탈린의 발작으로 연해주 일대 한인 항일 기지는 모조리 폐쇄됐다. 1937년 9월 10일부터는 강제이주가 시작돼 한인 17만 2,000여 명이 연해주에서 카자흐스탄과 우즈베키스탄으로 쫓겨났다.[17] 일본군 첩자를 차단한다는 것이 강제이주의 명분이었으나, 실제 목적은 소수민족의 세력화를 방지하는 것이었다.

볼셰비키 혁명 이후 시베리아 내전에서 적군과 연대한 한인 빨치산도 예외 없이 박해를 받았다. 이들은 가축 운반용 열차에 실려 약 6,000킬로미터 떨어진 중앙아시아까지 3~4주간 이동하며 혹독한 추위와 기아에 시달렸다.

소련은 이주 명령 이전에도 한인들을 잔인하게 탄압했다. 한인들의 인구 분포, 교육 수준, 경제력, 법적 지위 등 정보를 파악하다 사소한 흠이라도 발견하면 직장 해고, 압수 수색, 체포, 수감 등으로 억압했다. 1935~37년에는 연해주의 한인 지식인과 지도층 인사 약 2만 5,000명이 간첩 등 혐의로 처형됐다. 일종의 예비검속으로 붙잡힌 이들 중 상당수는 증거 부족이나 날조 상태에서 정식 재판도 없이 총살됐다. 공산국가 건설에 앞장선 공산당 간부와 군인 장교로서 소련에 헌신했는데도 반역자로 몰려 목숨을 잃었다.[18] 카자흐와 우

---

17 김영술, 「러시아 극동 소련 한인의 중앙아시아 강제이주 계획과 이주 과정: 1937년 이주문서를 중심으로」, 『재외한인연구』 제53호(재외한인학회, 2021), 40쪽.

18 윤병석, 「소비에트 건설기의 고려인 수난과 강제이주」, 『중앙사론』 제21호(중앙대학교 중앙사학연구소, 2005), 583쪽.

즈베크, 키르기스, 타지크 등지로 옮겨간 이들은 집단농장에서 짐승 같은 삶을 강요받았다.

스탈린 체제에서 소련은 주변 약소국의 민족해방에 독배였는데도 상당수 한인 공산주의자는 이런 현실을 믿으려 하지 않았다. 붉은 아편에 이성이 마비돼 민족의 이익은 자연스레 이념의 뒷전으로 밀려났다. 평등사회라는 허공의 유토피아에 집착한 이들은 두만강을 넘나들며 지하활동을 이어 갔으나, 민족주의 세력을 노동계급의 적으로 여겨 철저히 배격하다가 자멸하기도 했다. 자승자박이었다.

김좌진 암살로 북만주 항일투쟁 급제동

무장 독립투쟁사에 길이 빛날 청산리전투의 승리를 이끈 김좌진은 1930년 비명횡사했다. 일제가 아닌 동포의 총탄에 맞아 41세에 운명했다.

청산리는 1920년 10월 21~26일 김좌진의 북로군정서와 홍범도의 대한독립군 중심의 독립군이 싸워 이긴 만주 지린(길림)성 허룽(화룡)현에 있다. 독립군은 이곳에서 병력과 무기가 월등히 앞선 일본군과 10여 차례 격돌해 승리했다. 독립군 2,000여 명은 갑절이 넘는 일본군과 싸워 항일 독립전투 사상 최대 승리를 거뒀다.[19] 독립군 330여 명이 사망하거나 실종했으나 일본군 사상자는 2,000~3,000명에 달했다. 일본군 희생 규모가 과장됐다는 주장도 있으나 이를 고려해도 완승은 사실이다. 국권 피탈 10년 만의 청산리 쾌거에 한인들의 독립 열망이 높아졌고 잠자던 중국인의 항일의식도 깨어났다.

청산리전투 5년 만에 무장투쟁 기반 재건

하지만 승전의 기쁨은 오래가지 못했다. 일본군 5만여 명이 대대적인 보복에 나서 한인을 학살한 간도참변 때문이다. 독립군은 이를 피해 러시아로 이동했다가 몰살당했다. 김좌진은 볼셰비키 정부의 꼭두각시 국가인 극동공화국의 무장해제 요구를 거부하고 회군한 덕에 무사했으나, 자유시참변 소식을 듣고 공산주의자들에 대한 적개심은 더욱 커졌다. 김좌진은 간도참변 여파와 자유시참변 트라우마로 한동안 힘든 나날을 보내다 1925년부터 재무장에 나선다. 지린성 융안(영안)현에서 북만주 독립운동 단체를 통합한 신민부를 만들어 무장투쟁의 기반으로 삼았다.[20] 북만주 일대 40만~50만 명의 한인 사회를 관장하던 신민부는 지방 조직과 함께 별동대와 보안대를 만들었다. 친일 단체 습격과 친일 부역자 처형, 농촌 계몽, 교육·산업 육성 노력도 병행했다.

만주 일대에 눈독을 들이던 일제는 한인 독립운동의 근거지인 서간도를 제대로 단속하지 못하자 1925년 6월 독립군을 넘겨주면 포

19 윤상원, 「봉오동전투와 청산리전투에 대한 소련과 러시아의 평가」, 『역사문화연구』 제56호(한국외국어대학교 역사문화연구소, 2015), 109쪽.

20 박환, 「김좌진장군의 항일독립운동 성격과 역할: 투쟁노선과 정치이념을 중심으로」, 『군사』 제46호(국방부, 2002), 9쪽.

상한다는 내용의 '미쓰야 협약'으로 신민부를 협공했다.[21] 만주 군벌 경무처장 위전(우진于珍)과 조선총독부 경무국장 미쓰야 미야마쓰(三矢宮松)가 비밀리에 체결한 이 협약은 항일 진영을 크게 위협했다. 황금에 눈이 먼 중국 군벌이 독립운동가를 닥치는 대로 붙잡아 일제에 넘겼다. 신민부 중앙집행위원장 김혁을 체포한 것도 군벌이었다.

설상가상으로 조선공산당이 1926년 만주총국을 세워 북만주로 활동 무대를 넓혀 신민부를 공격하자 김좌진은 사면초가의 위기를 맞는다. 일제와 만주 군벌의 압박과 착취로 곤궁한 삶을 영위하던 동포들이 토지 분배와 자치권 확보 등을 약속하는 만주총국에 합류하면서 반 김좌진 전선은 크게 넓어졌다. 만주총국은 농민조합을 만들고 강습소와 야학을 운영해 한인 농민과 청년들에게 사회주의 우월성과 국내외 정세를 교육했다.[22]

1927년 12월에는 신민부가 극한 대립 끝에 갈라서는 아픔을 겪었다. 김좌진의 무장투쟁 집착과 재만(在滿) 동포의 민심 이반 탓에 분열됐다. 김좌진은 무기 매입과 독립군 양성, 국내진공작전 등에 필요한 군자금을 동포 사회에서 거두려다 숱한 저항에 부딪혔다. 소작농으로 어렵게 살아가던 상당수 한인은 독립자금에 군사훈련 부담까지 겹치자 반발했다. 신민부는 투쟁 노선 차이로 민정파와 군정

---

21 이성환, 「'미쓰야(三矢) 협정'에 관한 연구」, 『일본어문학』 제24호(일본어문학회, 2004), 443쪽.
22 조춘호, 「1920년대 후반 만주정세와 조선공산당 만주총국의 자치운동」, 『한중인문학연구』 제30호(한중인문학회, 2010), 270-271쪽.

파로 갈라진다. 김좌진을 비롯한 군정파가 무장투쟁을 통해 만주군
과 중국 군벌에 맞서려 한 데 반해, 최호 중심의 민정파는 동포들의
사회·경제적 지위 향상을 중시했다. 두 세력은 1929년 완전히 갈라
져 민정파는 국민부를 조직했고, 군정파는 아나키스트들과 함께 한
족총연합회(한족총련)를 결성했다.[23]

'반공' 공통분모로 아나키스트와 연합

김좌진이 아나키즘 세력과 연합을 모색하기 시작한 것은 1925년
이었다.

김좌진의 먼 친척뻘 동생인 김종진이 김좌진을 찾아와 북만주 동
포들의 궁핍한 실상, 토착 지주와 자본가의 수탈, 공산 진영의 위협,
만주 독립운동 현황 등을 설명하며, 만주총국에 맞서 아나키즘과
군정부를 합치자고 제안했다.[24] 자유시참변 등을 통해 공산주의 사
상의 위험성을 누구보다 잘 알았던 김좌진은 김종진의 강력한 반공
노선에 공감해 공동전선 구축에 동의했다.

김좌진의 친척 동생인 김종진이 주도한 만주 아나키즘 운동의 지
향점은 자치단체를 수평으로 연결하는 국가를 건설하는 것이었다.
이런 국가에서 중앙기구는 모든 지역의 구심체 역할만 할 뿐 군림
하지는 않는다. 따라서 아나키스트들은 우익은 물론 좌익 파시즘

---

23 신주백, 『만주지역 한인의 민족운동사, 1920-45: 민족주의운동 및 사회주의운동
계열의 대립과 연대를 중심으로』(아세아문화사, 1999), 108-110쪽.

24 이성우, 「시야 김종진의 아나키즘 수용과 독립운동」, 『한국민족문화』 제82호(부
산대학교 한국민족문화연구소, 2022), 270쪽.

도 철저히 배척했다. 평등과 자유를 중시한 이들에게 프롤레타리아 독재와 민주집중제 방식의 마르크스·레닌주의는 용납될 수 없었다. 공산 세력이 끼어드는 곳에 반드시 불화와 알력이 생긴다는 게 이들의 신념이기도 했다. 유럽에서 수입된 아나키즘은 『예기(禮記)』의 대동사상(大同思想)과도 닮아, 양명학(陽明學)을 공부한 유림(儒林)에 쉽게 전파됐다.

당시 공산주의는 인간 존엄과 자유를 짓밟는 독재 사상이므로 민족 독립과 국민 자유를 위해 철저히 배격해야 한다는 확고한 신념이 김종진에게 있었다. 이는 아나키스트의 아버지로 불리며 1870년 공산주의의 전체주의화를 강하게 비판한 바쿠닌의 경고와 일맥상통한다. 바쿠닌은 "공산주의 지도자가 차르(러시아 황제)보다 훨씬 악독해질 수 있다"고 경고했다.

우당 이회영도 1921년 러시아를 다녀온 조소앙을 베이징(북경)에서 만나 "독재권력으로 인민을 지배하는 정치는 옛날 절대왕정보다 더 심한 폭력이므로 그러한 사회에는 평등이 있을 수 없다"며 공산주의를 경계했다. 이회영은 6형제를 포함한 일가족이 전 재산을 팔아 만주로 망명해 독립운동을 펼친 인물이다. 이회영은 신채호, 류자명 등과 함께 독립운동 사상으로 아나키즘을 수용해 의열투쟁 조직인 다물단을 이끌기도 했다. 다물단은 일제 체제를 대동사회 건설의 최대 걸림돌로 여겨 친일파와 일제 밀정 등을 처단했다. 조선총독부 밀정으로서 중국에서 암약한 김달하가 다물단이 제거한 대표 인물이다. 그는 독립운동 정보를 수집해 밀고하고 〈신한민보〉 주필과 한성임시정부 외무총장을 역임한 박용만을 일제 앞잡이로 끌어

들인 혐의로 1925년 살해됐다.

이회영은 1924년 4월 재중국 조선무정부주의자연맹을 만들고 기관지로 〈정의공보〉를 발행했으나, 일제 감시와 자금난으로 5개월 만에 해산했다. 이회영은 아나키즘과 민족주의를 상보관계로 보고 여러 민족과 사회가 하나의 자유연합 국가를 만드는 대동세계를 추구했다. 김종진은 이회영의 새로운 투쟁 노선에 깊은 감화를 받아 아나키즘에 빠져들었다가 김좌진과 손잡게 됐다.[25]

김좌진과 아나키스트가 연합한 한족총련은 신민부의 무장투쟁 전통과 아나키스트의 혁명 노선을 반영한 사업 정강을 마련했다. 파괴와 암살, 폭동 등 폭력운동의 적극 시행과 민중혁명 군사화, 토지 공동경작, 농산물 공동소비 및 판매 등이 골자다. 17~40세 청장년이 농사를 짓다가 농한기에 군사훈련을 받는 병농일치 방식의 군대도 육성했다. 1929년 10월에는 자치지역 농민의 불편과 경제적 부담을 덜기 위해 정미소를 운영했다.[26] 지방자치를 토대로 한 농촌 공동체 건설을 목표로 땀 흘린 덕에 동포 사회의 호평도 받았다. 다롄(대련)과 소만(蘇滿) 국경을 잇는 중동선 철길이 지나는 무단장(목단강)과 융안, 하이린(해림) 일대 한인 사회에서는 자연스레 영향력이 커졌다.

그 결과 하층 농민과 노동자 중심의 조선공산당 만주총국의 계급

---

25 박걸순, 「1920년대 북경의 한인 아나키즘운동과 의열투쟁」, 『동양학』 제54호(단국대학교 동양학연구원, 2013), 107쪽.

26 박환, 「김좌진장군의 항일독립운동 성격과 역할」, 13쪽.

투쟁이 힘들어지자, 조공은 흑색선전을 통해 한족총련을 고립시키려 발버둥 쳤다. 한족총련은 중국 군벌은 물론, 일제에 협력하는 민족 반역 집단이라는 것이 주된 비난이었다. 신민회 출범 이후 한인 농민으로부터 가구당 6원씩 거둬 목릉현 성동사관학교 장교 양성비 등에 충당한 사실을 왜곡해서 알리기도 했다. 겉으로 독립을 표방하지만 실은 농민을 괴롭히는 존재라는 선전은 큰 효과를 거뒀다.

한족총련도 맞대응에 나섰다. 조공 만주총국이 소련을 등에 업고 민족을 팔아먹는 매국 도당이자 민족 반역자라고 반격했다. 중동선 기차에서 공산주의자를 색출해 중국 관헌에 넘기기도 했다. 만주총국은 이를 날조해 김좌진이 공산주의자 동향을 일본 경찰에 넘기고 막대한 사례금을 챙긴다고 선동했다. 일부 사실을 토대로 거짓 정보를 만들어 평판을 훼손하는 전형적인 공산주의자들의 선동 수법이었다. 양측의 이전투구가 벌어지면서 신민부를 따르는 한인 숫자가 급감했고 결국 김좌진은 암살된다.[27]

1930년 1월 24일 오후, 중동선 산스(산시)역 근처 금성정미소에서 무장 독립투쟁의 전설 김좌진이 공산주의자 청년의 총격에 절명했다. 범인은 약 1년 전 정미소에 위장 취업한 조선공산당 만주총국 소속 박상실이었다. 평소 신변 위협을 느껴 늘 삼엄한 경호를 받던 김좌진은 하필이면 고강산 경호대장이 부하들과 함께 술집에 간 사이에 살해됐다. 정미소 직원과 중국 군경이 3발의 총성을 듣고 암살범

---

27 박영석, 「백야 김좌진장군 연구」, 『국사관논총』 제51호(국사편찬위원회, 1994), 200-202쪽.

을 추격했으나 어둠이 깔린 황혼 무렵이어서 놓치고 말았다.[28]

사회장으로 치른 장례일에는 국내와 만주 등지에서 찾아온 조문객 수천 명이 영웅의 마지막 가는 길을 함께 했다. 중국인들도 "조선의 왕이 죽었다"라고 외치며 슬퍼했다. 범인은 이듬해인 1931년 9월쯤 처형된 것으로 보도됐다. 당시 〈동아일보〉는 "김좌진씨를 총살한 박상실이 만주 아성현 호로군 총사령부에 체포돼 사형 판결을 받고 형 집행을 위해 수일 전에 봉천으로 압송됐다"고 보도했다. 중국 관헌이 박상실을 포함한 조선인 공산당원 11명을 체포하는 현장에서 때마침 김좌진의 경호대장 고강산이 박상실을 알아보고 신고해 사형을 받도록 했다고 〈동아일보〉는 전했다. 일제하에서 가장 성공한 대중잡지로 평가받는 〈삼천리〉 1932년 3월호에도 박상실의 처형 소식이 실렸다.

김좌진 암살의 최대 수혜자는 공산진영

암살 배후는 여태껏 확실하게 정리되지 않았으나, 김좌진의 한족총련과 조선공산당 만주총국이 사사건건 충돌하는 상황에서 일본 영사관과 밀접한 김봉환이 박상실에게 암살을 사주했다는 게 다수설이다. 일제가 북만주 한인의 독립운동 역량을 전멸시키려고 만주총국 분파인 화요회 소속의 김봉환을 시켜 김좌진을 제거했다는 것이다. 이후 한족총련과 만주총국은 일제의 의도대로 서로 암살대를

---

28 이강훈, 「그때 그 이야기: 공산당에 암살당한 김좌진장군의 최후」, 『북한』 제 152호(북한연구소, 1984), 207쪽.

운영하고 상대 진영의 무수한 약점을 트집 잡아 중국 관헌에 고발하는 등 심각한 내분에 휩싸였다.[29]

박상실은 만주총국 산하 고려공산청년회 소속원 김신준(당시 24)의 가명으로 추정된다. 공산주의자들은 신분 위장용 이름을 자주 사용했다. 하얼빈 주재 일본 총영사관 기밀문서에는 김좌진이 김신준에게 살해됐다고 기록됐다. 당시 외교공관으로는 매우 드물게 파출소와 유치장을 운영한 일제는 김좌진 피살 직후 광범위한 정보를 수집해 1931년 3월 본국에 진상을 보고했다. 보고서에는 "공산주의 계열의 불령선인(불온한 조선인) 김신준이 산스역 남쪽 조선인 마을에서 민족주의 계열의 불령단 한족총련 수뇌 김좌진을 살해했다"고 적혔다.[30]

중국 학계와 조선족 사회에는 암살범이 공도진으로 알려졌다. 고려공산청년회 선전부장 양환준의 발언을 토대로 한 추정이다. 만주총국 공작대원인 공도진이 정미소에 밀파돼 오랫동안 내부 기밀을 수집하다 김좌진을 암살했다고 양환준은 증언했다. 공도진은 훗날 허형식, 김책과 더불어 중국인 자오상즈(조상지, 1908~1942)를 도와 동북항일연군 제3로군에서 활동하다 1937년 전사한 인물로 사후에는 중국 항일열사 반열에 올랐다. 중국 정부가 반공정신이 투철했던 김좌진을 일개 비적(匪賊)으로 폄훼한 것과 대조적이다.

---

29 박환, 「김좌진장군의 항일독립운동 성격과 역할」, 26쪽.

30 「일본 외무성 외교사료관 문서 입수: 김좌진 암살범은 고려공산청년회 김신준」,
〈월간조선〉 2007년 10월호.

암살범의 정확한 신원과 배후, 범행 동기, 처벌 여부 등이 여태껏 불투명하지만, 범인이 조선공산당 만주총국에 연루됐다는 데는 큰 이견이 없다. 한족총련의 세력 확장을 필사적으로 저지하던 만주총국은 김좌진 사망으로 최대 혜택을 누렸다.

당시 만주총국은 신민부에 대해 "독립운동의 가면을 쓰고 동포를 갈취한다"고 공격해 소기의 성과를 거두고 있었다. 신민부에서 이탈하는 한인이 속출했고, 장교를 양성하던 성동사관학교는 농민의 군자금 거부로 폐교됐다. 한족총련도 만주총국을 '민족의 죄인', '인류 반역자', '소련 주구'로 선전하면서 양 진영은 사활을 건 싸움을 벌였다. 하이린을 근거지로 삼은 한족총련과 융안현 중심의 공산 진영이 정면충돌해 죽고 죽이는 피의 보복의 악순환이 일어났다. 급기야 한국 독립운동사에 가장 큰 발자국을 남긴 김좌진마저도 붉은 손에 희생됐다. 만주총국은 박상실을 정미소에 밀파해 약 1년 동안 범행 시기를 기다리며 여론전을 펼쳤다. "김좌진이 한인 공산당원 명단을 일제 경찰에 넘기고 대가를 챙긴다"는 소문을 반복해서 동포사회에 퍼트려 그를 악마화했다. 거짓이라도 여럿이 반복하다 보면 진실로 믿는 인간 심리를 활용한 선동 술책이었다. 만주총국이 화요회, 서울·상해파, ML파로 나뉘어 심한 내분을 겪었음에도 김좌진을 친일 분자로 낙인찍어 없애야 한다는 데는 모두 공감했다.

이들의 표적은 김좌진뿐만 아니라 한족총련 핵심 간부들을 망라했다. 1931년 7월에는 아나키즘 운동의 중추인 김종진, 박내춘, 이백호, 이준근, 김야운 등도 살해했다. 그 결과 만주 일대 한인 아나키즘 운동이 사라지고 한족총련은 이념과 세대, 지역 등 문제로 갈

등을 빚다가 해체됐다. 권수정과 남대관 등 상당수 간부가 일제에 투항하기도 했다.[31]

공산주의자들이 김좌진에게 덮어씌운 올가미는 정적 제거 때마다 사용하는 수법이었다. 박헌영과 함께 국내 공산주의 운동의 선구자로 꼽히는 김단야도 일제 밀정으로 몰려 1937년 소련에서 처형됐다. 그는 볼셰비키 정권에 매료돼 공산주의 종주국 소련으로 건너가 평등세상을 준비하다가 날벼락을 맞았다. 밀정 증거가 전혀 없었는데도 한 통 투서만으로 기소돼 사형 선고를 받고 총살됐다. 박헌영의 첫째 부인 주세죽도 위험분자로 지목돼 5년간 카자흐스탄으로 유배됐다.[32]

물산장려운동, 홍조류로 무산

일본이 2019년 한국 법원의 징용 피해자 손해배상 판결에 반발해 일부 제품의 한국 수출을 제한하자, 국내에서는 일본 제품 불매운동과 여행 거부 등 '노 재팬' 여론이 확산했다. 100년 전 1920년대에 한반도를 달군 물산장려운동을 방불케 했다.[33]

조선물산장려운동은 일제의 경제 침탈에 맞선 민족경제 수호

---

31 박창욱, 「인물연구 김좌진 장군의 신화를 깬다」, 『역사비평』 제24호(역사문제연구소, 1994), 178쪽.

32 임경석, 「박헌영과 김단야」, 140-146쪽.

투쟁이었다. 조만식(1883~1950)을 비롯한 평양 유지 70명이 민족기업 육성을 위해 1920년 8월 조선물산장려회를 결성했다. 숭실학교와 일본 메이지대학을 졸업한 조만식은 오산학교 교장으로 일하면서 민족교육에 앞장섰다. 3·1운동 때는 평안남도 만세운동을 벌이다 1년간 옥고를 치렀다. 조선물산장려회는 국산품 사용이 나라 사랑의 지름길이라고 확신한 조만식이 출소한 직후 인도의 '스와데시(Swadeshi)'를 모델로 탄생했다. 스와데시는 영국의 벵골 분할 통치에 맞서 영국 제품을 배척하고 인도 제품을 장려한 운동이다.

물산장려회 전단에는 국산품 사용을 통한 애국 실천을 호소하는 간절함이 엿보인다.

보아라, 우리의 먹고 입고 쓰는 것이 거의 다 우리의 손으로 만든 것이 아니었다. 이것이 제일 세상에 무섭고 위태한 일인 줄은 오늘에야 우리가 깨달았다. (……) 입어라, 조선 사람이 짠 것을! 먹어라, 조선 사람이 만든 것을! 쓰라, 조선 사람이 지은 것을!

물산장려운동은 일제의 탄압망을 뚫고 서울 등지로 확산했다. 동아일보가 조선인 공업 보호를 내세워 민족경제단체 건설과 금융기관 설립 등을 주창함으로써 거대한 공감대를 형성했다. 순회강연은 곳곳에서 대성황을 이뤘다. 1922년 12월에는 "조선인은 일치하여

---

33 김민영, 「1920·30년대 물산장려운동의 경과와 종교계」, 『한일민족문제연구』 제36권 1호(한일민족문제학회, 2019), 5-7쪽.

조선 물품만 쓰고 수입품을 사용하지 말자"고 주장하는 연희전문학교 학생들의 '자작회(自作會)'도 열렸다. 1910년대부터 실력양성론을 주창하던 기독교 지도자들도 이 운동에 기꺼이 호응했다. 경제력이 없으면 정치적 권리도 얻을 수 없으므로 경제 역량을 우선하여 키워야 한다는 게 이들의 믿음이었다. 당면한 모든 문제를 해결하는 '킹핀'은 경제라는 생각도 했다.[34]

이러한 준비 끝에, 평양에 이어 1923년 1월 서울 종로구 낙원동 협성학교에서도 조선물산장려회가 출범했다. 교육, 종교, 기업 등 각계 인사 20명으로 구성된 지도부는 강연회와 길거리 홍보를 통해 국산품 애호, 민족자본 육성 논리를 전파했다. 남자는 무명베 두루마기를, 여자는 검정 물감을 들인 무명 치마를 입고, 설탕과 소금, 과일 음료를 제외한 식품은 모두 토산품을 사용하고, 대체 불가능한 생필품은 외제를 쓰되 최대한 절약하자는 실천 지침도 마련했다.

고려공산당 상해파가 배후인 사회주의 성향의 청년회연합회도 이 운동에 참여했다. 상해파 소속의 장덕수는 "조선은 아직 혁명 시기가 성숙하지 않았으므로 문화계몽운동을 통해 민중의 경제적 생활 수준 향상과 민족 잠재력 육성에 노력해야 한다"고 주장했다.[35]

청년회연합회는 전국 각지에서 '금주, 단연, 저축'을 외치며 물산장려 열기를 고조시켰다. 자작회와 토산애용부인회 등의 공조도 활

---

34 위의 글, 26-28쪽.
35 윤덕영, 「1920년대 전반 조선물산장려운동 주도세력의 사회운동론과 서구 사회주의 사상과의 비교: '국내상해파'와 조선청년회연합회를 중심으로」, 『동방학지』 제187호(연세대학교 국학연구원, 2019), 12쪽.

발했다. 청년회와 상인회의 도움을 받아 대구, 부산, 광주, 함흥 등 대도시는 물론 군이나 읍 단위 지역에도 분회를 설립했다. 출범 5개월 만에 157개 물산장려회가 생겼고, 전북 군산과 부산 동래에서는 기생들도 이 운동에 동참할 만큼 거족적인 애국운동으로 발전했다. 홍보·선전 임무를 맡은 동아일보는 각 단체의 활약상을 대서특필하고 길거리 홍보를 불허한 일제 경찰을 비판하며 운동 분위기를 띄웠다. 상금을 내걸고 '조선 사람 조선 것'과 '내 살림 내 것으로' 등 공식 표어를 공모한 것도 동아일보였다.

경제자립·외교독립 모두 수포로

물산장려운동이 들불처럼 확산한 데는 일제가 경제권을 장악한 영향이 컸다. 1876년 강화도조약 이후 국내시장이 일제에 점차 잠식되다가 1910년 한일합방을 계기로 완전히 장악된 상황에서 '회사령'이 철폐된 것이 물산장려운동의 도화선이 됐다.

3·1운동을 계기로 무단통치에서 '문화통치'로 전환한 일제는 1920년 회사령을 없앴다. 1910년 12월 29일 공포된 '조선회사령'은 부칙을 포함한 총 20개조로 이뤄져 회사 설립, 운영, 해산 등에 대한 총독의 전면 간섭을 명문화했다. 법령이나 공공질서, 선량한 풍속을 해치면 사업 정지·금지, 지점 폐쇄, 회사 해산 등 처벌을 받도록 하는 조항도 회사령에 마련됐다. 그 결과 기업 설립 요건이 엄격해지고 민족자본이 진출할 수 있는 분야는 제한됐다. 총독부에 대한 충성도와 재력, 신용도, 수익성 등을 광범위하게 조사한 일제 경찰의 정보를 토대로 허가 여부가 결정돼 일본인이거나 친일파가 아니면 창업

에 불리했다. 일제는 본국 자본의 과도한 한반도 유입을 막으려고 재벌은 필수 업종 진입만 허용했다.[36]

이 법의 시행으로 경제 생태계가 재편됐다. 한인은 주로 대금업과 제조업에 종사했고 일본인은 운수업과 시장 관리 등과 관련한 업체를 운영했다. 대금업은 일제의 신화폐 유통을 확산하는 역할을 했다.[37]

회사령 시행 이듬해인 1911년 초부터 일본계 기업이 우후죽순처럼 생겨났다. 경성에 세운 조선피혁회사는 군수업체로 지정돼 보조금 혜택을 받았다. 이 회사 제품은 조선과 만주 주둔 일본 육군과 조선총독부에 공급됐다. 미쓰비시제철, 오지제지, 다이니혼제당, 오노다시멘트 등 재벌기업도 이 무렵에 진출했다.

1차대전이 끝난 1918년 이후에는 회사령이 일본 경제에 되레 걸림돌이 됐다. 1차대전 전쟁 물자 판매로 1915년부터 대호황을 누린 일본에서 넘쳐나는 자본의 물꼬를 조선으로 돌리려다 회사령에 발목이 잡히자, 일제는 1920년 회사령을 폐지됐다. 과도한 일본 자본의 유출을 막고 한반도에서 근대적 대공업의 발전을 억제하려던 당초 목적이 무의미해졌기 때문이다.

일부 전쟁 특수(特需)의 이익은 한인 기업에도 돌아가, 토종 중소기업과 가내공업 창업이 급증했다. 일본과 서방 공업국 제품이 전쟁 수

---

36 손정목, 「회사령연구」, 『한국사연구』 제45호(한국사연구회, 1984), 99-100쪽.

37 전우용, 「1910년대 객주 통제와 '조선회사령'」, 『역사문제연구』 제2호(역사문제연구소, 1997), 127-130쪽.

요를 채우지 못해 생긴 공백을 한인 기업이 메웠다. 이들 공장은 대부분 영세한 데다 일본 기업과 경쟁하지 않아 설립이 비교적 쉬웠다. 그 결과 한인 공장 비율이 1910년대 전반 26~27퍼센트에서 1919년에는 50퍼센트로 껑충 뛰었다. 다만, 자본력이 일본 기업에 크게 뒤져 업종은 정미업, 식품공업, 요업, 제지업, 직물업 등에 국한됐다.

이들 한인 기업은 시장이 협소하고 자금력이 달려 경기변동에 따른 부침(浮沈)이 심했다. 관세·금융 정책에도 취약해, 1차대전 당시 투자 과열의 후폭풍으로 1920년 시작된 '반동공황'에 휘청거렸다. 전후 공업제품의 과잉·범람으로 세계 곳곳에서 불황이 엄습하던 때다. 1923년에는 주류와 직물류를 제외한 모든 상품의 관세가 없어져, 힘겹게 버티던 토종 기업들은 벼랑 끝으로 내몰렸다. 설상가상으로 일본 자본과 값싼 제품까지 밀려들어 생존 자체가 어렵게 됐다. 공산물 생산액 가운데 조선인 생산 비중이 1919년 73.3퍼센트였던 것이 1923년에는 61퍼센트로 줄었다. 그 기간에 일본인 생산 비중은 26.4퍼센트에서 38.6퍼센트로 늘어났다.[38] 호남 대지주 김성수가 1919년 설립한 경성방직과 같은 대기업조차 총독부에 보조금을 요청할 만큼 기업 경영이 어려웠다.

한인 업체들은 1921년 총독부에 보호책을 요구했으나, 본국 정책에 어긋난다는 이유로 거부됐다. 이때 동아일보가 앞장서 대일 경제전쟁을 선포했다. 근면·단결·선진국 경험 흡수를 촉구했고 한인 업체들은 토산품 애용 구호를 내걸고 경제 침탈에 맞섰다. 백척

---

38 김민영, 「1920·30년대 물산장려운동의 경과와 종교계」, 15쪽.

간두의 위기를 극복하려는 민족 자본가들의 궁여지책이었다. 3·1운동 좌절 이후 정의나 평등과 같은 구호의 공허함을 확인한 지식인들도 민족경제 양성운동에 뛰어들었다.

한편으론 외교독립론도 1921년 11월 12일 시작된 워싱턴 군축회의를 끝으로 힘을 잃었다. 워싱턴 회의를 앞두고 임시정부가 미국을 비롯한 각국 대표단을 상대로 청원 활동을 펼 때만 해도 모종의 성과를 거둘 것이라는 희망이 컸다. "한국 문제가 회의에 반드시 상정될 테니 모든 한국인은 있는 힘을 다해 도와달라"는 이승만의 호소에 7만 5,000달러가 걷혔다. 고려공산당 상해파 국내부도 1만 원을 낼 정도로 서구 열강의 선의에 기대를 걸었다. 〈동아일보〉도 워싱턴 회의와 관련한 특집기사를 연재하고 특파원을 현지에 보낼 정도로 큰 관심을 보였으나, 워싱턴 회의에서 한국 독립 문제가 논의조차 되지 못함으로서 모든 게 허사로 끝났다.[39]

그 무렵 민족주의 지식인들은 외교독립론에 집착하지 말고 국제 정세 변화를 기다리며 실력을 양성하는 것이 유일한 독립의 길이라는 데 대체로 공감했다. 인류사회에서 약육강식은 일종의 법칙이므로 모두 분투하여 강자가 돼야 세계가 평등과 자유를 누릴 수 있다는 논리도 갖췄다. 경제력 양성의 절실함을 자각한 지식인들이 위기에 처한 토종 자본가들과 손잡고 물산장려운동을 시작했다. 하지만 1923년 초반에만 반짝했을 뿐 발전 동력을 오래 유지하지는 못했다.

---

39 「냉대받은 이승만, 회의장엔 들어가지도 못하고……(동아플래시100)」, 〈동아일보〉 2020년 8월 18일.

물산장려회의 첫 기관지 〈산업계〉도 용두사미로 끝났다. 1923년 11월 발행된 〈산업계〉 창간호는 물산장려운동을 도탄에 빠진 경제를 되살릴 수 있는 매우 중요한 수단으로 평가했다. 환자의 병을 곧바로 낫게 해 주는 주사약에 비유하기도 했다. 하지만 이듬해 3월 제5호를 마지막으로 1년 이상 기관지 발행이 중단됐다. 물산장려운동은 소비조합, 토산품 진열, 조선물산 품평회 등을 시도했으나 별 성과 없이 1924년 4월부터 완전 침체에 빠졌다. 이사회는 사실상 중단됐고 재정난으로 사무실 임대료를 내지 못해 정처 없이 떠도는 신세가 됐다.[40]

이후 1930년 사업가 정세권의 도움으로 회생 기미를 보이기도 했다. 국내 첫 부동산 개발 기업인 건양사를 운영한 정세권은 눈덩이처럼 불어난 물산장려회의 빚을 갚아 주고 새로운 사업 비용을 부담했다. 하지만 민족주의 진영이 노선 문제로 내분을 겪은 탓에 물산장려회는 다시 나락으로 떨어졌다. 1932년 8월에는 정세권의 지원까지 중단돼, 간신히 연명만 하다가 1940년 조선총독부의 명령으로 해산했다.

공산진영, 물산장려 반대에는 한목소리

물산장려운동이 용두사미로 끝난 원인은 다양하다. 토종 자본과 기술이 일본에 크게 뒤진 게 근본 한계였다. 생산시설이 급증하는 국산품 수요를 따라가지 못해 물가가 폭등한 탓에 대중의 외면을

---

40 김민영, 「1920·30년대 물산장려운동의 경과와 종교계」, 28-32쪽.

받았다. 중앙조직이 지방 곳곳의 협력단체를 흡수하지 못한 데다, 상인들의 농간으로 물가가 급등한 것도 실패 요인이다. 강연회 등에는 일제 경찰이 어김없이 나타나 행사를 불허하거나 중단시키는 일도 잦았다. 1923년 2월 16일에는 대규모 거리 행진이 일제의 방해로 무산되기도 했다. 설날을 맞아 조선 팔도의 천으로 만든 깃발을 앞세운 수천 명이 행진하려다 금지됐다. 전국 순회 계몽 강연도 취소되거나 연사들이 체포됐다.

민족주의 진영과 종교계는 구호나 강령 수위를 낮추는 식으로 일제 탄압에 대처했다. 조선기독교청년회가 현상 공모해 채택한 '내 살림 내 것으로', '조선 사람 조선 것', '우리 것으로만 살자' 등 온건 표어가 그런 사례다. 이런 표어는 강연회나 군중집회 등을 통해 전국으로 확산하면서 물산장려운동 발전에 힘을 보탰다.

물산장려운동이 유연해진 데는 한인 제품 부족도 한몫했다. 개항 이후 전통 제품의 경쟁력이 서구나 일본 상품보다 떨어진 상황에서 외제 사용 전면 중지를 요구할 수는 없는 노릇이었다. 따라서 자체 공장 설립과 자본 축적에 힘을 쏟는 것이 자연스러운 선택이었다.

그러나 토종상품 장려운동이 찻잔 속 태풍에 그치게 한 최대 악재는 공산주의자들의 발목잡기였다. 공산주의자들은 물산장려운동을 전국 운동으로 확산하는 데 주도적 역할을 한 청년회연합회를 집중 공격했다. 김사국을 비롯한 서울청년회는 혁명투쟁에 의한 완전한 독립국가를 달성해야 한다며 1922년부터 물산장려운동을 집요하게 방해했다.[41] 이들이 강연회에 나타나 '개량주의적 부르주아 운동'이라고 비난하거나 선전·계몽 활동을 저지하는 사례가 빈발했다.

공산주의자들은 신문과 잡지 등을 활용해 물산장려운동을 공격하기도 했다. 민족은 자본주의 탄생으로 형성된 만큼, 자본주의가 소멸하면 자연스레 사라진다는 게 이들의 신념이었다. 물산장려운동은 자산계급이 자본주의 왕국을 건설하기 위해 민족 일치라는 교묘한 논리로 무산계급의 판단을 흐리게 해 계급적 이익을 취하려는 기만적인 운동이므로, 새로운 사회는 물질 생산력 향상이 아니라 계급투쟁으로 건설돼야 한다고 사회주의자들은 선전했다.

고려공산당 상해파 소속의 주종건은 '무산계급과 물산장려'라는 글을 통해 "계급투쟁으로 정치혁명이 성공한 뒤 생산력 발전을 가로막는 모든 제도와 착취계급을 파괴함으로써 사회혁명에 성공할 수 있다"고 역설했다.[42] 고려공산동맹은 1923년 3월 24일 물산장려운동 타도를 공식화했다. '중산계급 기득권 유지를 위한 이기적 운동'이고 '계급의식을 말살시키려는 음모'라는 비판도 쏟아냈다. 토산물 애용으로 물가가 급등하자 그 틈을 비집고 들어가 대규모 선동을 벌였다. 기업가와 상인의 배만 불리고 빈민은 되레 궁핍해졌다고 비판함으로써 대중의 분노와 적대감을 자극했다. 공산 진영은 상해파와 북풍회, 화요회 등으로 갈라져 코민테른의 승인을 받으려고 치열하게 싸우면서도 물산장려운동 공격에는 거의 한목소리를 냈다. '무산대중의 정신 개조'를 목표로 창간된 잡지 〈신생활〉도 물

---

41 윤덕영, 「1920년대 전반 조선물산장려운동 주도세력의 사회운동론과 서구 사회주의 사상과의 비교」, 12쪽.

42 전재호, 「식민지 시기의 민족주의 연구」, 101쪽.

산장려운동을 저격하면서 사회주의를 선전했다.

물산장려운동은 기독교 세력이 대거 참여했기 때문에 태생적으로 공산주의자들과 대척점에 설 수밖에 없었다. 상해파는 "종교적 미신이 사회 해방의 장애로, 무산대중을 해방하기 위해 과학적 문화운동 및 종교 배척 운동을 실행한다"라는 강령을 만들 만큼 기독교를 적대시했다. 이르쿠츠크파는 한 발 더 나아가, 천도교는 민족 종교단체이지만 기독교는 외국 종교단체라 규정하고 공산혁명 초기 단계에 구축하는 통일전선 대상에서조차 제외했다.[43]

공산주의자들이 분파와 무관하게 기독교를 배제한 것은 1920년 마련된 코민테른 가입 조건 때문이다. 21개항으로 이뤄진 가입 조건에는 '프롤레타리아 독재 인정, 개량주의자·중도좌파 완전 결별과 축출, 합법·비합법 투쟁 결합, 민주집중제 수립, 모든 사회주의 공화국 지원' 등이 포함됐다. 공산주의자 이성태는 1923년 3월 물산장려운동을 공격하는 '중산계급의 이기적 운동'을 〈동아일보〉에 기고했다.

동아일보는 이성태의 기고 이후 약 열흘 만에야 물산장려운동 방어에 나섰다. 물산장려운동을 일본 제품 배척 운동으로 간주한 조선총독부의 주장을 논박하면서 공산주의자들의 계급투쟁론을 깨려 했다.[44] 공산주의자들의 추상적인 현실 인식을 지적하면서 문제점을 조목조목 반박했다. "프랑스를 비롯한 선진국에서는 공산주

---

43 김권정, 「일제하 사회주의자들의 반기독교운동에 관한 연구」, 『숭실사학』 제10호(숭실대학교 사학회, 1997), 201-202쪽.

44 박찬승, 「식민지 조선 사회운동의 발전과 국제적 성격: 1920년대를 중심으로」, 『한국독립운동사연구』 제26호(독립기념관 한국독립운동사연구소, 2006), 29쪽.

의자들조차 이념을 초월해 국가 이익을 우선시하므로, 우리도 서둘러 자본주의를 달성해야 한다"고 단언했다. 민족경제가 파탄 난 조선의 특수성을 고려해, "생산력을 높여 일제 자본을 배척하면 민족해방을 이룰 수 있다"는 주장도 했다. 그러나 물산장려운동의 당위성을 설파하려는 이러한 노력도 공산주의자들의 벌떼 공격에는 속수무책이었다.

물산장려운동은 출범 직후부터 붉은 암초에 걸려 좌초했지만, 나름의 성과도 거뒀다. 3·1운동 이후 국내 민족운동을 이끌 뚜렷한 주체 세력이 없던 암울한 상황에서 물산장려운동은 항일운동의 구심점 역할을 했다. 가장 폭넓은 지역과 계층을 아우르는 민족운동 결집체로서 거족적인 호응을 얻었다. 1927년 출범한 신간회가 불과 4년 만에 막을 내린 것에 비해, 물산장려회는 비록 명맥만 유지한 기간이 길었을망정 존속 기간이 신간회의 무려 다섯 배나 된다. 일제의 탄압과 감시 속에서 민족운동을 최장기간 견인함으로써 민족 주체성 각성에도 도움이 됐다.

신간회도 붉은 물결에 난파

1927년에는 항일운동 진영이 모처럼 활기를 띠게 된다. 좌우합작 기구인 신간회의 출범으로 사분오열된 독립 역량을 하나로 결집했기 때문이다. 국권 피탈 후 17년 만이다.

신간회 이전에도 통합운동은 다양하게 전개됐다. 1924년 조선청년동맹의 결의로 민족협동전선론이 제창됐고 1925년과 1926년에도 민족협동전선이 여러 번 시도됐다. 이러한 노력 끝에 신간회가 창립됐다.[45]

신간회 탄생에는 코민테른의 영향도 컸다. 코민테른은 1922년 11월 4차 대회에서 민족해방과 노동자해방의 결합 방안으로 서구에서는 '노동자 통일전선'을, 동양에서는 '반제 통일전선'을 채택했다. 신간회 출범 1년 전 6·10만세운동도 반제국주의 민족통일전선을 구축하라는 코민테른의 지령을 받아 전개됐다. 당시 코민테른은 조선 혁명 현안과 진로에 대한 최종 결정을 수시로 하달했다.

1926년에는 조선공산당을 코민테른 정식 지부로 승인하면서 민족통일전선을 강조하자 순종 승하를 계기로 범민족 세력이 합세해 6·10만세시위를 벌였다. 민족의 자유를 잃은 설움을 독립운동으로 극복하려는 거사였다. 조선공산당이 창당 이후 처음으로 민족주의 세력과 함께 한 공동투쟁이기도 했다.

통일전선 일환으로 좌우합작·합법투쟁 지령

1927년 4월에는 통일전선 범위를 구체적으로 명시한 코민테른 결정서가 내려왔다. 노동자, 농민, 수공업자, 지식인, 소부르주아지에 더해 일부 중간부르주아도 포함하라는 지시였다. 조공의 주도권 확보를 위해 모든 합법 단체에 프랙션(프락치)을 심어야 한다는 조건

---

45 임경석, 「식민지시대 민족통일전선운동사 연구의 궤적」, 『한국사연구』 제149호 (한국사연구회, 2010), 382쪽.

도 달았다.[46]

조공은 독자 혁명 역량을 갖출 때까지 민족해방투쟁에 주력하라는 코민테른 지령을 이행하기 위해 1926년부터 민족 유일당 창당 논의에 들어가 불과 1년 만에 결실을 거뒀다. 이상재, 안재홍, 신석우 등 민족주의 계열과 허헌, 한위건, 홍명희 등 사회주의 계열이 결합함으로써 신간회라는 옥동자를 낳았다.

1926년 6·10만세운동 이후 일제가 공산 진영을 대대적으로 탄압하는 상황에서 신간회가 순조롭게 출범한 데는 일본의 정치 변화도 한몫했다. 1925년 3월 보통선거법 제정으로 민주주의 수준이 격상돼 합법 단체인 신간회를 함부로 탄압할 수는 없었다. 그 덕분에 신간회는 단시간에 최대 4만여 명의 회원을 확보할 수 있었다.[47]

당시 민족주의 항일운동은 기독교, 천도교, 언론 등이 주도했으나 다양한 세력으로 분화돼 있었다. 기독교계는 안창호가 이끈 국외 흥사단과 국내 수양동우회, 이승만 중심의 국외 동지회, 국내 흥업구락부 등으로 분리됐다. 천도교계는 신자의 80퍼센트를 차지하는 서북지역 신파와 경상·충청·전라도 기반의 구파로 나뉘었다. 1920년대 민족주의 운동의 핵심은 신파였다. 언론은 조선일보와 동아일보로 양분됐다. 송진우 중심의 동아일보 계열은 단일 세력을 이뤘지만, 조선일보 계열은 안재홍계, 홍명희계, 신석우계 등으로 삼

---

46 김영진, 「1920년대 중반 코민테른과 민족통일전선: 1926년 3월 결정서에서 1927년 4월 결정서까지」, 『사림』 제78호(수선사학회, 2021), 324쪽.

47 윤덕영, 「신간회 창립과 합법적 정치운동론」, 『한국민족운동사연구』 제65호(한국민족운동사학회, 2010), 110~115쪽.

분됐다. 따라서 민족주의 진영에서는 파열음이 끊이지 않았고, 동아일보 중심의 자치론을 두고는 심한 갈등을 빚었다.

1917년 매일신보에 연재한 장편소설 『무정(無情)』으로 유명한 춘원 이광수가 자치론의 선구자다. 그는 스승 안창호와 함께 상하이 임시정부에서 일하다 1922년 귀국해 종합지 〈개벽〉에 민족개조론을 발표하면서 논란을 촉발했다. 한인은 근본적으로 나쁘지 않으나 부분적으로 문제가 많으므로 이념 공부에 앞서 인격을 닦아야 한다는 게 민족개조론의 골자다. 개조 방안으로는 거짓과 속임수 추방, 옳은 일과 의무 성실 이행, 신뢰 구축, 비겁한 행동 근절, 선공후사 정신, 전문지식 학습, 근검저축, 사회 봉사심 함양 등을 제시했다. 이광수는 한국 독립에 비관적인 외국 언론의 논조와 일본 경찰의 폭압, 파리 강화회의에서 독립 청원 운동 실패, 임시정부의 내분과 한계 등을 목격하면서 민족개조론을 구상했다. 나라를 유지·경영할 만한 실력을 갖출 때 비로소 독립을 되찾을 수 있다는 일종의 타협책이었다.[48]

민족개조론은 항일운동권에 적잖은 반발을 불러왔다. 개인 정신 수양은 내선일체 정책에 동조함으로써 독립투쟁을 포기하는 것이나 마찬가지라는 비판이 비등했다. 이광수 세력의 반격도 만만찮았다. 천도교 신파를 대변하는 최린과 동아일보의 김성수·송진우 같은 지식인이 자치론에 힘을 보탰다. 이들은 일제의 협력 없이는 독

---

48 최주환, 「이광수의 민족개조론 재고」, 『인문논총』 제70호(서울대학교 인문학연구원, 2013), 271-273쪽.

립이 어렵다고 생각했다.

자치론을 둘러싼 민족주의 진영의 갈등이 악화하는 상황에서 1926년 극적인 반전이 생긴다. 공산주의자들이 중재에 나서 갈등 봉합에 성공했다. 그 무렵 좌파 진영도 매우 무기력한 처지여서 이런 중재는 예상 밖의 일이었다.

조공은 창당 직후인 1925년 11월 친일 변호사를 폭행한 '신의주 사건'으로 급격히 위축됐다. 중앙집행위원을 포함한 간부 약 30명이 체포된 데 이어 이듬해에는 당 지도부가 일망타진됐다. 대한제국 마지막 황제 순종의 인산일(因山日)을 앞두고 준비한 6·10만세 운동이 화근이었다. 조공 자매기관인 고려공산청년회가 순종 인산일에 전국 차원의 민중봉기를 촉구하는 전단을 뿌리는 등 제2의 3·1운동을 준비하다 핵심 당원 약 100명이 체포됐다.

선전활동만 했는데도 줄줄이 구속된 것은 1925년 5월 12일 공포된 치안유지법 때문이었다.[49] 이 법 제1조는 국체 변혁 또는 사유재산제 부정을 목적으로 하는 조직 결성 또는 가입·활동을 처벌한다고 규정했다. '국체 변혁'은 일제 지배에 악영향을 미치는 항일투쟁을 처벌하는 데 활용됐고, '사유재산 부정'은 공산주의자 탄압용이었다. 공산당은 물론 민족주의 단체라도 일제의 승인이 없으면 모든 가입자는 처벌 대상이었다. 〈동아일보〉는 조공 창당을 준비하다 치안유지법 위반 혐의로 기소된 이들의 재판을 이렇게 보도했다.

---

49 전명혁, 「1920년대 '사상사건'의 치안유지법 적용 및 형사재판과정」, 『역사연구』 제37호(역사학연구소, 2019), 411쪽.

소위 악법이라고 칭하는 치안유지법을 처음으로 적용하는 공
판이므로 일반의 흥미와 호기심을 극도로 끌어 평시라도 조용치
못한 재판소 앞뜰에 첫 아침부터 방청객이 물밀듯이 밀려 혼잡
한 광경은 금시에 큰일이 일어날 듯하였다.[50]

신간회, 순식간에 회원 4만으로 급성장

공산주의자들은 달라진 치안 질서로 조직 보전이 위태로워지자
좌우합작을 택했다. 민족주의 진영에 민족 유일당 설립을 제안함으
로써 난국을 돌파하려 했다. 이념과 종교, 지역 차이를 뛰어넘어 항
일 깃발 아래 뭉치려는 노력은 급물살을 타면서 결실을 거둔다.

공산 진영의 합작 전술은 1926년 12월 '정우회 선언'에 담겼다. 정
우회란 화요회, 북풍회, 조선노동당, 무산자동맹회 등 4개 좌파 조직
이 그해 4월 결성한 단체다. 선언문은 식민지·종속국의 혁명 퇴조기
에 통일전선전술을 취하라는 코민테른 지침을 반영해 작성됐다. 요
지는 분파 투쟁 청산, 사상단체 통일, 경제투쟁을 정치투쟁으로 전
환, 민족협동전선 전개 등이다. 사회주의 투쟁의 방향전환론은 신간
회 탄생의 기폭제가 됐다.

정우회 선언이 발표된 지 사흘 만에 〈조선일보〉에 실린 기사를 보
면 정우회 선언의 성격을 읽을 수 있다.

종래의 모든 소아병적 태도를 고쳐서 시시비비주의로 대하고

---

50 위의 글, 412쪽 재인용.

일에 따라서는 적극적으로 제휴까지 하자는 것이 가장 주목할 만한 것이라 하겠다. 민족주의 세력의 정치적 운동의 전개를 필연적 형세로 보고 제휴까지도 하겠다는 것은 일보를 퇴각한 것이라고 볼 수 있지 아니할까? 물론 최대 목적을 잊어버리지 말자 하였으니 다시 이보를 전진하기 위한 일보의 퇴각인 것은 알 수 있지마는 우선은 적어도 퇴각으로 볼 수 있는 동시에 타협이라고 볼 수 있는 것이다. 최후의 목적을 도달하는 수단으로 하여서는 타협도 좋고 개량도 좋다는 말이 아닌가? 여하간 이 문제는 정우회가 신방침이라고 선언한 만큼 우리 모두가 깊게 생각하여야 할 문제이다.[51]

조공의 핵심 인물인 화요회 출신의 홍명희는 1926년 12월 조선일보 안재홍 주필과 신석우 부사장을 만나 민족당 결성에 합의했다. 1927년 1월에는 발기인을 구성했다. 조선일보, 흥업구락부, 서북지역 기독교·불교계, 천도교 구파, 조공 등이 주축이었다. 서울청년회 신파와 조선민흥회 등 사회주의 계열도 동참했다. 공산 진영의 좌우합작은 2보 전진을 위한 1보 후퇴 전술이었다.

그 뿌리는 1921년 제3차 코민테른 대회에서 처음 공개된 통일전선론이다. 이는 공산당만으로 주적(主敵)을 타도할 수 없으면 동조세력과 제휴해 투쟁해야 한다는 레닌의 지론이다. "프롤레타리아트

---

51 김영진, 「정우회선언의 방법과 내용」, 『사림』 제58호(수선사학회, 2016), 92-93쪽 재인용.

독재를 지향하되, 악조건에서는 유용한 계층이 싫어할 구호를 급하게 내걸지 말고 그들과 보조를 맞추면서 최대한 활용해야 한다"는 스탈린의 발언도 통일전선과 맥을 같이한다.

좌우합작 노력은 1927년 2월 15일 신간회 출범으로 구체적인 성과를 냈다. 종로 기독교청년회관에서 회원 200명과 방청객 1,000여 명이 참석한 가운데, 조선일보 사장을 지낸 월남 이상재(1850~1927)가 회장에 추대됐다. 이상재는 독립협회, 조선교육협회, 물산장려운동 등을 주도해 '한국의 거인', '민족의 스승'으로 존경받던 인물이다. 부회장에는 신간회 창립 주춧돌을 놓은 벽초 홍명희(1888~1968)가 당선됐으나 본인이 고사하여 차점자인 권동진이 맡았다. 신간회 발기와 창립은 조선일보 논설위원 안재홍이 주도했다. 〈조선일보〉를 통해 신간회를 수시로 알려 운동 노선을 민족주의 좌익 전선으로 규정하면서, 온건파 자치운동 세력은 배제했다. 이들이 대중의 부패와 타락을 불러와 반제국주의 투쟁에 걸림돌이 된다는 이유에서다.[52]

신간회는 독립운동 탄압의 흉기인 치안유지법을 의식해 합법 투쟁을 표방했다. 명칭도 일제와 상의해서 결정했다. 신한회(新韓會)로 하려다 한(韓)을 빼라는 총독부 요구에 신간회로 바꿨다. 고목에서 새 가지가 솟는다는 '신간출고목(新幹出枯木)'에서 유래한 이름이다. 정치·경제적 각성 촉진, 단결 공고화, 기회주의 일체 배격 등 3개로 강령을 단순화한 것도 총독부를 의식한 조치였다. 기회주의 배격 항목은 이광수를 비롯한 자치론자들의 진입을 막으려는 장치였다.

---

52 김인식, 「안재홍의 신간회 운동」, 『애산학보』 제33호(애산학회, 2007), 92-97쪽.

출범 초기 신간회의 주류는 조선일보, 시대일보, 흥업구락부 출신들이었다. 1927년 말부터는 동아일보와 수양동우회 출신이 지도부에 합류했다.[53] 서울청년회 중심의 조선공산당과 사회주의 세력은 지방 지회를 중심으로 영향력을 확대했다. 좌우 양날개가 비행하자 참여 열기가 국내외에서 후끈 달아올랐다. 1927년 3월 21일 함경북도 나남을 필두로 지회 설립이 줄을 이었다. 전국 220개군 가운데 143곳에서 지회가 생겨 회원이 최대 약 4만 명에 달했다. 일본 도쿄와 오사카에서도 지회가 생겼다. 여성계는 신간회 자매조직으로 '근우회'를 운영했다.

지역별 운동단체를 기반으로 설립된 지회는 사회주의 계열 청년단체와 지방신문이 주도했다. 조선일보와 동아일보 지국이 지회 사무실로 주로 활용됐다. 지회는 웅변대회나 연설회, 야학 등을 통해 신간회의 필요성과 미신 타파, 조혼 금지, 흡연·아편·매춘·풍기문란 추방 등을 호소했다. 소비조합과 협동조합 운영, 노동자·농민 위주 금융기관 설치 등 생활운동도 병행했다. 다만, 공산주의자들은 정치투쟁에 주력했다. 노동자와 농민이 투쟁 경험을 서둘러 축적함으로써 공산혁명 주력군으로 발전하도록 지도해야 한다는 강박감 때문이었다.

이들은 1920년 7~8월 코민테른 2차 대회 지침을 추종했다. 노동조합을 자본주의 전복 투쟁 도구로 바꾸려면 공장으로 침투해 노조

---

53 윤덕영, 「신간회 창립 주도세력과 민족주의세력의 정치 지형」, 『민족운동사연구』 제68호(한국민족운동사학회, 2011), 86-90쪽.

결성을 주도해야 한다는 게 골자였다. 레닌은 이 대회에서 "공산주의자들은 식민지 혁명운동을 지원해야 한다. 민족주의 세력과 일시 협력하되 융합해서는 안 되고 맹아 수준이라도 프롤레타리아 자주성을 유지해야 한다"고 연설했다. 후진국은 선진국 프롤레타리아의 도움으로 자본주의 단계를 거치지 않고 사회주의로 직행할 수 있다는 주장도 했다. 이는 각국 공산당 활동에 코민테른이 직접 개입하는 근거가 됐다.[54]

코민테른 지령으로 하루아침에 공산 세력 이탈

신의주사건과 6·10만세운동의 여파로 위기를 맞은 조선공산당의 기사회생으로 신간회가 순항하는 듯했으나, 머잖아 좌초하고 만다. 이번에도 코민테른의 '12월 테제'(조선 농민·노동자의 임무에 관한 결의, 1928년 12월)가 암초였다. 공산주의자들이 12월 테제에 집착한 탓에 신간회는 난파됐다.

12월 테제는 민족주의 세력과 결별하라는 지령이었다. 공장과 농촌으로 들어가 노동자·빈농을 조직하되 민족주의자는 근로대중과 차단하라는 것이었다.[55] 공산혁명 기운이 고조됐다고 오판한 코민테른이 좌우합작 파기를 명령하자 공산 세력은 신간회에서 곧바로 이탈해 폭력혁명을 준비했다. 그 결과 신간회가 공들여 추진해 온

---

54 곽채원, 「조선민주청년동맹의 결성 배경 연구」, 『현대북한연구』 제18권 2호(북한대학원대학교, 2015), 16-18쪽.

55 전재호, 「식민지 시기의 민족주의 연구」, 81-114쪽.

민족·정치·경제 예속 탈피, 언론·집회·결사·출판 자유 쟁취, 청소년·여성 평등, 형평운동, 동양척식주식회사 반대 노력이 줄줄이 수포로 돌아갔다.

신간회에서 이념 대립이 표출된 것은 1929년 6월이었다. 허헌을 중앙집행위원장으로 하는 좌익 세력이 신간회를 장악한 이 무렵 전체 간부 78명 가운데 약 46퍼센트인 36명이 사회주의자였다.[56] 새 지도부는 일제에 대한 비타협적이고 전투적인 대응을 비롯한 강경 일변도 정책을 취했다. 합법 활동에 주력하다가 1928년 이탈한 조선일보 계열의 집행부와는 철저히 선을 그었다.

신간회 중앙과 지회를 각각 점령한 세력이 달랐던 것도 내분을 키우는 요인이었다. 지회에서 노동자·농민 중심의 정치투쟁이 활발해지자 일제는 매우 민감하게 반응했다. 지속적인 탄압을 가하며 전국대회를 두 차례나 금지했다. 본부와 지회 간 교류를 막으려는 조치였다. 중앙본부는 일제를 달래 대회를 열어 보려고 과격 투쟁 자제를 지회에 요구했다가 앙금만 남겼다. 일제의 호의를 기대하지 말고 대중투쟁으로 전국대회를 탈환해야 한다며 주요 지회들이 거세게 반발했다.

본부와 지회의 갈등이 커지자 1929년 7월 1일 양측 간 화해를 위한 약식 전국대회가 열렸다. 일제의 방해로 모든 지회 대표가 신간회 본부에 모여 규약 개정과 임원 교체를 결정할 수 없는 현실을 고려

---

56 이균영, 「신간회의 복대표대회와 민중대회사건」, 『한국독립운동사연구』 제4호 (독립기념관 한국독립운동사연구소, 1990), 284쪽.

한 고육책이었다. 이 대회에서 중앙집행위원장이 허헌으로 교체되고 집행부는 78명 중 73명이 바뀌었다. 중앙집행위원과 검사위원은 사회주의자 위주로 구성됐다.[57]

허헌 체제의 실천 강령은 이전보다 훨씬 과격했다. 민족·정치·경제 예속에서 벗어나 타협주의를 배격하고 언론·집회·결사·출판 자유를 쟁취하며 청소년·부인 형평운동을 지원한다는 투쟁 방향도 제시했다. 이렇게 하면 민중의 지지를 회복할 것으로 믿고 전국 민중 투쟁에 적극적으로 개입했다. 갑산 화전민사건 진상을 조사해 알리는 연설회를 열고, 광주학생운동을 민중운동으로 발전시키려는 노력도 병행했다.

갑산항쟁은 1929년 6월 16일 산림 보호 명목으로 영농을 통제하고 가옥을 파괴한 일제에 맞서 화전민 1,000여 명이 갑산군 보천면 대평리에서 집단으로 저항한 사건이다. 신간회는 동아일보와 조선일보 기자들을 갑산으로 보내 항일 여론을 조성하고 진상을 알리는 강연회를 열었다.[58]

광주학생운동의 발단은 1929년 10월 30일 전남 나주에서 발생한 여학생 성추행사건이다. 일본인 남학생들이 광주여자고등보통학교 3학년생 박기옥·이금자·이광춘의 댕기머리를 잡아당기고 모욕 발언을 하자 박기옥의 사촌동생으로 광주고등보통학교 2학년 학생

---

57 윤덕영, 「1930년 전후 합법적 정치 운동의 퇴조와 신간회를 둘러싼 민족주의 세력의 동향」, 『한국학 연구』 제64호(인하대학교 한국학연구소, 2022), 134쪽.

58 조우찬, 「1920년대 후반~1930년대 초반 함경남도 갑산 지역의 항일운동」, 『사학연구』 제121호(한국사학회, 2016), 292~293쪽.

인 박준채 등이 항의하면서 충돌했다. 경찰은 일본인 학생을 봐주고 박준채만 때려 싸움을 말렸다. 이 소식을 듣게 된 광주 학생들은 1929년 11월 3일 집단행동에 나섰다. 이들은 명치절(明治節, 메이지천황 생일) 기념식에서 일본 국가인 〈기미가요〉를 제창하는 것과 신사참배를 거부했다. 광주고보 학생 300여 명은 교문 밖으로 나가 '조선독립 만세'를 외치고 운동가를 부르며 가두시위를 벌였다.

일제는 퇴학과 휴교로 대응했으나 항일 열기는 이웃 학교와 다른 지역으로 삽시간에 퍼져 약 5개월 동안 전국 320개 학교에서 학생 5만 4,000명이 항일투쟁을 벌였다. 중국 간도·상하이·베이징, 일본, 미주 등에서도 동조 투쟁이 이어졌다. 공장과 농촌, 광산 등으로도 파급돼 민중운동을 촉발하기도 했다.[59]

광주학생운동은 3·1운동 이후 침체한 국내 항일 열기를 고조시켰지만, 한계도 드러냈다. 대중투쟁 준비 부족과 신간회 지도부의 내분, 일제의 탄압 등으로 투쟁 대오를 길게 끌지 못했다. 신간회는 학생 시위를 거국 민중운동으로 발전시키려고 제2의 3·1운동을 준비했으나, 허훈을 비롯한 지도부 44명이 체포되면서 무산됐다.[60]

이런 상황에서 김병로가 1930년 11월 민족주의자 중심으로 중앙집행위원회를 꾸려 재정비에 나선다. 신간회 출범 당시 배제된 천도교 신파와 동아일보 자치론자들도 영입해 외연을 넓혔다. 하지만 머

---

59 김동춘, 「1920년대 학생운동과 맑스주의」, 『역사비평』 제8호(역사비평사, 1989), 180-182쪽.
60 강영주, 『벽초 홍명희 연구』(창작과비평사, 1999), 217-224쪽.

잖아 거센 역풍을 맞게 된다. 적법 절차를 밟지 않았다며 공산주의자들이 장악한 경성지회가 본부 간부 불신임을 결의했다. 일제 탄압을 피해 약식으로 간부진을 선임한 것을 두고 경성지회는 맹폭을 가했다. 본부도 순순히 물러나지 않고 경성지회 집행위원 31명의 회원권 정지로 맞대응했다.

신간회 해체로 항일투쟁 세력 공멸

온건 노선과 자치론자 포용을 문제 삼은 사회주의자들의 집중포화로 신간회는 해체 국면으로 접어들었다.[61] 공산주의자들은 신간회를 '잡동사니 집합체'로 맹비난하며 파국으로 몰아갔다. 결국 1930년 12월 신간회 해소론을 둘러싼 찬반 논쟁이 신문과 잡지를 통해 벌어져 약 8개월간 이어졌다.

1931년 4월 이전까지는 조선일보 주도의 해체 반대론이 우세했다. 안재홍은 신간회 해체를 반대하는 사설을 잇달아 실었다. 해소론은 일본과 중국을 모방한 것으로 조선민족의 특수성과 자주성을 부정했다고 비판했다. 잡지 〈삼천리〉도 1931년 1월 사설에서 해소론의 부당성을 알렸다. 신간회 지도부를 제외한 대다수 회원은 농민, 노동자, 무산 소시민층일 뿐 반동 조직이 아니며 지회 간부는 대부분 계급투쟁가여서, 노동자·농민운동과 신간회의 병행 발전이 가능하다는 게 주된 논조였다.[62]

---

61 조규태, 「신간회 경성지회의 조직과 활동」, 『국사관논총』 제89호(국사편찬위원회, 2000), 254-257쪽.

하지만 1931년 4월 이후 공산주의자들이 신문과 잡지 등을 통해 대대적인 반격에 나서 해소론 우세 여론을 조성했다. 신간회는 민족 역량을 한곳에 모은다는 구실로 "각계각층을 혼합한 잡동사니 같은 조직으로 진정한 의미의 민족협동전선을 이끌 수 없다"는 식의 비판도 했다. "신간회를 주도한 개량주의자들은 일제 탄압을 피하려고 몸을 사리는 데 그치지 않고 적의 환심을 사려 했다"는 비난을 퍼부어 대중의 분노를 자극했다.[63]

민족주의 진영은 신간회보다 더 좋은 단체를 기대할 수 없는 마당에 아무런 대안도 없이 좌우합작 기구를 없애면 안 된다고 항변했으나 반향은 거의 없었다. 결국 1931년 5월 15일 경성기독교청년회관에서 전국대표대회가 열려 신간회 해체가 결정됐다. 좌우합작을 통한 전 민족적 협동전선체 건설이라는 기치를 내걸고 힘겨운 싸움을 벌여 온 신간회는 출범 4년 3개월 만에 허무하게 무너져, 좌우합작 항일투쟁은 완전히 멈춰 버렸다.[64]

역사에 가정은 무의미하다지만, 신간회가 유지됐다면 과연 어떻게 됐을까? 합법 공간에서 좌우 세력이 합세해 2차대전에 연합군의 일원으로 참전했을 개연성이 높다. 그렇게 됐다면 해방 후 민족 열

---

62 김기승, 「언론에 나타난 신간회 해체 논쟁의 전개과정」, 『한국독립운동사연구』 제63호(독립기념관 한국독립운동사연구소, 2018), 100-102쪽.

63 윤효정, 「신간회 해소론과 전체대회 연구: '국제선' 재건그룹과 '태평양노동조합계열'을 중심으로」, 『한국민족운동사연구』 제105호(한국민족운동사학회, 2020), 115-116쪽.

64 최원영, 「신간회 해소의 배경과 과정」, 『충북사학』 제6호(충북사학회, 1993), 38쪽.

망을 결집해 단일 정부를 세워 국토 분단과 6·25전쟁을 원천적으로 방지했을지도 모른다.

신간회가 해체된 원인은 다양하다. 광주학생운동 이후 김병로 중심의 중앙집행부가 온건 노선을 택해 일제와 타협함으로써 항일 세력의 불신을 키워 존립이 힘들었다는 주장이 있다. 하지만 허헌 지도부가 과격 노선을 고집해 곧바로 궤멸 위기를 맞았다는 점에서 이런 평가는 설득력이 약하다. 위기 상황에서 구원투수로 등판한 김병로 집행부의 온건 노선은 조직 보존을 위한 궁여지책이었다.

일제의 공작과 탄압으로 신간회가 무너졌다는 견해도 있다. 일제가 비호하는 동아일보 중심의 자치론자들이 기승을 부려 민족주의 진영이 분열했다는 것이다. 그러나 신간회 출범 무렵에 이미 자치론자들이 노동자·농민 중심의 계급투쟁 대신에 실력 양성과 계몽운동을 중시한 만큼, 온건 노선 귀책론은 부적절하다.

재앙의 진짜 원인은 코민테른이었다. 공산주의 계열은 12월 테제 이후 민족주의 계열과 결별을 서둘렀다. 테제의 핵심은 "소부르주아와 완전히 결별함으로써 노동운동의 독자성을 지켜 프롤레타리아 혁명운동을 강화한다"는 것이었다.[65] 이를 행동 지침으로 삼은 사회주의 진영은 좌우합작을 버리고 프롤레타리아트 중심의 단독 투쟁에 진력했다.

1930년 9월 코민테른 산하 적색노동조합 인터내셔널(프로핀테른)

---

65 이해영, 「심훈의 '주의자 소설'과 '12월 테제'」, 『현대문학의 연구』 제65호(한국문학연구학회, 2018), 59~61쪽.

집행국 결의도 신간회의 좌편향 기류에 한몫했다. '9월 테제'로 불리는 결의문은 "노동조합운동을 강화하고 일제에 굴복하는 민족 개량주의자들은 청산해야 한다"고 주문했다. 한반도 사정에 어두워 극좌 노선을 제시한 프로핀테른을 그대로 수용한 이들은 신간회 무용론을 펴며 1930년 12월 6일 부산지회에서 신간회 해소론을 처음 제기했다.[66] 민중의 투쟁 의욕을 말살시킨다는 이들의 선전이 신간회 해체에 힘을 실었다.

신간회 해체 이후 상당수 민족주의자들이 암담한 현실에 절망한 나머지 친일 노선으로 선회했다. 안재홍을 비롯한 일부 인사는 항일 의지를 꺾지 않았으나, 개인 차원의 저항에 그쳤다. 조선 공산주의자들은 과격 투쟁을 일삼다가 대부분 투옥돼 자멸했다. 1931년 만주사변이 일제의 승리로 끝난 이후에는 공산주의자들이 지하에서 연명한 탓에 동맹파업, 소작쟁의, 동맹휴학 등 대중투쟁마저 급감했다. 민족주의 진영을 적으로 여긴 사회주의자들이 코민테른을 맹종한 대가를 혹독하게 치른 셈이다. 소련의 꼭두각시들이 조선총독부에 맞설 힘을 보태기는커녕 항일 역량을 파괴한 탓에 좌우합작 독립 세력은 공멸하고 말았다.[67]

---

66 미즈노 나오키(水野直樹), 「코민테른의 민족통일전선론과 신간회운동」, 『역사비평』 제2호(역사비평사, 1988), 80-84쪽.
67 한상귀, 「1926~28년 사회주의 세력의 운동론과 신간회」, 『한국사론』 제32호(서울대학교 국사학과, 1994), 247-249쪽.

제 3장

공산주의자들의 토강여유吐剛茹柔

중국에서 활동하던 한인 공산주의자들은 사분오열, 지리멸렬해 일제 침략군에 맥없이 당하면서도 동족상잔에서는 천하무적이었다. 강자에게 약하고 약자에게 강한 '토강여유(吐剛茹柔)'다.

1930년대까지만 해도 만주 일대에서는 민족주의 계열의 항일투쟁이 돋보였다. 중국인 우파 단체들과 연대해 적잖은 성과를 거두기도 했다. 한중 간 항일 연대투쟁은 1931년 만주사변을 계기로 급물살을 탔다. 일제가 양국의 공동 표적이 됐기 때문이다.

만주사변은 남만주철도회사(만철)와 철도를 수비하던 일본 관동군이 철로를 폭파하는 자작극을 벌여 만주 전역을 장악한 사건이다. 1929년 세계 대공황의 여파로 일본에서 사회·경제 불안이 확산하자 이를 해소하기 위해 관동군이 전쟁을 일으켰다.

당시 국제사회에서 일본의 위세는 막강했다. 1933년 2월 국제연맹이 만주사변 진상 조사 끝에 일본이 만주에서 철병할 것을 요구하자, 일본은 국제연맹 탈퇴로 응수했다. 당시 대한민국임시정부 특명전권수석대표로 임명된 이승만도 스위스 제네바의 국제연맹 무대에서 서방 대표들과 만나 자주독립 권리를 주장하고 일본의 침략을 폭로하는 역할을 맡았다. 워싱턴 군축회의에서 우리 안건이 상정조차 되지 않은 데 대한 문책으로 임시정부가 이승만을 불신임한 지 7년 만에 외교관으로 다시 기용한 것이다.

당시 일본은 만주족의 '민족자결'을 내세워 만주국을 승인받으려다 자충수를 두었다. 각국 대표단은 "일본의 한국·만주 점령을 승인하면 민족자결 원리에 어긋나 국제연맹의 기초가 흔들릴 것"이라는 이승만의 호소문에 공감했다. 일본은 허수아비 황제 푸이(부의)를 옹립해 만주를 실질적으로 차지하려던 기도가 좌절되자 국제연맹을 탈퇴했고, 그때부터 국제사회에서 고립의 길을 걸었다.[1]

일제의 꼭두각시인 만주국에 대항하는 한인들의 투쟁이 몇 년간 치열하게 전개됐음에도, 일제의 탄압과 한인 투쟁 세력의 내분 탓에 오래가지는 못했다. 이념 차이를 극복하지 못한 민족주의 진영의 근거지도 갈라졌다. 중국 국민당 관할 지역으로 옮겨가 군사훈련을 받거나, 만주에 남아 투쟁하는 세력으로 양분됐다.

상하이임시정부 군무부장이던 김구는 한인애국단을 꾸려 거사를

---

1 김정민·김명섭, 「만주사변 발발 이후 대한민국 임시정부의 국제연맹외교: 이승만의 외교활동을 중심으로」, 『한국정치학회보』 제53권 1호(한국정치학회, 2019), 25-26쪽.

주도했다. 1932년 1월 이봉창을 도쿄에 보내 히로히토 천황 행렬에 폭탄을 던지도록 한 데 이어, 4월에는 윤봉길의 상하이 홍커우(홍구) 공원 의거를 지휘했다. 일제의 제1차 상하이사변 승전 및 천장절(현 천황의 생일) 기념행사장에 모인 일본군 수뇌부가 윤봉길의 폭탄 투척으로 죽거나 크게 다쳤다. 중국은 잇따른 거사를 쌍수 들어 환영하고 대한민국임시정부를 후원했지만, 임시정부는 일제의 거센 탄압이라는 후폭풍으로 1만 리 고난의 행군에 들어가야 했다. 일제 탄압을 피해 항저우(항주), 전장(진강), 난징(남경), 자싱(가흥), 창사(장사), 광저우(광주), 류저우(유주), 치장(기강), 충칭(중경) 등지로 숨 가쁘게 옮겨 다녔다.

한인애국단의 활동도 오래잖아 소멸했다. 몇 년간 언론을 통해 이봉창·윤봉길 추모 행사를 알리다가, 거사 4년 만인 1936년 이후 자연스레 해체됐다. 김구는 장제스의 도움으로 뤄양(낙양)군관학교에 한인 군관학교를 세워 1934년에 92명을 가르쳤다.[2] 한인애국단과 별도로 상하이에서 활동하던 의열단, 한국독립당, 조선혁명당, 한국광복동지회, 한국혁명당 등도 1935년까지 점차 소멸했다.

1930년대 만주 일대 항일투쟁사에 길이 빛날 한인 군대는 남만주와 북만주를 각각 대표하는 조선혁명군과 한국독립군이다. 한인 공산주의자들은 중국공산당 군대와 연합하거나 팔로군에 입대했다가, 일제와 제대로 싸워 보지도 못한 채 중공이 날조한 민생단사건

---

2 윤병석, 「대한민국임시정부에서의 백범 김구의 활동」, 『한국학연구』 제9호(인하
대학교 한국학연구소, 1998), 161-163쪽.

으로 떼죽음을 당했다. 1936년 이후 코민테른의 뒤늦은 개입으로 도륙이 멈췄으나, 조국광복투쟁에 나선 이들은 없었고 대부분 중공군의 지휘를 받는 항일운동이나 국민당 정부군에 맞선 내전에 투입됐을 뿐이다.

팔로군에 뛰어든 한인들은 해방후 1950년 6·25전쟁에서 신출귀몰하는 전투력을 발휘한다. 방호산(본명 이천부)이 이끄는 북한 제6사단은 남침 후 보름 만에 전라도와 충청도 일대를 점령했다. 모스크바 유학생 출신의 방호산은 팔로군 산하 동북조선의용군 제1지대 정치위원으로 활동하며 1948년까지 국민당 군대와 싸운 백전노장이다. 1949년 7월에는 한인으로 구성된 중국인민해방군 제166사단 병력을 이끌고 북한으로 넘어가 조선인민군 제6사단을 지휘했다.[3] 일본군 토벌대에 박살 나고, 중국공산당의 집단 학살에 침묵하고 국민당에 맞서 싸운 군대가, 고국에서 동족을 살육하는 전쟁에서는 천하무적으로 변신했다.

남만주 항일 열기 식힌 붉은 비

만주사변을 전후한 시기에 만주 일대 최대 무장 독립군은 조선혁명군이었다. 1929년 남만주 유일 혁명군 정부인 국민부의 정규군으

---

3 최용호, 「6·25전쟁 초기 북한군 제6사단의 호남지역전투 분석과 교훈」, 『군사발전연구』 제13권 1호(조선대학교 군사학연구소, 2019), 75-76쪽.

로 병력은 최대 1만 명에 달했다. 조선혁명군은 친일파 처단, 국민부 의무금·군자금 징수, 독립군 모병에 주력하다 만주사변을 계기로 본격적인 항일 무장투쟁을 벌였다. 조선혁명군은 정의부를 토대로 참의부와 신민부의 일부 대원을 흡수해 조직됐으나 머잖아 심각한 타격을 받는다.

공산세력, 민족주의 항일단체 제거 앞장

1926년 5월 16일 지린성 주허(주하)현 영고탑(현 헤이루장성 융안)에 조봉암을 초대 책임비서로 하는 조선공산당 만주총국이 세워져 조선혁명군에 대한 파괴공작을 일삼았다. 1927년 10월 간도공산당사 건 이후에는 만주총국조차 화요파, ML파, 서울·상해파 등으로 나뉘어 극심한 내분에 휩싸였다.[4] 이들은 코민테른의 지시를 받아 일본군은 물론 민족주의 계열의 항일단체마저 제거하려 했다.

코민테른은 경제공황이 미국과 유럽을 강타한 1928년을 세계혁명기로 판단해 각국 공산당에 극좌 투쟁을 주문했다. 노동자·농민 중심의 계급투쟁에 돌입해 민족주의 정권을 타도하라는 압박이었다. 만주총국은 이를 좇아 일제와 중국 국민당 정부 타도, 지주 토지의 빈농 분배, 소비에트 정권 수립 등 구호를 내걸고 폭동을 이어 갔다. 1930년 '간도 5·30폭동'도 만주총국이 주도했다. 한인 공산주의자들이 중국공산당 가입을 앞두고 충성심 과시를 위해 감행한 봉기

4　박순섭, 「남만청년총동맹과 만주 독립운동의 분화」, 『한국민족운동사연구』 제 113호(한국민족운동사학회, 2022), 277쪽.

였다.

중국공산당 만주성위 산하 옌벤(연변)당부의 구호를 보면 만주총국의 성격을 알 수 있다. 주요 슬로건에는 국민당 군벌 타도, 소련 무장 옹호 외에 한족연합회와 정의부, 신간회, 근우회 등 항일 민족주의 단체의 타도가 포함됐다. 1928년 옌지(연길)현 룽징(용정)에서 항일 구국투쟁을 목표로 창간된 〈민성보〉 폐간 구호도 나왔다.

중공의 붉은 깃발이 펄럭이자 간도 일대에서는 대규모 한인 폭동이 벌어졌다. 전신·전화선을 끊고 철도·교량을 부수었으며 일본 영사관과 경찰서 습격, 학교와 발전소 방화·약탈도 서슴지 않았다. 일제가 함경도 회령 주둔 75연대를 급파해 만주 군벌과 합동 진압에 나섰으나 폭동은 약 1년간 무려 684차례나 이어졌다. 이 기간에 한인 116명이 숨지고 47명이 다쳤으며 2,000여 명이 붙잡혔으나 정작 일본군의 피해는 거의 없었다.[5]

한인 공산주의자들은 항일 민족주의 단체도 노골적으로 적대시했다. 한때 조선인 약 40만 명의 자치행정을 담당한 국민부 보호와 항일투쟁을 주도한 조선혁명군 등에 잠입해 공산당 입당과 조직 파괴를 선동했다. 이 과정에서 동족끼리 총질하는 유혈사태도 벌어졌다. 조선혁명당이 공산주의자 6명을 총살했다가 보복공격을 받아 4중대장 김문거가 살해됐다.

이종락은 국민부 파괴가 여의치 않자 1930년 9월 10일 추종자들

---

5 염인호, 「재만조선인 항일투쟁사 서술과 '중국 조선족'의 탄생」, 『한국학연구』 제28호(인하대학교 한국학연구소, 2012), 12-13쪽.

을 이끌고 조선혁명군 길강지휘부라는 별도 군대를 창설했다.[6] 길강지휘부는 중국과 소련 공산당의 지령을 충실히 따른 꼭두각시 군대로 조국 독립에는 백해무익했다. 중국 국민당 정부 타도, 소비에트 정부 건설, 중국 폭동 참여, 노농혁명 무장대 활동, 소련 무장 사수 등이 이 부대의 주요 임무였다. 조선혁명당과 국민부, 한족연합회 등을 박멸하자는 구호는 독립운동의 적임을 자인하는 증거였다.

길강지휘부는 장춘현 카룬과 이퉁(이통)현 고유수 지역의 한인 농촌 청년을 중심으로 꾸려졌다. 이 부대 지휘관은 정의부가 운영하는 지린 화성의숙에서 군사교육을 받은 이종락이었다. 화성의숙은 대한민국임시정부에서 내무부 참사, 지방국장, 국무위원 등을 역임한 최동오가 천도교 신도들의 지원으로 세운 독립군 간부 양성소다. 김일성은 1926년 3월 화성의숙에 들어갔다가 6월에 부친 김형직이 죽자 중퇴하고 길강지휘부에 들어갔다.

동북항일연군 참여 문제로 조선혁명군 분열

조선혁명군은 내부 공산 세력을 색출한 다음에야 항일투쟁에 나서 큰 전공을 세울 수 있었다. 1932년 3~7월 싱징(흥경)현 영릉가에서 양세봉 총사령이 이끈 병력 1만 명이 중국 의용군 2만 명과 합세해 일본군에 대승을 거뒀다. 조선혁명군은 남만주 대표 독립군으로 일제의 만주 침략 이듬해인 1932년 중국 항일군과 연합해 무장투쟁을 전개했다. 영릉가, 신개령, 안빈현, 지안(집안)현 등지로 이어진

---

6   이은희, 「김일성의 항일운동」(숙명여자대학교 석사학위논문, 1999), 22쪽.

공동항전은 혁혁한 전과를 거뒀다.[7] 하지만 1934년 9월 양세봉 총사령의 전사 이후 조직 역량이 크게 쇠퇴했다. 한중 항일군이 군사동맹을 맺어 세력 만회를 꾀하려 했으나, 중국 반만(反滿)항일군 지도자 왕펑거(왕봉각) 사령관의 갑작스러운 전사로 무위에 그쳤다.

설상가상으로 일본 관동군이 괴뢰 만주국 군대와 합세해 1936년 10월부터 대대적인 소탕작전에 들어가 조선혁명군에 치명타를 가했다. 일본군은 항일 한인들을 닥치는 대로 죽이고 가옥을 태우고 재물을 약탈했다. '살광(殺光), 소광(燒光), 창광(搶光)'을 합친 이른바 '삼광정책'은 물론, 한인 간 이간질과 주민 분리 공작도 병행했다. 조선혁명군 약 200명은 토벌을 피해 1937년 3월 한중 국경 지대인 환런(환인)현 신개령에 모여 국내진공작전을 준비했으나, 전투기까지 동원한 일제의 공격으로 참패했다. 이후 조선혁명군 잔존 병력 약 100명은 국내 파출소 습격 등 소규모 진공작전을 이어 가다 1938년 9월 총사령 김활석이 일제에 체포되면서 약 8년에 걸친 항쟁을 멈추게 된다.

조선혁명군의 파멸에는 내분도 한몫했다. 중국공산당이 주도한 동북항일연군 참여 문제를 놓고 격렬한 논쟁 끝에 두 파로 갈라져 종말을 맞은 것이다. 동북항일연군은 1935년 코민테른 7차대회에서 결의된 '반제국주의 인민통일전선' 지침에 따라 조직돼 중국공산당의 지도를 받았다. 이 부대는 만주에서 일본군을 몰아내고 사회

---

7 한시준, 「일제침략에 대한 한중 공동항전의 역사적 경험과 과제」, 『사학지』 제 52호(단국대학교 사학회, 2016), 65-66쪽.

주의 국가를 세우는 데 주력할 뿐, 한국 독립에는 관심이 없었다. 동북항일연군에 반대한 조선혁명군은 중국 민족주의 계열 군대와 연합해 중한항일동맹회를 창설한 뒤에도 조국해방투쟁을 벌였다. '일제를 타도하고 동북 실지(失地)를 회복하며 조선 독립을 완성한다'라는 동맹회 정강 덕에 별도 독립투쟁이 가능했다. 중국 공산혁명에 진력한 동북항일연군과 전혀 다른 모습이었다.[8]

중공 이간질에 한중연합군 해체

만주사변 이후 남만주에서 조선혁명군이 민족주의 계열의 무장 세력을 대표했다면, 북만주에서는 한국독립군이 항일투쟁을 주도했다.

한국독립군은 1930년 11월 북만주 한족자치연합회와 생육사(生育社) 등을 토대로 조직된 한국독립당 산하 군대로 병력은 약 300명이었다. 지청천을 사령관으로 한 한국독립군은 1920년대 후반 민족유일당 운동과 3부 통합운동이 결렬된 다음 북만주 민족주의 세력과 한인 공산주의 진영이 격하게 대립하는 와중에 탄생했다.

공산주의자들은 융안현과 무단장, 철령하, 하얼빈 등지에서 세력을 확대해 1930년 화요파 중심의 재만조선인 반일제국주의동맹을

8　장세윤, 「조선혁명군정부 연구」, 『한국독립운동사연구』 제11호(독립기념관 한국독립운동사연구소, 1997), 246-257쪽.

결성해 중국공산당과 연대했다. 이 과정에서 1월에 김좌진 장군이 암살됐고, 5개월 뒤인 6월에는 한족총연합회 근거지가 습격을 당해 철저히 파괴됐다. 박경천, 김종진, 이을규 등 연합회 간부들은 암살 위협을 받았다. 공산주의자 180여 명은 한국독립당 본부를 습격하고 간부들을 살해했다. 이에 맞서 한국독립당이 중국 지린성 당국과 탐공대를 조직해 반격하면서 양측 간 대립이 극으로 치달았다.[9]

한국독립군은 1931년 9월 만주사변 이후 하얼빈 철도수비대인 호로군과 손잡고 한중연합군을 결성해 대규모 항일투쟁을 벌였다. 양국 군대는 중동철도 서쪽과 동쪽에 배치돼, 한국군 장교가 후방 전투훈련을 맡고 중국군은 군수품을 제공했다.

한중연합군의 앞길은 암초투성이였다. 병사 훈련을 서두르던 1932년 2월 일제의 공격을 받아 큰 피해를 봤다. 하얼빈 일대에서 중국군을 대파한 일본군은 항공기의 엄호를 받아 중동철도를 따라 이동하며 한중연합군을 곳곳에서 소탕했다.

한국독립당이 솽청(雙城)현에서 중국군 카오펑린(고봉림)부대와 연합한 1932년 8월 이후에는 전황이 달라진다. 한인 독립군 3,000명과 중국군 2만 5,000명으로 짜인 연합군이 대대적인 항일투쟁에 나서 연승을 거뒀다. 첫 승전고는 쌍성보에서 울렸다. 합장선 철도 요지로 북만주 중요 물산의 집산지여서 전략적 가치가 매우 높은 곳이다. 독립군은 쌍성보 부근에서 카오펑린부대와 합세해 성내에 주둔

---

9   황민호, 「재만 한국독립군의 성립과 항일무장투쟁의 전개」, 『사학연구』 제114호 (한국사학회, 2014), 167-168쪽.

한 만주군 3개 여단과 싸웠다. 완강히 저항하던 만주군은 패색이 짙어지자 도주했으나, 대부분 매복한 연합군에 걸려 사살됐다. 노획물자는 군인 3만 명이 3개월간 쓸 만큼 많았다. 만주군은 하얼빈 일대 일본군 주력 부대의 지원을 받고 항공기까지 동원해서 1주일간 반격했으나 무수한 사상자만 냈다.[10]

1932년 12월에는 지린구국군과 연합해 헤이룽장(흑룡강)성 경박호 부근에서 일본군과 싸워 승전 기록을 추가했다. 다음해 4월에는 사도하자에서 대승을 거뒀다. 연합군 1개 사단이 사도하자 주둔 일본군을 기습해 절반 정도를 사살하자 나머지는 어둠을 뚫고 달아났다. 이후에도 융안성과 둥징성, 대전자령 등지에서 20여 차례 전투를 치러 대부분 이겼다. 6월 28일 대전자에서는 연합군 8,000여 명이 골짜기에서 압승을 거뒀다. 일본군은 매복공격을 받아 극소수만 도주하고 나머지는 전멸했다.

한중연합군의 연승 행진은 1933년 10월 둥닝(동녕)현 전투를 계기로 멈추게 된다. 사흘간 계속된 전투에 중국군이 파병 약속을 어기고 끝내 군대를 보내지 않았기 때문이다. 이후 한중 연합 전력은 파국을 맞았다.

중국군의 갑작스러운 태도 변화에는 공산주의자들의 이간질이 큰 영향을 미쳤다. 훗날 동북항일연군 제2로군 총사령관으로서 김일성과 함께 소련으로 넘어가 88독립저격여단(88여단)을 이끈 저우

---

10 신용하, 「한국독립군과 조선혁명군의 무장독립운동」, 『한국학보』 제29권 3호(일지사, 2003), 11-12쪽.

바오중(주보중)이 음해공작을 주도했다.[11]

저우바오중은 1932년 창설돼 동북 3성을 무대로 항일투쟁을 하던 지린구국군 사령관 우이청(오의성)을 꾀어, 한국독립군이 친일 단체인 민생단과 내통하고 있다고 밀고했다. 한중연합군을 깨려는 갈라치기 책동에 우이청은 속아 넘어갔다. 그는 민생단 내통설은 거론하지 않은 채 대전자령 전투 이후 전리품 분배를 문제 삼으며 한국독립군 해체를 압박했다. 절반 이상의 무기를 넘기고 구국군에 들어오라는 강요였다.[12] 해산 요구가 번번이 거부되자 우이청은 군대를 동원해 무자비하게 탄압했다.

당시 김중건이 1913년 1월 1일 봉건제 타파와 독립운동 등을 목표로 창시한 원종교(元倧教) 신도들이 주로 희생됐다. 원종교는 프롤레타리아 독재를 거부한 탓에 공산주의자들에게 미운털이 박혀 1933년 3월 지린구국군의 공격을 받았다. 김중건을 비롯한 원종교 간부들이 체포돼 고문받다가 처형됐다.[13] 한국독립군 330여 명도 무장해제를 당하고 지청천 총사령을 비롯한 지휘부 수십 명이 감금됐다. 이들은 나중에 풀려나긴 했으나 양측 간 앙금이 워낙 커져 한중 간 항일 연대는 끝내 회복되지 못했다. 한국독립군은 둥닝과 융안현 일대 산악 지대를 전전하며 항일투쟁을 이어 가려 했으나 일제 탄압으로 무산됐다. 잔존 병력은 중국공산당 유격대 등에 가담했다.

---

11 「한국독립군의 해체와 주도세력의 관내 이동」, 우리역사넷.

12 채근식, 『무장독립운동비사』(공보처, 1985), 179-180쪽.

13 이계형, 「김중건의 원종 창시와 독립운동」, 『한국학논총』 제39호(국민대학교 한국학연구소, 2013), 317-318쪽.

그 무렵 김구는 지청천 한국독립군 총사령을 비롯한 40여 명을 중국 관내로 불러 중국군관학교 뤄양분교에서 군사교육을 받도록 주선했다. 독립전쟁에 대비한 정예 간부 양성 차원이었다. 당시 국민당 정부는 윤봉길·이봉창 의거를 계기로 김구를 지원했다. 뤄양분교에서 5개월간 군사교육을 받은 이들은 나중에 조선의용대와 광복군에 들어가 지휘관으로 활동했다.[14]

남만주와 북만주의 한인 무장세력을 대표하던 조선혁명군과 한국독립군이 사실상 소멸한 1936년 이후 항일투쟁은 공산주의 계열의 동북항일연군과 중국공산당 팔로군이 전담한다. 그러나 이들의 지향점이 붉은 세상 건설이었기 때문에 조국 독립에는 아무런 도움이 되지 못했다.

중국공산당 마녀사냥에 붉은 한인 떼죽음

중국 공산주의자들은 붉은 이념에 집착한 나머지 만주사변 이후 일제의 점령을 되레 도와주는 악수(惡手)를 두고 만다. 1932~37년 중국공산당에 입당한 한인들의 사상을 의심해 약 2,000명을 일제 밀정으로 몰아 학살한 민생단사건이 대표적인 사례다.

민생단은 만주사변 이듬해인 1932년 2월 룽징에서 결성된 친일

---

14 한시준, 「신흥무관학교 이후 독립군 군사간부 양성」, 『백산학보』 제100호(백산학회, 2014), 475-476쪽.

성향의 정치단체다. 재만 조선인의 자치권 등을 표방한 민생단의 임무는 중국인과 한인의 연대 차단이었다. 민생단이 자위단을 구성해 공산주의자들을 처단하고 자치활동을 강화하다가, 정치적 성장을 두려워한 일제에 의해 창설 8개월 만에 해산됐다. 하지만 이 조직은 머잖아 한인 공산주의자들을 처단하는 흉기로 악용된다.[15]

만주사변 이후 중국공산당은 항일투쟁에 관심을 둔 한인 공산주의자들을 제거하는 데 민생단을 활용했다. 간도에 세운 한인 소비에트를 민생단 자치기구의 복제품으로 여겨 무자비하게 탄압했다. 무고한 한인들이 조직 파괴를 노려 중국공산당에 잠입한 민생단원이라는 누명을 쓰고 떼죽음을 당했다. 중국공산당이 인정하는 희생자만 500여 명에 달하고 실제 사망자는 약 2,000명으로 추정된다.[16] 일제 토벌대에 의해 숨진 한인 공산주의자보다 훨씬 많은 숫자다.

민생단사건은 1932년 8월 옌지농민협회 직원인 송노톨이 일본 헌병에 체포됐다가 일주일 만에 풀려나면서 시작됐다. 너무 일찍 석방된 것을 수상하게 여긴 중국공산당 동만특위가 2개월 뒤 한인 소탕전에 돌입했다. 동만특위가 송노톨을 고문해서 민생단 간부 20여 명이 당에 잠입했다는 자백을 확보하면서 사태는 일파만파로 커져, 불과 두 달 만에 200여 명이 처형됐다. 그때만 해도 항일투쟁을 함께 한 한인과 중국인의 동지적 유대감이 작동돼 숙청이 비교

---

15 송유미, 「간도지역 민생단 사건의 성격과 의미 연구」, 『차세대 인문사회연구』 제6호(동서대학교 일본연구센터, 2010), 193-194쪽.

16 한홍구, 「민생단 사건의 비교사적 연구」, 『한국문화』 제25호(서울대학교 규장각 한국학연구원, 2000), 194쪽.

적 신중하게 이뤄졌다.

하지만 1933년 5월부터는 '묻지마 처형'으로 돌변했다. 한인 간첩설에 대한 막연한 의심이 확신으로 둔갑했기 때문이다. 훈춘유격대 정치위원이던 박두남이 중국공산당 지령으로 간도를 순시하던 반경유를 사살한 뒤 일제에 투항한 게 그런 확신을 가진 계기다. 동만특위는 '혁명 대오를 흔들려는 간첩단을 처벌한다'는 명분이 확보되자 색출 절차의 정당성은 아예 무시해 버렸다. 한인 공산주의자 가운데 조그마한 꼬투리라도 잡히면 누구나 간첩으로 몰려 목숨을 잃었다. 투철한 당성(黨性)이나 혁명 이력도 무용지물이었다. 막연한 의심만으로 저질러진 광기 어린 살인극에 붉은 한인들이 줄줄이 희생됐다. 밥을 먹을 때 물에 말거나 흘려도 민생단원으로 간주됐다. 배탈이나 설사, 두통, 한숨, 고향 생각, 과잉 성실, 신세 한탄, 일제 감옥서 생환, 허름한 복장 등도 간첩 증거로 쓰였다. 반일 의식이 투철한 한인들이 민족해방과 평등사회 건설을 위해 일신의 영달을 버리고 공산혁명에 뛰어들었다가 참변을 당한 것이다.

민생단사건은 간도 일대 공산혁명 주도권을 차지하려던 세력의 그릇된 민족주의 탓에 터졌다는 분석이 있다. 간도는 중국 영토이지만 전체 주민의 70퍼센트 이상이 한반도 출신이었고, 동만특위 소속 당원의 90퍼센트가 한인이었다. 지리·경제·문화적으로 한반도와 가까워 영유권 분쟁으로 인한 민족 갈등이 잠재된 곳이 간도였다. 1919년 3·1운동 이후 일제 단속을 피해 이곳으로 이주해 온 한인이 급증하자 중국인 공산주의자들은 위기의식을 느꼈다. 한인이 간도를 떼내 한국에 합병시킬 수 있다고 의심했기 때문이다.

급기야 동만특위는 한인 공산주의자들을 공개적으로 비난했다. 1931년 만주사변 이후 동만주 일대를 한인 구역으로 삼아 중국인보다 우수한 투쟁 역량을 토대로 건설한 소비에트(해방구)를 문제 삼았다. 한인 파쟁주의자와 민생단 분자가 한통속이 돼 소비에트에서 중국인의 몫을 없앰으로써 일제의 간도 한인자치구를 기획했다고 공격했다. 그렇게 해서 한인 민족주의자들은 공산당 파쟁주의자이자 일제 주구(走狗) 단체인 민생단원이라는 누명을 쓰게 됐다. 이후 한인 항일운동가는 물론 공산당 간부까지 민생단이라는 올가미에 걸려 3년 이상 피비린내 나는 숙청을 당했다.[17] 항일 전선에서 맹위를 떨친 독립투사들이 무더기로 숨지고, 생존자들은 헛된 죽음을 피하려고 독립운동을 중단하는 사례도 속출했다. 한·중 민족끼리는 물론 조선인 내부에서도 심각한 분열과 불신을 조장한 이 사건의 후폭풍은 상상할 수 있는 수준을 넘어선다. 일부 한인은 어떻게든 살아 보려고 동족을 거짓으로 밀고해서 죽이기도 했다.

중국공산당의 마녀사냥은 1935년 하반기에 가서야 잦아들었다. 민생단원이 유격부대에 과연 존재하느냐는 의문이 중국공산당 상층부에서 공개적으로 제기됐기 때문이다. 중공 동만특위는 "민생단 문헌을 찾지 못했고, 신문으로 얻어 낸 자백이 불일치한다"며 민생단 침투설을 강하게 의심했다. 1936년 1월 동북인민혁명군 제5군 군장 저우바오중은 "정확한 근거도 없이 당과 군의 60~90퍼센트를

---

17 김성호, 「중공 동북당 조직의 조선민족항일혁명투쟁 인식과 방침 정책」, 『인문논총』 제77권 2호(서울대학교 인문학연구원, 2020), 108-109쪽.

민생단이 점거했다는 주장이 생겼다"고 비판했다. 중국공산당의 자체 비판을 거쳐 한인 사냥을 멈춘 것은 코민테른의 시선을 의식한 조치였다. 유격대원이 무더기로 살해되고 상당수 한인이 공산당을 이탈하면서 전투 역량이 마비되자 코민테른이 뒤늦게 개입했다. 항일 역량이 위축돼 일제의 소련 침공 가능성이 커졌기 때문이다.[18]

코민테른이 한인 임의 체포나 구금, 살인 등을 금지하도록 동만특위에 지시함으로써 비로소 한인 독립투쟁과 군대 창설이 허용됐다. 만주 일대 항일투쟁 역량을 극대화하려는 이런 노력 끝에 1936년 동북항일연군이 출범했다. 각국 공산당 위에 황제로 군림하던 코민테른의 요구로 만주에 한인 공산주의 독립단체가 설립됐지만, 큰 성과는 없었다. 중국공산당이 '민생단 밀정'이라는 유령을 내세워 한인들을 도륙함으로써 항일 역량이 이미 사그라든 뒤였기 때문이다.

만주 무장항일투쟁의 종언

조선혁명군과 한국독립군이 1930년대 중엽 이후 궤멸한 데는 중국공산당의 파괴공작도 큰 영향을 끼쳤다. 중국공산당은 한인 민족주의 진영은 물론 공산주의 계열의 독립운동가까지 혹독하게 탄압

---

18 이덕일, 「민생단 사건이 동북항일연군 2군에 미친 영향」, 『한국사연구』 제91호 (한국사연구회, 1995), 83-84쪽.

했다. 리리싼(이입삼)과 왕밍(왕명)이 좌익 모험주의 노선을 고집하는 상황에서 한인들은 그저 박멸 대상이었다.

리리싼은 1929년 세계 대공황으로 공산혁명 기운이 무르익었다는 코민테른의 정세 판단을 감히 거부하지 못한 채 폭력투쟁에만 매달렸다.[19] 1929년 7월 봉천 군벌의 중동로 철도 장악으로 소련과 교전이 벌어졌을 때는 농민 폭동, 유격전쟁, 도시 파업, 홍군 확대 등을 선동했다. 이듬해 5월에는 노동자와 농민 역량을 결합하고 공산당 홍군과 협력해 도시 진격과 전국 소비에트 혁명 승리를 선동했다. 유산계급의 국민당과 무산계급의 공산당만 존재하는 중국이 최후 결전을 목전에 뒀다는 오판에서 비롯된 과격 행보였다.

광폭 질주를 일삼던 리리싼의 강경 노선은 오래가지 못하고 1930년 5월 파국을 맞는다. 항저우 공격을 앞두고 무장폭동은 시기상조라며 속도조절론을 꺼냈다가 코민테른의 강력한 경고를 받고 다시 왼쪽으로 급선회했기 때문이다.

리리싼은 1930년 7월 홍군과 노·농 병력 약 20만 명으로 창사시를 점령했다가 국민당 군대의 반격으로 며칠 만에 참담한 패전을 겪었다. 코민테른의 폭력투쟁 지시를 맹종했다가 빚은 참패다. 그런데도 그 책임은 리리싼에게 고스란히 돌아갔다. 정작 코민테른은 아무런 반성도 없이 1930년 9월 리리싼의 혁명 노선을 비판하며 "농촌에 통일된 소비에트 임시 중앙정부를 세우라"고 지시했다. 중국 국민

---

19 김원규, 「코민테른과 립삼체제의 형성 및 좌절」, 『역사와 세계』 제27호(효원사학회, 2003), 180-181쪽.

당과 공산당의 전투 역량 차이가 너무 크므로, 도시 중심의 무모한 폭동을 멈추고 농촌을 기반으로 한 혁명 노선을 취하라는 명령이었다. 기존 지령을 스스로 번복하는 유체 이탈 화법에 리리싼은 권좌에서 물러나야만 했다.[20]

뒤이어 등장한 왕밍은 중국공산당의 핵심 세력인 '28인 볼셰비키'를 대표하는 인물로, 그 역시 코민테른을 신성 권력으로 떠받들었다. 모스크바 유학 시절부터 추앙해 온 스탈린의 숙청을 모방해 폭력 통치도 일삼았다. 폭력과 고문, 살상 수단을 동원해 정적들을 무자비하게 제거했다. 코민테른이 군사 전문가를 파견해 국민당 군대와 싸우도록 독려하자 왕밍은 멧돼지처럼 돌진했다. 정통 마르크스·레닌주의자를 자처한 왕밍은 국민당 토벌군에 맞서 진검승부를 벌였다. 하지만 공산당에 특화한 게릴라전을 대체한 정규전은 처절한 패배로 끝나고 만다.

그 결과 중국공산당은 1934년 10월 대장정에 오르게 된다. 어렵사리 구축한 강서 소비에트를 포기한 채 약 1년 동안 9,600킬로미터(과장된 수치라는 견해도 있다)를 걸으며 서북부 산시(섬서)성으로 도주했다. 홍군이 구이저우(귀주)성 쭌이(준의)에 도착한 1935년 1월에는 왕밍을 비롯한 28인의 볼셰비키 세력이 무너졌다. 중앙정치국 확대회의에서 좌익 모험주의 노선에 따른 패전 책임을 추궁당해 권좌에서 제거됐다. 이때 마오쩌둥이 급부상해 당권을 장악했다. 1936년에

---

20 김판수, 「중국공산당의 개조 내부화와 당치 확립, 1927-1934」, 『중소연구』 제 41권 2호(한양대학교 아태지역연구센터, 2017), 113-114쪽.

는 정풍운동이 일어나 리리싼과 왕밍이 당원들 앞에서 자아비판하는 수모를 겪기도 했다.

리리싼과 왕밍의 실각으로 만주 한인 독립운동에 다소 숨통이 트였다. 그동안 금기어로 분류돼 온 한인 자치, 간도 독립, 한인 소비에트 등도 거론할 수 있었다.

동북항일연군에서 한인은 총알받이

한인 항일부대를 적으로 규정해 무자비한 탄압을 일삼던 중국공산당의 유연한 변신은 1933년에 시작됐다. 긴급 과제로는 좌경 오류 시정과 항일 역량 결집을 통한 반일·반제투쟁 전개, 민중정부 수립, 인민혁명군 창설 등이 설정됐다.

1934년 9월에는 이런 기류를 반영해 만주 일대에 흩어진 반일 유격대를 통합한 동북인민혁명군을 창설했다. 이 부대는 한국독립군과 수평관계를 형성한 이전과 달리 한인 군대를 아예 흡수해 버렸다. 중국인의 고질적인 배타주의와 좌편향 노선이 복합적으로 작용한 결과다. 이런 상황에서 조국 독립투쟁은 언감생심이었다. 중공 유격대의 핵심이던 한인들은 민생단사건 트라우마 탓에 민족주의 성향을 스스로 숨기기도 했다.

만주 일대 한·중 항일 군대를 통합한 동북인민혁명군에서 일부 한인은 간부로 발탁됐다. 남만주에서 창설된 동북인민혁명군 산하 제1군 독립사에는 이홍광, 박호, 한호 등이 각각 참모장, 소년영장, 단장을 맡았다. 동만주 주둔 제2군 독립사에는 주전(주진) 사령관을 비롯한 전체 병력 약 1,200명 가운데 60퍼센트 이상이 한인이었다.

제1군 독립사는 1933년 말부터 류허(유하)현 삼원보 공략전과 양수하자·팔도강 전투 등에서 승리했다. 1935년 2월에는 이홍광부대원 약 200명이 평안북도 후창군 동흥읍을 습격했다.[21] 1930년대 만주 항일 부대의 첫 국내 진격이었다. 제2군 독립사는 안투(안도)현과 왕칭(왕청)현 일대에서 1934년에만 약 900차례 전투를 치렀다.

동북인민혁명군은 전투를 거듭할수록 병력이 커져 예하 부대 숫자가 급증했다. 1936년에는 동북인민혁명군이 당파와 민족, 계층을 망라한 동북항일연군으로 재편된다. 중국공산당 중앙위원회가 코민테른 7차대회에 맞춰 1935년 8월 1일 '전국 동포에게 항일 구국을 고함'을 발표한 데 따른 것이었다. 8·1 선언의 핵심은 항일 의지를 가진 중국 내 한인을 비롯한 모든 피압박 소수민족이 참여하는 대규모 항일전선 구축이다. 이에 따라 동북항일연군은 11군 체제로 개편돼 1940년대 초까지 만주에서 항일 유격전을 폈다. 이 부대 출신인 김일성과 최현, 최용건, 김책 등은 해방 직후 북한 정권 수립의 주역이 된다.[22]

민족 우월 의식에 사로잡힌 중국공산당이 불과 2~3년 전까지만 해도 색깔과 무관하게 한인들을 배척하다 포용 노선으로 돌변한 데는 코민테른의 영향이 컸다. 코민테른은 1935년 7월 개막한 7차대회에서 식민지·반식민지에서 반파쇼 인민전선을 구축하고 소수민

21 최봉룡, 「조선혁명군의 한·중연합항일작전: 양세봉 사령의 활동을 중심으로」, 『한국민족운동사연구』 제31호(한국민족운동사학회, 2002), 73-74쪽.

22 한시준, 「일제침략에 대한 한중 공동항전의 역사적 경험과 과제」, 66-67쪽.

족 문제에 관심을 두라는 지침을 마련해 각국 공산당에 하달했다. 1928년 이후 처음 열린 코민테른 대회인 7차대회는 극좌 비타협 노선의 오류도 인정했다. 세계 공산 진영에 절대적 권위를 가진 코민테른이 잘못을 시인한 것은 매우 이례적이었다.

앞선 6차대회에서 코민테른은 자본주의 체제가 세계 대공황으로 붕괴 단계에 진입한 만큼, 공산주의자들은 민족주의 세력은 물론 온건 좌파 조직마저 파괴함으로써 세계혁명을 달성하라고 지시했었다. 이를 이행하기 위해 이탈리아와 독일 등에서 대규모 노동자 계급투쟁에 돌입했다가, 전혀 예상하지 못한 파시즘 체제가 등장해 공산주의를 위협하는 파국에 봉착했다. 이에 놀란 코민테른은 기존 투쟁 노선을 전면 재조정했다. 부르주아 민주주의 궤도에서 벗어나 전체주의로 변질한 파시즘을 제압하는 것이 공산혁명보다 더 시급하다고 판단해, 모든 민족과 계층을 망라한 통일전선 구축을 호소했다. 공산주의자들이 위기 국면에서 약방의 감초처럼 사용하는 좌우합작 카드를 다시 꺼내 든 것이다. 이에 따라 각국의 공산 진영은 파시즘에 적대적인 정치세력과 폭넓게 연대했다. 우기에 먹구름이 몰려오면 일단 걸음을 멈추고 큰 나무 밑으로 들어가 폭우를 피하는 전술이었다.

코민테른은 과도기 투쟁 전술도 내놓았다. 그동안 박멸 대상으로 여긴 부르주아 민주주의 운동과 자유주의를 선전하도록 했다. 그 결과 "노동자의 주요 임무는 민주주의, 평화, 사회 진보"라는 생뚱맞은 구호가 등장했다. 또한 노동자, 농민, 소자본가, 지식인 등이 함께 참여하는 인민민주주의 체제를 파시즘의 대안으로 제시함으로써, 노동자·농민 동맹 중심의 '소비에트'가 다양한 계급과 계층을 포용하는 '인민전선'에 한동안 밀려났다.

코민테른의 갑작스러운 노선 변화로 1930년대 만주 항일투쟁의 주체도 바뀌게 된다. 1910년 국권 상실 이후 줄기차게 독립운동을 벌여 온 민족주의 진영이 쪼그라들고 공산주의 운동이 활기를 띠었다.

중국공산당은 코민테른의 새로운 지령을 반영해 동북항일연합군 창설을 서둘렀다. 민생단사건을 계기로 촉발된 한인들의 중국 혐오감을 해소하기 위해 일부 유인책도 제시했다. 한인 비중이 높은 동북인민혁명군 제1군과 제2군을 합친 동북항일연군 제1로군 창설과 한인 자치를 허용했다. 이런 배경에서 1935년 6월 오성륜, 이상준, 엄수명 등을 주축으로 한 조국광복회가 탄생했다. 동북항일연군 산하에 제3사를 신설해 두만강과 압록강 일대에서 자유로운 항일투쟁을 할 수 있는 권한도 부여했다.[23] 하지만 한인 민족주의자들은 공산주의자들의 꼬임에 자주 속은 악몽 탓에 동북항일연군을 극도로 경계했다. 다만, 1920년대 말 세계 대공황의 여파로 빈털터리가 된 대다수 소작농은 토지를 공짜로 나눠 준다는 '붉은 약속'을 철석같이 믿고 동북항일연군에 대거 가담했다. 하지만 한인들은 항일투쟁의 주도권을 중국공산당에 빼앗김으로써, 조국 독립 투쟁을 규정한 8·1 선언은 공염불이 되고 만다.

---

23 황민호, 「남만지역 중국공산당의 항일무장투쟁과 한인대원: 한인공산주의자들의 활동을 중심으로」, 『한국민족운동사연구』 제31호(한국민족운동사학회, 2002), 23-25쪽.

만주 공산당의 85퍼센트는 한인

1926년 조선공산당 만주총국을 설립할 때만 해도 계급투쟁을 이끈 핵심 세력은 한인이었다. 중국공산당은 이듬해 10월에야 만주임시성위원회(만주성위)를 조직해 조공 만주총국과 경쟁했다. 당시 만주 일대의 공산주의 역량은 극도로 허약했다. 제1차 국공합작 결렬 이후 국민당군과 군벌 등의 탄압을 받아 500명이던 당원이 1927년 8월에는 100명 수준으로 급감했다. 이런 상황에서 중공은 동북 지역에 당조직을 복구하고 지도력을 확보하기 위해 만주성위를 세웠다. 만주성위는 1928년 4월 15일 '만주의 조선 농민들에게 알리는 글'을 통해 토지 소유, 주거 권한 인정, 차별 금지 등을 약속했다.[24]

그러나 이런 유화 제스처는 1929년부터 멈추게 된다. 코민테른이 전년 12월 발표한 '조선 문제에 관한 결의'와 '조선 혁명 공인과 농민에게 보내는 글'(12월 테제) 때문이었다. 여기에는 조선 공산주의자들은 당내 파쟁을 극복하고 소자산계급의 울타리에서 벗어나 노·농 민중을 토대로 한 진정한 공산당을 재건해야 한다는 지침이 담겼다. 이에 따라 한인 공산주의자들은 지식인 위주의 인적 구성을 혁파하고 노동자와 농민을 조직 핵심부에 배치해 코민테른의 지시를 충실히 따르려 했으나, 실효를 거두지 못한 채 위기를 맞았다. 코민테른의 일국일당 원칙에 발목이 잡혔기 때문이다.[25]

---

24 김춘선, 「조선공산주의자들의 중공가입과 '이중사명' 연구」, 『한국근현대사연구』 제38호(한국근현대사학회, 2006), 44-47쪽.

25 손염홍, 「1920~30년대 북경지역 한인들의 사회주의 혁명운동」, 『한국학논총』 제47호(국민대학교 한국학연구소, 2017), 318쪽.

중공 만주성위는 1930년 4월 '소수민족운동위원회'를 설치해 한인들의 혁명사업을 지도했다. 이에 만주총국 산하 ML파, 화요파, 서울·상해파가 줄줄이 해체를 선언하고 중국공산당에 가입했다. 하지만 조선공산당 재건에 집착한 일부 한인은 1930년 8월 1일 지둥(길동)폭동 이후 국내로 잠입해 지하활동을 벌였다. 지둥폭동은 옌볜 둔화(돈화)와 어무(액목) 일대에서 만주성위 지령을 받은 한인 적색유격대가 군대와 경찰을 습격한 사건이다.[26]

만주성위는 한인 혁명 지원과 자치 등을 내걸고 입당을 유도하는 듯했으나, 갑질 버릇은 되레 악화했다. 입당 신청을 선뜻 수용하지 않고 엄격한 심사를 거쳐 선별했다. 출신성분과 항일투쟁 경력이 아무리 우수해도 마음에 들지 않으면 입당을 막았다. 그렇게 되자 한인들이 충성심을 입증하려고 과격 투쟁을 일삼다가 희생되는 사례가 속출했다. 만주성위에 들어가더라도 동족끼리 경쟁하고 견제하는 삶을 강요받았다. 민족의식을 제압하려는 중공의 이러한 횡포에 서울·상해파, 화요파, ML파 등의 알력과 대립이 더욱 심해졌다. 그런 와중에도 입당 행렬이 이어져 100여 명이던 만주성위 당원이 순식간에 2,000명을 넘어섰다. 당원의 85퍼센트가 한인이었다.

하지만 이들은 머잖아 민생단사건에 휩싸여 집단 학살을 당하게 된다. 토지 소유, 주거권 보장, 조국 광복 투쟁 허용 등의 감언이설에 속은 대가는 떼죽음이었다.

---

26 박순섭, 「1920년대 재만한인사회주의자들의 항일투쟁 노선 변화」, 『한국민족운동사연구』 제90호(한국민족운동사학회, 2017), 324-326쪽.

일본군에 무기력했던 김일성부대

코민테른의 개입으로 만주 일대의 한인 학살 여파가 진정된 1936년, 동북항일연군이 탄생한다. 코민테른이 1935년 7월 25일 ~8월 20일 모스크바 7차대회에서 광범위한 통일전선전술을 결의한 게 이 부대의 창설 배경이다. 6차대회의 공식 방침이던 계급투쟁론을 폐기하고 중산층과 일부 부르주아를 포괄하는 반제인민전선전술을 주문한 이른바 '7월 테제'가 이 대회에서 채택됐다. 강경 일색이던 소련은 유럽과 아시아에서 팽창하던 파시즘에 대응하기 위해 온건 노선으로 선회했다. 일본과 독일, 이탈리아 등지에서 맹위를 떨친 파시즘이 소련 안보를 위협하는 데다 대중의 폭넓은 지지까지 얻자, 통일전선전술보다 훨씬 유연한 반제인민전선전술로 선회한 것이다.[27]

중국공산당은 7월 테제를 반영해 대회 기간중인 8월 1일 새로운 투쟁 방침을 마련했다. 홍군과 동북인민혁명군, 반일의용군을 망라한 항일연군 창설이 핵심이었다. 이듬해 2월에는 '동북항일연군 통일군대 건제선언'을 통해 11군 체제의 군대가 공식 출범하게 된다. 부대별 근거지는 제1·2군 남만주, 제4·5·7·8·10군 동만주, 제3·6·9·11군 북만주 등이다. 한인 중심의 1군과 2군은 머잖아 통합돼 중국인 양징위(양정우)를 총사령관으로 하는 제1로군으로 개편

---

27 이덕일, 「동북항일연군 창설 배경에 관한 연구」, 『숭실사학』 제9호(숭실대학교사학회, 1996), 105-107쪽.

됐다.

중공은 종교, 정치, 성별, 빈부 등을 차별하지 않으며 친일 밀정이라도 과거 잘못을 뉘우치면 포용할 수 있다고 꾀었다. 한국과 중국 연합군이라는 의미를 과시하려는 듯, 한인 비중이 큰 부대에는 독자작전권도 부여했다. 이런 배경에서 제1로군 제2군 제6사(사장 김일성)가 1936년 가을 국내진공작전을 염두에 두고 창바이(장백)현으로 옮겨 백두산 유격 근거지를 마련했다.

하지만 1937년 중일전쟁을 앞두고 병력을 대폭 증강한 일본군의 대대적인 토벌로 동북항일연군은 치명타를 입고, 제1로군이 3개 방면군으로 재편됐다.[28] 이때부터 동북항일연군은 산간 격오지를 옮겨 다니며 도망치느라 제대로 된 항일투쟁은 엄두도 내지 못했다.

한인 천도교도와 사회주의자 연합체인 재만한인조국광복회(조국광복회)도 7월 테제의 영향으로 출범했다. 선언문에는 "재만 한인의 자치와 광복을 위해 계급·성별·지위·당파·연령·종교를 차별하지 말고 백의동포는 조국 광복을 위해 일치단결 궐기하여 왜놈과 싸운다"고 적혔다. 선언문만 보면 공산혁명을 포기하는 듯한 느낌이 들지만, 이는 힘이 약할 때 상투적으로 활용하는 좌우합작 전술이다.[29]

동북항일연군 예하 부대마다 공산당 기구가 설치돼 한인부대의

---

28 송현숙, 「동북항일연군과 조국광복회의 항일무장투쟁에 관한 연구」(조선대학교 석사학위논문, 1992), 27쪽.

29 최봉룡, 「1920~30년대 만주지역 한인사회주의운동과 종교: 종교에 대한 인식 변화를 중심으로」, 『한국민족운동사연구』 제62호(한국민족운동사학회, 2010), 130-133쪽.

자율성은 매우 제한됐다. 사단과 연대에는 당위원회가, 중대와 소대에는 각각 당세포, 당분조(分組)가 운영돼 매사를 통제했다. 사단 당위원회 정치부는 집행 기능을 주도했다.[30] 최고지휘부는 중국인이 맡고 사단 이하 부대에서는 한인 간부가 일부 포함됐다. 이런 상황에서 동북항일연군은 무늬만 연합군일 뿐 사실상 중국공산당이 전권을 행사했다. 수직명령 체계로 운영되는 군대 특성 상 하급부대의 독립작전은 거의 불가능했다.

항일투쟁 접고 소련으로 피신

동북항일연군은 전성기에 1만 명을 넘는 병력을 거느리며 일제의 중국 지배에 저항했다. 한반도와 인접한 남만주 주둔 제1로군의 활약상은 언론 등을 통해 국내에 알려졌다. 김일성을 비롯한 북한 건국의 주역이 제1로군에서 주로 활동했다. 항일연군은 열차 습격이나 헌병대 공격, 침략 상징물 파괴 등 유격전에 치중하며 선전활동을 병행했으나 큰 성과는 없이 소모전 양상을 반복했다. 전투가 거듭될수록 전사자와 이탈자가 속출해 1938년 병력 규모는 약 1,850명으로 위축됐다. 특히 일제의 치안숙정공작으로 유격대 거점과 협력 촌락이 무더기로 섬멸됐다. 1937년 4월 중한동맹군사위원장 왕펑거가 체포된 이후에는 항일투쟁이 사실상 소멸했다.[31]

---

30 김선호, 「북한의 당군관계 출현과 통일전선의 군대」, 『현대북한연구』 제21권 2호 (북한대학원대학교 북한미시연구소, 2018), 33쪽.

31 황민호, 「남만지역 중국공산당의 항일무장투쟁과 한인대원」, 14쪽.

동북항일연군은 일제의 끈질긴 단속으로 일반 주민과 격리된 이후에는 두메산골 등을 전전하며 생필품을 조달하는 게 일상이 됐다. 잦은 농가 약탈로 민중의 반감을 사 고립을 자초하기도 했다.[32] 급기야 일본군의 토벌을 버티지 못해 1940년부터 부대를 해체했다.

중국인 저우바오중은 최용건과 김책, 김일성 등과 함께 그해에 활동 근거지를 소련 연해주로 옮겨 1942년 8월 소련 극동군총사령부 산하 88특별저격여단으로 부대를 재편했다. 소련과 일본의 전면전을 염두에 두고 창설된 이 부대의 임무는 만주와 북한 정찰 및 민중 선동이었다. 훈련은 사격, 요인 암살, 수류탄 투척, 무선통신, 100킬로미터 이상 스키 이동, 공중낙하 등으로 이뤄졌다. 88여단에는 한인 60여 명이 있었으나 국내진공작전은 엄두도 내지 못했다. 1941년 4월 체결한 러·일 중립조약에 발목이 잡혔기 때문이었다.[33]

동북항일연군에서 활동한 한인들의 희생은 중국인보다 훨씬 컸다. 민생단 트라우마 탓에 붉은 신념을 의심받지 않으려고 항일전투의 최선봉에 섰다가 무수히 죽었다. 누명을 쓰고 중국인들에게 처형당할 수 있다는 불안감을 견디지 못해 일본군에 투항하는 한인도 부지기수였다. 그 결과 항일연군 소속 한인은 한때 1,000명을 넘었으나 1940년대에는 100명 수준으로 급감했다. 항일연군이 소련으

---

32 윤휘탁, 「항전시기의 화북과 동북, 항일전술과 투쟁환경의 비교고찰: 팔로군과 동북항일연군의 상이한 운명과 관연하여」, 『중국사연구』 제22호(중국사학회, 2003), 212쪽.

33 이덕일, 「연해주의 소련 극동적군 88여단의 결성배경과 성격」, 『한국근현대사연구』 제6호(한국근현대사학회, 1997), 178-184쪽.

로 도피할 당시 만주에 남은 허형식 등 일부 한인은 항쟁을 이어 가다 대부분 전사했다. 허형식은 항일연군에 참여한 한인 중 최고직인 제3로군 총참모장겸 3군장으로서 1942년 8월까지 북만주 항일유격전을 지휘하다 전사했다. 숙영 도중에 만주군 토벌대에 발각돼 총격전을 벌이다 중과부적으로 목숨을 잃었다.[34]

따라서 한국전쟁의 영웅으로 평가받는 백선엽 장군이 1943년 2월부터 근무한 간도특설대가 만주 일대 독립군을 소탕했다는 주장은 어불성설이다. 김일성을 비롯한 동북항일연군 부대원이 이미 그 3년 전부터 소련으로 도주했거나 전사했기 때문이다. 다만, 백선엽 장군은 1944년 1월부터 화베이(화북) 일대에서 중공군 팔로군을 토벌하는 과정에서 조선의용군과 교전을 벌였을 가능성은 있으나, 이들은 조국해방과 무관한 중국 공산화를 위해 싸웠다는 점에서 독립군은 아니다. 2차대전 종전 이후 중국 공산정권 수립에 앞장서다가 북한으로 넘어가 1950년 6월 25일 남침의 최선봉을 형성한 것도 조선의용군이다.

2차 국공합작으로 중공군 기사회생

동북항일연군이 만주 일대에서 일본군에 맞설 때, 중국공산당 산하 팔로군은 화베이 일대에서 주로 국민당 군대와 내전을 치렀다. 팔로군은 중공 홍군(紅軍)을 모체로 1937년 제2차 국공합작 이후

---

34 장세윤, 「허형식, 북만주 최후의 항일 투쟁가: "백마 타고 오는 초인"」, 『내일을 여는 역사』 제27호(역사와책임, 2007), 132-134쪽.

창설됐다. 1934~35년 대장정을 거치느라 극도로 위축된 팔로군에는 조선의용군도 편제돼 내전과 항일전에서 막대한 희생을 치러 가며 중국 공산화에 공헌했다.[35]

2차 국공합작은 중일전쟁 직후 궤멸 위기에 처한 공산당의 조직 보호와 혁명사상 확산에 진력하던 마오쩌둥의 제안으로 성사됐다. 철저한 반공주의자인 장제스의 변심으로 1차 합작이 깨진 악몽에도 불구하고 중국공산당이 손을 내민 것은 벼랑 끝 위기를 극복하려는 속셈에서다.

당시 장제스가 "일본이 피부병이라면 공산주의자는 심장병이다"라며 대대적인 공산당 소탕에 나서 공산 세력은 급격히 위축됐다. 노동계급을 기반으로 한 정치적 영향력을 상실한 채 농촌으로 몰려간 탓에 1928년 노동자 당원 비율이 10퍼센트로 급감했고, 1930년 12월에는 0퍼센트대 수준이었다. 불과 석 달 전 당 중앙위원회에 보고된 노동자 당원 2,000명은 모조리 사라졌다. 1933년에는 중국 최대 산업지역인 상하이에 구축한 세포조직이 대부분 파괴됐다. 이런 상황에서 마오쩌둥은 굴욕적인 조건을 담은 2차 국공합작을 장제스에게 제안해 관철해 낸다.[36] 2보 전진을 위한 1보 후퇴 술책이었다.

마오쩌둥은 과격투쟁 방침을 접고 새로운 포용 방안도 제시했다. 자본가계급 이익 보장, 공산주의 선동·계급투쟁 중단, 지주 토지 몰

---

35 권혁수, 「중국항일전쟁과의 연관성으로 본 조선의용대 항일업적의 역사적 의미」, 『충청문화연구』 제10호(충남대학교 충청문화연구소, 2013), 10-11쪽.

36 최영준, 「중국의 '국공합작': 반제국주의 민족공조의 모범적 사례인가?」, 『마르크스21』 제34호(책갈피, 2020), 185-188쪽.

수 운동 철회, 노동자 중심 소비에트 정책과 홍군 명칭 취소, 국민당 정부 군사위원회 명령 복종 등이 그것이다. 장제스가 이러한 조건을 수용함으로써 공산당 홍군이 국민혁명군 팔로군으로 개편됐다. 붉은 늑대는 이렇게 양가죽으로 위장한 덕에 위기에서 벗어나 세력을 다시 확장할 수 있게 된다.

팔로군의 핵심 임무는 화베이 일대에서 정규전과 유격전을 병행하며 공산당 역량을 꾸준히 확대하는 것이었다. 팔로군의 전신인 홍군은 대장정 당시 18개 산을 넘고 24개 강을 건너 도주하느라 크게 쪼그라들었다. 출발 당시 3만 명이던 병력 다수가 죽거나 이탈하고 약 7,000명만 생존했다. 그런 팔로군이 국공합작 덕에 다시 급격히 팽창해, 일제가 항복한 1945년에는 전체 병력 약 90만 명으로 급증했다. 국공합작은 사그라들던 중국공산당의 불씨를 한순간에 들불로 바꿔 준 기적의 바람이었다.

팔로군 산하 조선의용군의 전신은 1938년 10월 후베이(호북)성 우한(무한)에서 창설된 조선의용대다. 반전 전단 살포, 첩보 수집, 철도·통신 파괴 등 활동을 주로 하다가, 대한민국임시정부가 광복군을 창설한 1940년 9월 17일에 이념 갈등으로 두 부류로 갈라졌다.[37] 김세일을 비롯한 200여 명은 팔로군 근거지인 화베이로 이동하고 김원봉, 이달, 왕통 등 약 100명은 광복군에 합류했다.[38]

---

37 김정현, 「제1·2차 국공합작기의 한·중 연대활동: 황포군관학교 인맥을 중심으로」, 『역사학연구』 제46호(호남사학회, 2012), 142-144쪽.

38 조동걸, 「조선의용군 유적지 태항산·연안을 찾아서(역사기행)」, 『역사비평』 제20호(역사비평사, 1992), 390-391쪽.

조선의용군, 中 공산화 돕고 北 남침에 선봉

조선의용대는 1941년 조선의용군으로 개칭하고 무정이 사령관을 맡았다. 한인으로 대장정에 유일하게 참여한 무정은 팔로군 포병단을 창설하고 6·25 남침 때는 2군단장을 맡은 인물이다. 하지만 인천상륙작전 이후 평양방위사령관에 임명돼 유엔군의 북진 방어에 실패한 책임과 불법 살인 등 혐의로 체포돼 숙청됐다.

조선의용군은 산시(산서)성과 허베이(하북)성의 경계 지역인 타이항산(태항산) 일대에서 일본군과 교전하거나 중국인의 항전 의식을 일깨우는 선전·선동 활동을 폈다. 1944년부터는 화베이와 만주 곳곳에 독립동맹 거점을 구축하면서 한인 청년을 대거 모집해 전선에 투입했다. 1945년 8월 9일에는 만주로 진격한 소련군을 도왔다. 1주일 후 일본이 2차대전에서 패함으로써 자연스레 항일투쟁이 끝나지만, 조선의용군의 전쟁은 4년가량 더 이어졌다. 중국 국공내전에서 붉은 군대 편에 서서 국민당 군대를 무너뜨리기 위해 싸웠다.

중국 내전이 끝난 1949년부터 조선의용군을 비롯한 팔로군 한인 7만 5,000명이 북한으로 들어가 6·25 남침을 준비했다. 당시 북한군 보병 21개 연대 중 10개 연대가 이들로 구성됐다. 북한 인민군 1군단장 김웅, 2군단장 김광협, 6사단장 방호산, 10사단장 이방남, 4사단장 이권무, 5사단장 김창덕, 12사단장 최인 등도 팔로군 출신이다.

중국 국적인 이들이 북한에 쉽게 들어간 것은 중국과 북한의 이해관계가 맞아떨어졌기 때문이다. 내전 승리 후 공산정권 수립에 성공한 마오쩌둥은 당면한 경제난을 해결하기 위해 군대 운영 비용을 줄여야 했고, 김일성은 남한 침공을 위해 전투 경험이 풍부한 한인 군대의 증설이 필요했다. 마오쩌둥은 처음에는 남한 선제공격에 반대하며 군대 제공에 난색을 보이다가, 안정적인 집권이 가능해지자 한인 군인들을 선뜻 내줬다.[39]

한국전쟁에서 활약이 가장 두드러졌던 부대는 유격전 경험이 풍부한 6사단이었다. 이 부대의 뿌리는 방호산이 지휘하던 팔로군 166사단이다. 중국 내전에서 축적한 전쟁 경험이 6·25전쟁에서 한껏 발휘돼 북한군 가운데 6사단이 가장 먼저 한강을 건넜다. 이어 김포를 거쳐 서해안을 따라 속전속결로 남하해 보름 만에 충청·전라도에 입성했다. 국군과 미군의 정보망을 피할 정도로 우회돌파력이 뛰어난 데다 토착 공산주의자들의 도움을 받은 결과다. 지역 좌익들은 경찰을 비롯한 우익 인사들을 무더기로 처형하고 6사단에는 식량 등을 제공했다.

공주, 김제, 전주, 목포, 여수 등을 차례로 점령한 방호산 사단은 섬진강을 건너 경남 하동으로 진격했다. 국군이 대구와 왜관 등 낙동강 전선에 집결한 상황을 염두에 둔 기습작전이었다. 하동에 이어 진주마저 손쉽게 장악한 다음 마산으로 이동했다. 부산을 코앞에 둔 마산마저 북한군에 넘어갔더라면 6·25전쟁의 패전은 불을 보듯 뻔했을 백척간두의 상황이었으나, 미 25사단 예하 27연대가 주둔지 상주에서 마산으로 급파된 덕에 추가 진격을 막을 수 있었다. 27연

---

39 이재훈, 「1949~50년 중국인민해방군 내 조선인부대의 '입북'에 대한 북·중·소 3국의 입장」, 『한국정치논총』 제45권 3호(한국국제정치학회, 2005), 174-176쪽.

대는 8월 2일부터 9월 14일까지 치열한 공방전 끝에 6사단을 간신히 격퇴했다. 승승장구하던 6사단은 미군의 공중폭격과 막강한 포병 화력 앞에서 개전 이후 처음으로 제동이 걸렸다.

6사단은 인천상륙작전 이후 북으로 퇴각할 때도 신출귀몰했다. 군수품이 끊겨 우왕좌왕하며 패주하던 다른 부대와 달리 지리산으로 숨어들어 태백산맥을 타고 일사불란하게 월북했다. 상당수 남한 빨치산도 6사단을 따라 북상했다. 귀환 후 부대원 전원이 1계급씩 특진하고 방호산은 최고 훈장인 이중영웅 칭호를 받았다. 사단 이름에는 '근위 서울'이라는 최고 명칭이 붙었다.[40]

6사단 외에도 팔로군이 주축을 이룬 북한군은 6·25전쟁에서 국군과 유엔군을 섬멸하는 데 혁혁한 전공을 세웠다. 민생단사건으로 떼죽음을 당하고 일본군 토벌에 맥없이 무너진 한인 공산주의자들이 고국을 짓밟고 동포를 죽이는 데는 천하무적의 맹위를 떨친 셈이다.

중국공산당은 국공내전 혈맹인 한인 공산주의자들과 북한 정권에 대한 보은 차원에서 100만 대군을 보내 국군과 유엔군의 북상을 저지했다. 중국이 오늘날까지 자랑하는 '항미원조(抗美援朝)' 전쟁의 실체다. 이는 팔로군이나 동북항일연군 소속 한인이 중국에서 일본군에 막대한 타격을 가하고 식민 지배에 체념한 조선 민중의 독립 의지를 일깨웠다는 좌파 진영의 찬사가 허구임을 입증한다.

---

40 최용성, 「6·25전쟁시 북한군 제6사단 기동의 효과 분석」, 『군사연구』 제125호(육군본부 군사연구소, 2008), 139-150쪽.

해방 직후 좌우합작 깬 주범은

조선총독부 정무총감 엔도 류사쿠(遠藤柳作)는 해방 당일인 1945년 8월 15일 아침 관저에서 여운형을 만나 모든 치안권을 넘겼다. 엔도는 두 달 전 6월부터 종전(終戰)을 예감하고 자국민 보호를 위해 송진우를 방패 삼으려고 협상에 나섰으나 거절당한 상태였다. 그러다 8월 14일, 천황이 이튿날 항복 방송을 한다는 소식을 접하고 송진우 대신 좌파 사회주의자 여운형과 서둘러 담판을 지으려 나섰다. 소련군이 8월 17일 오후 서울로 진주할 것이라는 허위 정보를 듣고 좌익 세력의 보복 난동 등을 염려한 나머지, 국민의 신망이 두터운 중도좌파 성향의 여운형을 치안권 인계 대상자로 택한 것이었다. 1922년 모스크바 극동피압박민족대회에 참석한 것을 계기로 러시아 볼셰비키 정권에 인맥을 형성한 여운형이 소련어에 능통한 점도 발탁 배경이다. 엔도 총감은 일본 항복, 소련군 서울 진주, 정치범 석방, 한일 양국민 충돌 방지, 일본인 무사 귀국 보장 등을 조건으로 10월까지 먹을 비축 식량과 함께 한국인 경찰 지휘권을 넘겨줬다.[41]

해방정국을 이끌게 된 여운형은 민족주의 계열의 독립운동가인 안재홍과 손잡고 조선건국준비위원회(건준) 조직에 착수했다. 또한 광복과 독립을 목표로 1944년부터 구축해 온 건국동맹을 활용해 8월 16일 아침 서울 시내 곳곳에 '조선 동포여!'라는 제목의 벽보를

---

41 김영택, 「8.15 해방당시 조선총독부가 여운형을 선택한 배경과 담판 내용」, 『한국학논총』 제29호(국민대학교 한국학연구소, 2007), 437-438쪽.

붙이거나 전단을 뿌리며 민족 장래를 위해 경거망동하지 말 것을 호소했다. 아울러 서대문형무소를 비롯한 전국 교도소에 갇힌 정치·경제 사범 1만 6,000명의 석방을 지시했다. 조국 광복에 감격한 시민들은 길거리로 쏟아져 나와 태극기를 흔들고 '독립 만세', '해방 만세'를 외쳤다. 시민들이 건준의 요구를 대부분 받아들인 덕에 일본인 테러나 폭동과 같은 사태는 거의 없었다.

박헌영, 인민공화국 선포 후 건준 파괴

여운형은 종로구 계동 임용상의 주택을 건준 본부로 삼아 조직 건설과 치안 유지 활동을 벌이고, 외연 확대를 위해 좌우 지도자들을 대거 영입했다. 그러나 민족주의 계열의 송진우가 건준을 거부한 탓에 지도부는 대부분 공산주의 계열이나 중도좌파로 짜였다. 여운형은 교통, 통신, 식량, 금융 등 민생 분야의 안정을 최우선 목표로 내걸고 8월 17일 자신을 위원장으로 하는 건준 지도부를 구성하고 학생 중심의 학도대와 치안대도 결성했다. 8월 22일에는 건준 중앙위원회를 12부 1국 체제로 확대하고 일부 부서를 개편했다. 완전한 독립국가를 건설하기 위한 신정권 수립의 산파역을 맡으려는 준비 작업이었다.

건준은 해방정국을 안정적으로 관리하는 듯했으나, 좌·우파 암투를 계기로 9월 4일 안재홍이 부위원장직에서 물러나면서 격랑에 휩싸이게 된다.

건국동맹 세력과 안재홍의 민족주의 계열, 이영·최익한·정백의 장안파 공산당, 박헌영·이강국·최용달 중심의 경성콤 그룹으로 구성된 건준의 내분은 경성콤 그룹의 과도한 권력욕 때문에 촉발됐다. 박헌영 일파는 9월 6일 전국인민대표자회의를 열어 인민위원 55명 등을 선출한 다음 조선인민공화국(인공) 출범을 전격 선포함으로써 건준을 아예 파괴해 버렸다. 박헌영 일파가 주도한 정치 쿠데타 탓에 건준은 인공 출범 이후 모든 기능을 상실했다가 10월 7일 공식 해체됐다. 인민대중의 혁명 역량을 중심으로 국내외 항일단체를 망라해 독립 정부를 세우겠다는 건준의 목표는 이로써 물거품이 되고 말았다.[42]

박헌영 일파는 1945년 8월 16일 서울파, 화요파, 상해파, ML파 등으로 꾸려진 장안파 공산당마저 무력화시켰다. 서울 종로구 장안빌딩에 '조선공산당 경성지구위원회'라고 적힌 당 간판을 내건 이 단체는 입주 빌딩의 이름을 따서 장안파로 불렸다. 장안파는 경성콤 그룹의 압박에 밀려 11월 23일 조선공산당 재건파와 손잡고 자진 해산했다. 1928년 코민테른에 의해 해체된 조공은 이런 식으로 부활했다. 중생대에 멸종한 붉은 공룡이 신생대에 되살아난 모양새였다.

조공의 목표는 8월 20일 발표돼 '8월 테제'로 불리는 박헌영의 '현 정세와 우리의 임무'에 담겼다. 소련, 영국, 미국, 중국 4개국에 의해 해방이 실현됐으며, 조선은 부르주아 민주주의 혁명 단계에 있으나 2단계인 사회주의 혁명으로 전환해야 한다는 게 8월 테제의 요지다. 박헌영은 이러한 정치 노선을 내걸고 다른 정치세력과 건국

---

42 위의 글, 451-452쪽.

경쟁을 벌였다. 주요 노선을 보면 사회주의 혁명론의 대척점에는 조소앙의 '삼균주의'가 있었다. 두 노선 사이에는 백남운의 '연합성 신민주주의론'과 안재홍의 '신민족주의론'이 자리 잡았다.[43]

박헌영은 공산주의 진영을 장악함으로써 해방정국에서 막강한 영향력을 행사하는 듯했으나 한순간에 힘을 잃게 된다. 한반도 임시정부 수립 지원을 위한 미소 공동위원회가 결렬되고, '조선정판사사건'이 터져 미군정의 강력한 단속을 받아 조공이 뿌리째 흔들렸다. 조선정판사사건은 조공 간부들이 조선정판사 인쇄 직원들과 짜고 1945년 10월부터 위폐 1,200만 원을 찍어 내다 들통나 10명이 무기징역 또는 10년 이상 징역형을 받은 사건이다.[44]

조선공산당→조선노동당→남로당·북로당 분열

조선공산당은 재건 후 머잖아 남북으로 갈라지게 된다.

해방 직후 김일성이 소련군을 따라 북한에 들어올 때만 해도 분열은 쉽게 상상하지 못했다. 경력과 지명도에서 박헌영이 김일성을 압도했기 때문이다. 코민테른의 일국일당 원칙도 조공 분열을 막는 안전장치였다. 김일성은 이를 의식해 초기에는 조선공산당 중앙위원회 '북조선분국' 책임자 직책을 맡았다.

조공이 남한에서 미군정에 쫓겨 기진맥진하는 사이에 북조선분

---

43 김인식, 「백남운·연합성 신민주주의론과 조선공산당·「8월테제」의 차별성」, 『중앙사론』 제45호(중앙대학교 중앙사학연구소, 2017), 33-34쪽.

44 임성욱, 「조선정판사 '위조지폐' 사건의 재검토: 제1심 판결의 모순점을 중심으로」, 『역사비평』 제114호(한국역사연구회, 2016), 408쪽.

국이 소련의 전폭적인 지원을 받아 급팽창할 때까지도 이상 징후는 없었다. 하지만 1946년 8월 28일 김두봉이 이끄는 연안파의 조선신민당과 북조선분국이 합쳐 북조선노동당(북로당)을 창당한 이후에는 남북 간 위상이 급격하게 바뀌게 된다.

북로당 출범을 계기로 남한에서도 여러 좌익 세력 간 합당 움직임이 활발해져 1946년 11월 17일 조선공산당과 남조선신민당, 조선인민당을 느슨하게 아우르는 사회로동당(사로당)이 출범했다. 하지만 북로당은 3당 통합 직후 사로당에 맹공을 가했다. "사로당 조직은 좌우익 합작을 찬동하고 미군정의 반인민적 통치를 합리화하는 입법기관 창설 분자들을 돕는 것"이라며 박헌영 중심의 남로당 창설을 지지한다고 선언했다.

이에 사로당은 "수십만 정예가 집결해 있고 합당과 정치노선 집행에서 하등의 오류가 없다"고 항변했으나 허사였다. 사로당은 북로당을 모델로 삼아 꾸려졌는데 막상 북로당의 인정을 받지 못하자 존립 자체가 매우 위태로운 처지가 됐다. 설상가상으로 인민당과 신민당을 이끈 여운형과 백남운이 이탈해 사로당은 출범 3개월 만에 해체됐다. 일제하 최대 폐해로 지적된 '붉은 파벌' 문제가 해방 이후 되레 악화한 꼴이었다.

조공은 신민당과 인민당에서 빠져나온 세력을 흡수해 사로당 출범 엿새 만인 11월 23일 종로구 관훈동 시천교당에서 남조선노동당(남로당)으로 개편됐다. 박헌영이 미군정의 탄압으로 사분오열한 남한 좌익 세력을 끌어모아 외연을 넓힌 게 남로당이다.

이로써 조공은 북로당과 남로당으로 갈라졌고 양측 지도자의 위상도 역전됐다. 소련군 연해주군관구 정치담당 부사령관 겸 군사위원인 육군 중장 테렌티 스티코프가 북로당에 더 큰 힘을 실어 줬기 때문이다. 결국 박헌영은 1948년 9월 북한 초대 내각 출범 당시 수상 겸 외무상에 선출돼 총리인 김일성 밑으로 들어가는 처지가 됐다. 1949년 6월 30일 남북 노동당의 합당으로 조선로동당이 탄생했을 때는 당 중앙위원회 부위원장으로서 위원장인 김일성을 모셔야만 했다.[45]

해방 후 조선공산당이 남한에 미친 악영향은 심각했다. 김일성은 간첩을 수시로 남파해 통일전쟁을 획책했다. 1946년 말부터 서울에서 대남공작 기구로 운영된 북로당 직속 남반부정치위원회는 김일성이 직파한 성시백이 이끌었다. 성시백은 6·25전쟁 직전까지 다양한 대남공작을 벌였으나 별다른 의심을 받지 않았다. 미군정 정보기관은 물론 남로당조차 그의 실체를 전혀 눈치채지 못했다. 중국에서 고려공산청년회 요원으로 활동하면서 임시정부 요인들과 두루 친분을 쌓은 인연도 있어 누구도 그를 의심하지 못했다.[46]

성시백은 조선중앙일보와 우리신문 등을 인수해 언론사주로 행세하며 국회의원과 군 장교, 고위 관리 등을 대거 포섭했다. 주요 임무는 군부 동향 및 군사시설 파악, 군인 집단 월북 유도, 국회 프락치 운영, 정부 요인 이간질, 박헌영 반대 세력 결집, 미군 철수 여론 고

---

45 심지연, 『인민당연구』(경남대학교 극동문제연구소, 1991), 145-146쪽.

46 전갑생, 「성시백, 항일운동가에서 '거물 간첩'으로['스파이(Spy·간첩)' 이야기 2]」, 〈민족21〉 제131호(2012년 12월), 118쪽.

취, 통일전선 구축 등이다. 1946년 12월 여운형의 김일성 면담을 주선하고 1948년 4월 김구가 김일성 주도의 남북연석회담에 참가하도록 설득한 것도 성시백이었다. 그의 전방위 공작 덕에 김일성은 북한에서 남한 사정을 손금 보듯이 자세히 파악하며 전쟁을 준비할 수 있었다.[47]

성시백은 6·25전쟁 한 달 전에 체포돼 북한군의 서울 점령 하루 전인 6월 27일 총살됐다. 북한군의 남침 전에 성시백의 실체가 드러나지 않았더라면 한국전쟁은 단기간에 북한 승리로 귀결됐을지도 모른다. 북한은 서울 점령 당시 사흘 동안 진격을 멈추고 전쟁 직전에 선출된 제2대 국회의원들을 찾아 나섰다. 이들을 통해 새 대통령을 뽑고 친북 정권을 합법적으로 수립한 다음 북한과 통합하려 했다. 2대 국회에서는 이승만 대통령 계열인 대한국민당과 민주국민당 의석이 각각 22석, 23석에 그쳤고 무소속이 무려 120석으로 원내 과반을 차지했다. 이들은 대부분 야당으로 분류됐다. 성시백의 검거로 정치인 포섭 공작이 멈춘 데다 상당수 의원이 한강을 건넌 피란 행렬에 합류한 뒤여서 북한의 합법적인 통일 시도는 무산됐다. 김일성은 성시백을 구하지 못한 것을 매우 아쉬워하며 인민공화국 영웅 1호 칭호를 내렸다.[48] 아들 성자립은 훗날 김일성대학 총장을 지냈다.

---

47 이영민, 「"조선로동당"의 대남공작 시조이야기(上): 대남공작의 원류를 알자 — 공작원 성시백 국회프락치 사건」, 〈한국논단〉 제292호(2014), 32~38쪽.

48 한광덕, 「6.25전야의 성시백 대선전야의 「성시백」은?」, 〈한국논단〉 제279호(2012), 22쪽.

남한에서 단독 정부가 수립될 무렵 대규모 파업이나 폭동, 게릴라전을 일으킨 세력의 배후는 남로당이었다. 단독 정부 수립을 막기 위해 2·7총파업, 제주4·3사건, 여순사건 등을 이들이 사주했다. 여순사건 잔류 세력이 지리산으로 들어간 이후에는 야산대를 조직해 대규모 무장투쟁도 벌였다. 서울을 비롯한 전국 남로당 조직은 조직부와 군사부를 통합해 무장투쟁으로 정치 현안을 해결하려 했다.

하지만 과격 폭력투쟁은 제 무덤을 파는 꼴이 됐다. 1948년 대한민국 정부 수립 이후 폭동과 반란 등이 모조리 진압되고 지하조직이 무너졌다. 남로당의 유격투쟁은 1949년 7~8월 '아성공격(牙城攻擊)'과 9월 총공세를 기점으로 크게 위축됐다. 국군이 1949년 겨울부터 이듬해 봄까지 대규모 토벌작전을 감행한 결과다.[49] 다만, 남로당 소탕 과정에서 제주도 등에서 무고한 민간인이 다수 희생돼 역사에 큰 오점을 남겼다.

남로당 몰락에는 박헌영의 오만한 성품도 한몫했다. 타협과 관용을 잘 모르던 박헌영은 중도파 사회주의자는 물론 장안파 출신 남로당원까지 가차 없이 내쳐 무수한 적을 만들었다. 일제 감옥을 드나들면서도 코민테른 지침을 충실하게 따를 정도로 확증편향이 유별나게 강했던 박헌영에게 양보·타협·공존이라는 가치들은 잡설에 불과했다.

1946년 정판사 위조지폐사건 이후 미군정의 수배를 받자 한동안 남북한을 오가다 1948년 북한에 완전히 정착한 박헌영은 자존심을

---

49 김득중, 「남조선노동당의 조직활동과 대중운동」, 〈진보평론〉(2001), 324-325쪽.

구겨 가며 김일성 밑에서 북한 부총리를 맡았으나, 6·25전쟁이 한창이던 1952년 8월 철퇴를 맞았다. 체제 전복 음모와 간첩 테러, 선전·선동 배후 인물로 지목돼 가택연금을 당하다가 1956년 제국주의 미국 간첩, 남반부 민주 역량 파괴·약화, 테러·학살, 공화국 정권 전복을 위한 무장폭동 등 죄목으로 처형됐다.[50] 남로당 계열의 평양 시민 108명도 적대계급으로 몰려 숙청됐다. 1925년 조선공산당 창당 이후 줄곧 계급투쟁을 신앙처럼 믿고 실천해 온 박헌영은 그토록 갈망하던 공산국가에서 명예마저 비참하게 짓밟힌 채 생을 마감했다.

---

50 김남식, 「남로당 최후의 날: 박헌영, 이승엽 등 남로당계 재판의 전말(실록 29)」, 〈통일한국〉 제7호(1989), 111-112쪽.

제4장

과장·날조된 김일성의 항일 행적

북한 정권은 동북항일연군 출신의 김일성을 항일 무장투쟁 영웅으로 치켜세우면서, 그중에서도 1937년 함경도 갑산에서 벌어진 총격전을 최고 치적으로 선전한다.

'보천보전투'로 불리는 이 사건의 성격은 항일투쟁이 아니라 떼강도에 가깝다. 무장병력 약 170명이 심야에 경찰 주재소와 부근 관공서 등을 털어 생필품 등을 노획하고 성인 여성 1명과 두 살배기 여아를 죽인 게 전부일 뿐, 일본군이나 경찰 인원에는 아무런 타격을 가하지 못했기 때문이다. 다만, 퇴각 과정에서 추격하던 일본군과 교전을 벌여 양측에서 수십 명씩 사망했는데 김일성부대의 피해가 훨씬 컸으므로 자랑거리가 되지 못한다. 1940년 소련으로 도피하기 전 김일성의 활동 무대였던 중국에서도 이 사건을 실패한 작전으로 기록한다.

보천보전투가 극도로 과장돼 전설이 된 데는 〈동아일보〉를 비롯한 일부 신문의 속보 경쟁과 김일성 일가의 지속적인 선전이 큰 영향을 끼쳤다. 북한은 보천보전투의 위업을 기리기 위해 박물관과 기념탑을 세우고 정례 체육대회와 음악회를 여는 한편 각급 학교에서는 날조한 위업을 가르친다.

김일성이 보천보전투를 계기로 국내에서 유명해져 일약 스타가 된 것은 사실이지만, 독립운동에 끼친 악영향은 심각했다. 좌우합작 항일단체인 조국광복회가 일제 탄압으로 궤멸하고 국내 비밀조직이 일망타진되는 빌미가 됐기 때문이다.

그러나 김일성이 한민족 역사에서 저지른 최악의 과오는 뭐니 뭐니 해도 1950년 6월 25일 감행한 남침이다. 소련과 중공의 비호를 받아 휴전선을 돌파함으로써 일본을 벼랑 끝에서 기사회생하도록 도와줘, 일본에서는 6·25전쟁이 '제3의 신풍(神風)'으로 불릴 정도다. 13세기 초중반 두 차례 일본 원정에 나선 고려와 몽골 연합군을 막아 준 신의 바람(가미카제)이 세 번째로 불었다는 의미다. 요시다 시게루(吉田茂) 당시 일본 총리는 북한군의 남침 소식을 듣고 천우신조라고 반겼다. 실제로 일본 경제는 전쟁 기간에 급성장하고 군사력도 대폭 증강됐다. 국민총생산의 1퍼센트가량을 방위비로 쓰고 미군 지원까지 받는 막강한 군대가 한반도 바다 건너에서 부활했다.

한국과 일본의 독도 분쟁이 잉태되는 데도 6·25전쟁이 한몫했다. 전쟁이 한창이던 1951년 9월 샌프란시스코 평화협상에 한국이 깊이 관여하지 못한 탓에 해상 영유권 문구가 우리에게 불리하게 작성됐다.

김일성의 항일 업적은 일제 말부터 해방 직후까지 몇 번이나 일본을 도와준 공적에 비하면 깃털보다 가볍고 좁쌀보다 작다고 할 수 있다.

보천보전투는 단순 떼강도

북한에서는 매년 6월 4일 보천보전투 승리 기념행사가 열린다. '김일성이 현장에서 진두지휘한 첫 국내진공작전이자 조선의 정신을 일깨운 사건'으로 기억하기 위한 이 행사 덕분에 보천보는 일제시절 가장 중요한 항일투쟁으로 각인돼 김일성의 항일 유격투쟁을 상징하는 언어가 됐다.

보천보는 북한에서도 가장 험준한 곳으로 꼽히는 현 양강도 갑산군의 면 지역에 있다. 인근 삼수와 함께 너무나 험해서 사람이 살기 싫어하는 곳이다. 삼수·갑산은 산세가 거칠고 맹수가 들끓는 데다 겨울 기온이 가장 낮아 조선시대 유배지로 악명이 높았다. 그런 갑산이 지금은 북한에서 성지(聖地) 대우를 받는다. 보천보전투 당시 일제 경찰 주재소, 면사무소, 소방서 등을 전시한 박물관과 기념탑이 건립되고, '보천보횃불상' 체육대회가 1960년부터 매년 열리고 있다. 주요 단체나 건물 이름에 '보천보' 글자를 넣어 김일성의 항일 위업을 기리기도 한다.

유명한 '보천보전자악단'도 1985년 김일성 우상화를 위해 만들어졌다. 남한에도 널리 알려진 〈반갑습니다〉, 〈휘파람〉 등 경음악을 연주하는 이 악단은 중국과 일본 순회공연도 했다. 북한은 1967년 수령으로 추대된 김일성 중심의 유일체제를 선전하고 우상화 작업을 강화하는 데 이 악단을 한껏 활용했다. 심지어 일본과 전자음악을 활발하게 교류함으로써 북한에 문화충격을 가하기도 했다. 일본의 유명 여성 전자악단인 '쇼야(SHOW-YA)'를 비롯한 전자악단의 방북 공연이 여러 번 이뤄졌다. 헤비메탈, 하드록 그룹으로 분류되는 쇼야의 방북 공연은 김정일의 평소 음악관에 비춰보면 전형적인 내로남불이다. 김정일은 "제국주의자들의 기형적인 생활, 썩고 병든 정신상태를 반영한 재즈, 로크를 비롯한 반인민적이며 퇴폐적인 음악이 만연되어 선율을 괴벽하게 기형화하거나 단조로운 리듬의 무미건조한 부속물로 만들었다"고 이런 장르를 맹비난했다.[1]

민간인 여성 1명, 두 살 여아 살해가 고작

보천보전투는 김일성이 이끄는 빨치산부대가 1937년 6월 4일 함경남도 갑산군 혜산진 보천보 관공서와 상점 등을 습격해 무기와 식량 등을 약탈하고 민간인 2명을 살해한 사건이다.

당시 김일성이 이끄는 동북항일연군 제1로군 2군 6사는 혜산진 건너편 중국 지린성 창바이현 일대에 주둔했으나, 항일투쟁은커녕 생계조차 힘든 나날을 보냈다. 일제가 1936년부터 항일 세력의 휴식과 보급 기지로 활용된 산간 마을을 없애고 주민들을 특정 지역

1   하승희, 「북·일 관계와 전자악단의 활용」, 『현대북한연구』 제23권 2호(북한대학원대학교 북한미시연구소, 2020), 178쪽.

으로 몰아넣어 감시하자 동북항일연군이 고립됐다. 산간벽지에서 벼농사 다음으로 중요한 수입원이던 아편이 항일 세력의 자금원이라는 이유로 일제가 재배를 금지해 창바이현 농민들은 빨치산을 지원할 여력을 완전히 상실했다. 고립무원의 처지에서 김일성은 부대원 약 90명과 뗏목을 타고 1937년 6월 4일 압록강을 건넜다. 이들은 혜산진에서 은신했다가 어둠을 타고 보천보로 이동했다. 동북항일연군과 연계돼 국내에서 지하활동을 하던 조국광복회 회원 80여명도 이 작전에 합류했다.

총 병력 170여 명은 경찰 주재소 공격과 물품 탈취, 방어 등 임무별로 6개 팀을 구성해 6월 4일 밤 공격을 감행했다. 외부로 연결되는 교통과 통신을 차단한 다음 일제히 사격을 가해 주재소에서 경기관총, 소총, 권총 등 총기류 5정과 실탄 수백 발을 확보했다. 농사시험장, 삼림보호구, 소방서, 면사무소, 우체국, 학교 등은 약탈하고 방화했다. 약국과 식당 등 상점과 민가도 털어 식량과 생필품을 확보했다. 주재소에는 5명이 있었으나 모두 도주했고, 일본인 식당 여주인과 경찰관의 두 살배기 여아가 유탄에 맞아 숨졌을 뿐 다른 인명 피해는 없었다.

유격대는 밤 11시쯤 조국광복회 10대 강령 등이 적힌 전단을 뿌리고 퇴각했다. 추격해 온 일본군 토벌대와 교전을 벌여 수십 명의 사상자를 냈다. 토벌대도 7명이 죽고 14명이 다쳤다. 투입된 무장 병력 규모가 무려 170명에 달해 그다지 내세울 만한 성과는 아니었다.

김일성도 처음엔 큰 의미 안 둬

김일성도 광복 후 북한 정권 수립 전까지는 보천보전투에 큰 의미를 두지 않았다. 소련에 체류하던 1942년 직접 쓴 「제1로군 약사」에도 보천보전투를 넣지 않았다. 이 기록은 그해 8월 창설된 동북항일연군 교도려 운영에 동북항일연군 제5군장 저우바오중이 참고하도록 동만주 제1로군의 활약상을 정리해서 보고한 문서다. 김일성은 1920년대 동만주 공산주의 운동, 중국공산당 가입, 1933~35년 항일 무장활동 등을 이 문서에 자세히 적었다. 하지만 항일운동사에 길이 빛난다는 보천보전투 시기를 전후한 1930년대 후반기의 활동상은 대충 보고했다. 이 시기를 뭉뚱그려 "적들에게 중대한 타격을 주면서도 우리 자체의 난관도 점차 증대됐다"는 정도로만 기록했다. 보고서 마지막에는 "적과 우리의 역량 차이가 너무 나고 외부 원조가 없어 고군분투는 마침내 일시적이나마 실패로 귀결됐다"고 적었다.[2] 북한이 오늘날 자랑하는 보천보전투가 사후에 과장됐거나 날조됐다는 물증이다.

중국인 저우바오중은 동만 지역 4개 유격대 가운데 하나인 왕청유격대 정치위원이던 김일성이 1934년 민생단원으로 몰려 처형될 위기에서 목숨을 구해 준 은인이자 동북항일연군 시절 직속상관이다. 따라서 김일성이 보고서에 언급한 왕청유격대 정치위원, 제2독립사 제3단 정치위원, 동북항일연군 제1로군 6사장, 1로군 제2방면

---

2   역사비평사 편집부, 「자료발굴 1942년에 김일성이 육필로 쓴 항일연군 제1로군 약사」, 『역사비평』 제19호(역사비평사, 1992), 413-414쪽.

군 지휘관 등의 이력은 사실일 가능성이 크다.

보고서에는 1940년 소련 땅으로 망명할 당시 만주 일대 항일투쟁 역량이 일본군보다 절대적으로 열세여서 무장투쟁이 실패했다는 내용도 적혔다. 일본군과 항일연군의 전력 격차로 완패했음을 스스로 실토한 것이다. 김일성이 자신의 경력을 직속상관에게 보고하면서 보천보전투를 뺀 배경을 두고 여러 해석이 있으나, 보천보전투를 직접 지휘하지 않았거나 그 전투의 역사적 의미를 본인조차 대수롭지 않게 생각했을 것이라 보는 게 다수설이다.

1930년대에 벌어진 숱한 유격전의 하나일 뿐인 보천보전투가 특별히 국내에 널리 알려진 데는 언론의 영향이 컸다. 이 사건을 특종 보도한 〈동아일보〉가 호외까지 뿌려 가며 대서특필하자 다른 신문들도 크게 다뤘다.[3] 심지어 일본, 중국, 러시아 언론도 보천보전투의 경과와 습격 상황, 피해 현황 등을 여러 차례 보도했다. 정보 취득 경로가 극도로 제한된 시대에 거대 언론사의 보도는 그 자체로 여론 형성에 엄청난 역할을 했다. 나중에는 입소문과 상상력까지 더해져 보천보전투는 자연스레 세인의 머리에 깊숙이 각인됐다.

다만, 대다수 언론이 보천보전투를 '무장 떼강도 사건'으로 보도했기 때문에 김일성에 대한 평가도 다양했다. 여성 2명을 죽이고 식량 등을 약탈한 떼강도 두목이라는 비난과 항일운동가라는 찬사가 공존했다. 김일성이 국내외 정세를 무시한 채 철부지 같은 돌발행

---

3 변은진. 「일제말(1937~45) 청년학생층의 국내외 항일운동세력에 대한 인식」, 『한국학논총』 제33호(국민대학교 한국학연구소, 2010), 467쪽.

동을 함으로써 항일운동 진영에 사기 앙양은커녕 크나큰 좌절감을 안겨 줬다는 비판도 받았다. 실제로 보천보전투는 국내외 항일운동에 미친 악영향이 심대했다. 일제의 검거 선풍으로 조국광복회 조직원 739명이 체포되는 등 국내 지하조직이 대부분 파괴되고 국경지대 항일운동의 맥이 끊겼다.

日, 김일성을 '황당무계한 과대망상가' 평가

김일성이 국내에 알려지기 시작한 것은 동북항일연군이 창설된 1936년부터다. 동북항일연군 제1로군 제6사장으로서 백두산 일대에서 주도한 빨치산 활동이 이때부터 국내 언론에 보도된 덕분이다. 당시 김일성은 유격전과 별도로 정치공작 요원을 국내로 보내 공산주의자들을 중국공산당에 끌어들이는 작업도 병행했다.

백두산 주변에 4개 밀영(密營)을 갖춘 제1로군 6사가 1937년 6월 보천보전투를 감행한 이후 김일성은 전국구 인물로 급부상해 민족영웅으로 추앙받았다. 소련과 일본이 전쟁을 벌이면 김일성이 백두산 일대에서 광산노동자로 위장한 무장 군대를 이끌고 국내로 진격할 것이라는 소문도 퍼져 나갔다. 무용담이 꼬리에 꼬리를 물고 창작되면서 김일성은 일제 말 민족을 구제할 탁월한 지도자로 여겨졌다. 청년·학생층이 비밀결사를 꾸려 김일성의 활약상을 토론하고, 만주로 가서 김일성부대에 합류하려는 시도도 있었다. 하지만 전시체제에서 여권과 비자 확보가 어려운 데다 김일성부대의 정확한 위치를 알지 못해 실제로 합류한 사례는 없다.

김일성부대가 소련으로 피신한 1940년 이후에도 상당수 청년과

학생은 한중 국경지대에서 김일성부대가 여전히 혁혁한 전과를 올리는 것으로 믿었다.[4] 열악한 교통·통신 때문에 정확한 정보를 얻기 어려운 상황에서 빚어진 일종의 판타지였다. 그 결과 김일성은 조선 중후기에 민간에서 신비한 힘을 가진 구제주(救濟主)로 묘사된 정도령과 비슷한 인물로 여겨졌다.

김일성이 민족 지도자로 급부상하자 일제는 항일의식이 확산할 가능성을 경계하면서도, 그다지 심각하게 여기지는 않았다. 일제가 1938년 작성한 '김일성이라는 인물에 대하여'라는 문건에 해당 정보와 판단이 담겨 있다.

> 김일성은 겨우 27세 젊은이로서 보통학교 정도 교육을 받은 데다 만주 벽지를 오랫동안 떠돌아다녀 정세 판단력이 전혀 없으며 조선을 사랑한다고 떠들면서 정작 국내에 침투해 무모한 백성의 곡식과 금품을 강탈해 사복(私腹)을 채우는 비적에 불과하다. 병력은 기껏해야 400~500명 남짓이며 살인·강도짓을 일삼으면서 조선 독립, 공산주의 실현과 같은 황당무계한 언사를 지껄이는 과대망상가이기도 하다."[5]

그런데도 김일성은 회고록 『세기와 더불어』에서 보천보전투의 결행 동기와 의미를 극도로 미화했다. 전투를 조직하고 지휘한 목적

---

4 위의 글, 466~469쪽.
5 위의 글, 477~478쪽 재인용.

은 '민족 재생의 전기 마련과 항일 혁명투쟁의 질적 도약'이라고 자평했다. 무장투쟁으로써 민족 재생의 서광을 비추어 조국해방을 향한 민족사의 전기를 마련하자는 것이 보천보전투의 대의였다는 자랑도 했다. 1930년대 전반까지 만주 유격대의 국내 진격이 매우 제한된 상황에서 대규모 무장부대가 국내 깊숙한 곳으로 잠입해 총성을 울림으로써 항일혁명 분위기를 고조시킬 필요성을 절감했다는 의미도 부여했다. 보천보전투는 2,300만 조선 민족을 항일전선으로 불러내 자력으로 조국해방의 숙원을 성취할 수 있는 대통로를 개척한 의미를 지닌다는 장광설도 늘어놓았다. 김일성이 국내 진공의 절박성을 느낀 데는 일제의 한글 말살 정책의 영향을 받았다고 소개했다. 한글 말살은 민족의 정신적 존재를 없애는 것으로 판단해 수수방관할 수 없었다는 것이다.

거물급 공산주의자인 이재유(1903~1944)의 체포를 계기로 조선 공산주의 운동에 종지부를 찍었다는 언론 보도에도 영향을 받았다고 했다. 김일성은 1937년 5월 초순 조선총독부 기관지인 〈매일신보〉를 통해 이재유의 체포 소식을 접했다. 여섯 차례나 검거되고도 그때마다 탈출에 성공했던 이재유가 일곱 번째로 붙잡힌 사실을 전하는 특집기사에서 〈매일신보〉는 "공산주의 운동 20년 역사의 최후 거물" 등의 표현을 써 가며 "한인 공산주의 운동이 완전히 끝났다"고 단언했다. 1936년 12월 이재유가 일곱 번째로 검거될 당시도 일제는 "이제 조선의 공산주의 운동은 종말을 고하게 됐다"며 축하 파티를 열 정도였다.

1930년대에 서울을 중심으로 활동한 이재유에게는 실제로 '당대 최고 혁명가, '1930년대 좌익운동의 신화', '지하혁명 역사에 최고 기록 남긴 영웅' 등 수식어가 붙어 다녔다.[6] 이재유는 1936년 12월 25일 '조선공산당 재건 경성 트로이카'의 기관지인 〈적기〉 제3호를 배포하려고 자택 부근 산에 올라갔다가 경찰 수백 명에 포위돼 붙잡혔다. 신출귀몰하던 이재유도 이번 7차 피검에서는 빠져나오지 못해 징역 6년을 선고받고 만기를 채웠다. 출소 후에도 미전향을 이유로 청주보호감호소로 이감됐다가 폐결핵 등으로 1944년 10월 사망했다. 감옥에서도 조선말 사용 금지에 반대하고, 수감자 대우 개선 등을 끈질기게 요구하는 감방 투쟁을 벌였다. 간수와 죄수를 상대로 공산주의의 우수성을 가르친 일화도 유명하다.[7]

김일성은 이재유가 일본에서 고학하다가 노동운동에 투신했고 귀국 후에는 함흥 일대를 드나들며 노동자·농민운동을 지도했다고 추켜세웠다. 다만, 이재유의 체포로 조선 공산주의 운동이 막을 내린 것처럼 과장한 것은 공산혁명을 불신케 하려는 일제의 지능적인 속임수라고 판단해 혁명 열기를 되살리려고 국내진공을 결심했다고 기술했다.

김일성 회고록에서 '보천보 신화' 완성

보천보전투 감행 시기를 6월 4일로 선택한 것은 최현이 이끄는 제

---

6 김경일, 「이재유, 좌절된 사회 혁명에의 꿈(인물 바로 보기 4)」, 『내일을 여는 역사』 제13호(역사와책임, 2003), 226쪽.

7 안태성, 「일제시대 불굴의 혁명가, 이재유(역사와 인물)」, 〈길〉 제4호(길을 찾는 사람들, 1992), 153쪽.

1로군 4사가 유격전을 벌이다 일본군에 포위됐다는 소식을 듣고 아군 구출과 국내진공을 동시에 달성하려는 차원이었다고 회고했다. 보천보전투 당시 상황도 언급했다. 자신이 밤 10시께 경찰 주재소 부근에서 권총을 높이 들고 방아쇠를 당기면서 총격전이 시작됐다고 적었다.

심야 총성을 듣고 주민들이 삽시간에 모여들자 김일성은 즉석 반일 연설을 하고 불타는 보천보를 뒤로 한 채 부대원들과 함께 퇴각했다고 했다. 보천보전투가 대포나 비행기, 탱크 등의 지원 없이 이뤄진 소규모 전투였고 사상자가 거의 없었던 사실은 김일성도 인정했다. 그러면서 이 전투는 유격전에 필요한 모든 조건을 가장 성공적으로 수행한 것이라고 극찬했다. 목표 설정, 시간 선택, 기습공격, 방화 선동, 충격 선전 등이 완벽하게 어우러진 입체작전이었다는 것이다. 군사적 측면과 별도로 정치적 의의는 훨씬 크다고 과장했다. "해와 달도 빛을 잃어 가던 조국 땅 보천보에서 밤하늘로 타오른 불길은 민족 재생을 예고하는 서광이었다"는 허장성세였다. "민족 재생의 서광이 비쳤으니 감격과 흥분이 온 강산을 진하게 감동케 했다"는 소감도 피력했다.

북한은 김일성 회고록을 토대로 "보천보전투의 최대 의의는 조선 인민이 죽지 않고 살아 있음을 만방에 과시했을 뿐만 아니라, 싸우면 민족 독립과 해방을 반드시 이룰 수 있다는 믿음을 인민들에게 안겨 준 것"이라 선전한다. 일제 식민통치를 끝장내고 민족 자주권을 되찾으려는 조선인의 억센 의지와 불굴의 정신을 국내외에 널리 입증했다는 것이다.

한 발 더 나아가, 조선 해방은 연합국이나 소련의 지원이 아닌 김일성의 '최후공격작전'에 의해 이뤄졌다고 설명한다. 조선인민혁명군 부대들이 김일성의 명령을 받아 일제 침략군을 격멸했고, 이에 호응한 조선 인민들이 항쟁을 벌여 일제를 몰아냈다는 것이다. 김일성이 중국공산당이나 소련공산당 군대에서 활동하면서 프롤레타리아 국제주의라는 도그마에 갇혀 민족해방투쟁에서 멀어졌다는 게 상식인데도, 김일성을 우상화하기 위해 역사를 왜곡했다.[8] 공산주의자들이야말로 조국과 민족을 가장 열렬히 사랑하는 참된 애국자이며, 민족해방 위업을 완수해 나갈 수 있는 가장 헌신적이고 책임 있는 투사라는 사실을 보여 줬다는 점도 보천보전투의 성과라고 북한은 자랑한다.

몽양 여운형이 전투 소식을 듣고 큰 잔치를 벌인 뒤 보천보까지 찾아가 일제의 패배를 직접 확인했으며, 김구는 "배달민족이 살아 있다"며 나라 잃은 통분의 한을 달랬다는 소문이 있으나, 진위는 확인하기 어렵다. 김구의 경우 1919년 상하이임시정부 시절부터 공산주의 반대 노선을 일관되게 유지했다는 점에서, 그런 발언을 실제로 했을지 매우 의심스럽다.

김일성은 화베이에서 활동하던 조선독립동맹과 조선의용군에 많은 관심을 보였다고 적음으로써, '종파투쟁'을 부정하는 자기모순에 빠지기도 했다. 당시 최창익이 두 세력의 운동을 동격으로 평가

8 예대열, 「『세기와 더불어』에 서술된 북한 민족해방운동사 인식의 변화상과 함의」, 『한국근현대사연구』 제55호(한국근현대사학회, 2010), 253쪽.

했다가 종파주의자로 몰려 숙청됐기 때문이다.[9]

김일성은 역사적 사실을 자신을 중심으로 재해석함으로써 신뢰성을 크게 떨어뜨렸다. 1936년 '남호두회의'에서 김일성이 제시한 반일 민족통일전선 결성을 비롯한 전략 임무가 1940년 8월께 모두 해결됐다는 게 대표 사례. 김일성의 회고대로라면 1936년 일제의 탄압으로 와해한 재만 조선인 조국광복회를 비롯한 유사 조직이 재건되지 못한 이유를 설명할 수 없게 된다. 1937~38년 항일연군 유격대 인원이 최대 3만 명까지 늘었다가 1940년쯤 1,000여 명으로 축소된 이유와, 유격대의 급격한 위축을 만회하기 위해 소련으로 월경한 제1로군의 상황도 이해할 수 없게 된다.[10] 항일연군 최고지도자인 저우바오중의 일기에는 김일성이 1940년 10월 23일 월경했다고 적었는데 김일성은 11월에 소련 땅을 밟았다고 회고한 점도 사실 규명이 필요하다. 김일성의 월경은 제1로군 지휘부를 이탈하는 등 기회주의적인 성격이 짙다고 저우바오중은 비판했다. 실제로 제1로군의 월경은 제2로군이나 제3로군에 비해 매우 허술하게 이뤄졌다.

9 예대열, 「김일성 회고록 『세기와 더불어』」, 『국제고려학회 서울지회 논문집』 제13호(국제고려학회, 2010), 232-234쪽.

10 신주백, 「(서평) 진실에 더욱 다가선 김일성회고록: 김일성, 『세기와 더불어』(계승본) 8, 조선로동당출판사, 1998」, 『통일시론』 제2호(청명문화재단, 1998), 204-208쪽.

동아일보, 김일성을 일약 스타로

김일성이 10대 후반에 빨치산부대 지휘관에 발탁돼 벼락출세한데는 1930년대 조선인 공산주의자들을 학살한 민생단사건의 영향이 컸다. 거물급 조선인 항일 투사들이 일본 밀정으로 몰려 떼죽음을 당해 생긴 빈자리를 김일성이 차고 들어간 덕에 초고속 승진을할 수 있었다.

1933년 하급 간부였던 김일성은 이듬해 9월 동북항일연군의 전신인 동북인민혁명군 제2군 제3연대 참모장으로 발탁된 데 이어 1935년에는 정치위원이 됐다. 군내(軍內) 공산당 명령 불복이나 반란 예방이 주임무인 정치위원의 권한은 막강했다. 지금도 북한은 정치위원을 통해 군을 통제한다. 북한 노동당 중앙군사위원회 직속 기구인 정치부가 군 정책을 결정하고 사상교양을 지도한다. 군내 승진과 입당 등에도 막강한 영향력을 끼친다. 이 때문에 명절 무렵에는 정치위원 집에 수많은 군 장교가 드나든다.[11]

김일성은 1936년 3월에는 동북항일연군 제2군 산하 4개 사단 중 하나인 제3사를 이끌었다. 이름만 사단이지 병력은 300~400명으로 오늘날 대대급 부대보다 작았다. 그런데도 제2군을 통틀어 조선인 지휘관은 제1사단장 안봉학과 김일성밖에 없었고 윗선은 중국인이었으므로, 김일성은 항일연군의 한인 가운데 가장 출세한 셈이

---

11 정성임, 「북한의 "선군정치"와 군의 역할」, 『국방연구』 제47권 1호(국방대학교 안보문제연구소, 2004), 124-128쪽.

다. 김일성이 24세에 한인 최고직을 차지한 것은 특별한 능력 때문이 아니라 중국공산당 동만특위가 한인 간부들을 무더기로 처형한 데 따른 무임승차였다. 당시 공산당과 군 고위층에 대거 포진한 한인을 중국인으로 교체하려고 한인 유격대 간부와 대원 431명을 총살했다. 이런 상황에서 김일성이 생존한 이유는 미스터리다. 제2군 3사 정치위원으로 김일성이 1931년 중국공산당에 입당할 당시 인사 검증을 담당한 차오야판(조아범)의 보증으로 목숨을 구했다는 소문이 있으나 증거는 없다.[12] 김일성이 제5군 군장인 저우바오중의 명령으로 1934년 10월 왕칭현 유격대대와 함께 제1차 북만(北滿) 원정을 떠난 덕에 피바람을 피했다는 소문도 있다. 김일성을 총애한 저우바오중이 미리 손을 써 목숨을 건졌다는 것이다.[13] 중공 동만특위가 한인 상관이나 동료를 민생단원으로 밀고하면 보상했다는 점에서, 김일성이 동족을 팔아넘긴 대가로 파격 승진을 한 게 아니냐는 의심도 적잖다. 다만, 김일성이 행운을 누린 데는 1936년 7월의 코민테른 7차대회의 영향이 크다. 이 회의에서 한인 탄압 중단을 지시했다.

이후 김일성은 항일연군 간부로서 1년 만에 보천보전투를 감행해 졸지에 항일 영웅 반열에 오르게 된다. 한중 국경지대인 창바이현에서 활동한 덕에 국내 언론에 자주 언급되고 동포들의 입에 수

---

12 정병일, 「"반민생단투쟁"의 정치사적 의의: 김일성 부상과 조국광복회 성립의 동인」, 『사회과학연구』 제16권 1호(서강대학교 사회과학연구소, 2008), 592~594쪽.

13 신주백, 「김일성의 만주항일유격운동에 대한 연구」, 『역사와 현실』 제12호(한국역사연구회, 1994), 170쪽.

시로 오르내린 것이 인기 비결이었다.

국내 언론 최초 보도는 '비적질' 초점

보천보전투를 특종 보도한 〈동아일보〉는 사건 다음 날인 6월 5일 호외 신문을 두 차례 배포한 데 이어 후속 보도를 이어 갔다. 〈동아일보〉 특종 보도 이후 〈조선일보〉와 〈경성일보〉 등 다른 신문들도 뒤늦게 보천보전투를 크게 다루며 열띤 취재 경쟁을 벌였다.

〈동아일보〉가 가장 먼저 이 사건을 터트릴 수 있었던 것은 혜산진 주재기자 양일천이 조국광복회 회원으로 활동하면서 해당 정보를 미리 입수한 덕분이다. 조국광복회는 코민테른 7차대회에서 채택한 '만주 반제 통일전선' 지침을 토대로 결성돼 창바이현 일대에 주둔한 동북항일연군 제2군 6사와 함께 한반도 진공을 준비하고 있었다.[14] 조국광복회 지부에는 상당수 천도교 신자가 포함됐다. 공산 세력이 존립 자체를 위협받던 상황에서 민족주의자나 종교인의 힘을 빌려 일제 탄압을 피해 보려는 일종의 기만술이었다.

기사가 특별히 대서특필된 데는 양일천 기자의 성향도 한몫했다. 성공회대 한홍구 교수가 2006년 출간한 『대한민국사』에는 양일천과 관련한 이야기가 자세히 실려 있다. 김일성이 조국광복회 조직을 국내로 확대할 때 협력한 천도교 지도자 박인진의 제자가 양일천이었다고 한다. 지하당 구축 등 혐의로 34년간 복역하다 출소한 다음에도

---

14 백정윤, 「'주보중 일기'를 통해 본 동북항일연군 제2로군 조선인 대원들의 활동 (1936~1941)」, 『한국근현대사연구』 제68호(한국근현대사학회, 2014), 224-225쪽.

공산주의 신념을 유지하다 1993년 3월 판문점을 거쳐 북송돼 '통일 영웅'으로 추앙받은 비전향 장기수 이인모(당시 89세)도 박인진의 제자다. 양일천은 김일성에게 매우 우호적이었다. 그런 성향은 「국경의 밤」의 시인 김동환이 발행하던 당대 최고 대중지 〈삼천리〉 1937년 10월호에 기고한 '국경의 비적 수괴 김일성 회견기'에서도 발견된다. 김일성도 훗날 회고록에서 "보도 관제가 심한 때에 잡지 〈삼천리〉가 이런 정도의 기사를 실었다는 것은 놀라운 일"이라고 호평했다.

〈동아일보〉가 호외를 발행한 것은 조선총독부의 보도 통제를 의식한 편법이라는 주장이 있다. 항일 세력을 '비적'으로 칭하는 총독부의 방침을 따르되, 김일성이라는 조선식 이름을 기사 중간에 슬쩍 집어넣어 항일조직이 건재하다는 사실을 널리 알리기 위해서였다는 것이다.

그러나 이런 해석은 당시 상황에 대한 무지에서 비롯됐다. 조선총독부의 강제 창씨개명은 1939년 조선민사령 제11조를 개정하고 이듬해 1940년 2월 11일부터 이뤄졌다. 따라서 1937년에는 '조선식 이름'을 신문에 싣는다고 해서 불이익을 받지는 않았을 것이다. 게다가 당시 총독부는 일본식 창씨개명을 강하게 반대했으므로 조선식 이름을 단속했을 리 만무하다. 총독부는 창씨개명을 하면 한국인과 일본인의 구별이 어렵다는 이유로 한동안 민사령 개정에 동의하지 않았다. 더욱이 개정 민사령 부칙은 "조선인 호주는 새로 씨(氏)를 정하여 6월 이내에 부윤(府尹) 또는 읍면장에게 제출하여야 한다"는 경과규정을 뒀으므로 1942년 8월까지 법령 효력이 유보돼, 단속 근거가 사실상 없었다.[15]

다만, 〈동아일보〉는 중일전쟁을 앞두고 삼엄한 경계망이 펼쳐진 국경지대가 쉽게 뚫린 사실에 초점을 맞춰 보도하기는 쉽지 않았을 것이다. 국경 일대가 충분히 안정됐다고 자신한 일본군이 허를 찔렸음을 폭로하는 것이기 때문이다.

병력 규모가 100명 이상인 무장세력이 국내진공 후 일본군과 교전한 것은 거의 2년 반 만이었다. 이홍광이 이끄는 동북인민혁명군 제1군 산하 병력 200여 명이 1935년 2월 평안북도 후창군 동흥읍을 습격한 이후 처음 생긴 대형 사건이었다. 후창전투는 1934년 4월께 중공 판스(반석)현위원회가 조선혁명군과 국민부에 연대투쟁을 제안한 이후 최대 규모로 치러졌다. 당시 〈동아일보〉는 "동북인민 ○○군 200여 명이 동흥읍을 습격하야 사상자 다수를 내인 사건은 평북 국경경비 사상 가장 커다란 기록이다"라고 보도했다.[16]

〈동아일보〉는 후창전투를 객관적으로 서술한 데 반해 보천보사건은 '범죄'에 방점을 두고 보도했다. 다른 국내 신문들의 보도도 비슷했다. 김일성이 이끄는 화적이 관공서와 민가를 약탈했다는 논조였다. 북한의 주장처럼 "일본군 토벌로 소멸한 줄 알았던 한인 유격대의 존재감을 확인시켰다"는 식으로 보도한 언론은 없었다. 그런데도 호외까지 뿌려 가며 대서특필한 것은, 검열이 심해진 1930년대

15 정주수, 「일제강점기 창씨개명 법제해설(1)」, 『사법행정』 제56권 9호(한국사법행정학회, 2015), 38쪽.

16 황민호, 「1930년대 재만 조선혁명군의 항일무장투쟁과 한·중연합작전의 동향: 국내언론의 보도 내용과 경향을 중심으로」, 『한국민족운동사연구』 제87호(한국민족운동사학회, 2016), 181쪽 재인용.

에 사건·사고 위주로 특종 경쟁을 벌이던 언론 환경과 동아일보의 특수한 사정 때문으로 추정된다.

세인의 눈길을 끌 만한 살인이나 강·절도사건 등을 단독으로 취재하면 신문 1면이나 사회면 톱으로 다루는 전통은 1990년대 문민정부까지 이어졌다. 경쟁 언론사보다 취재력이 뛰어나다고 자랑하려는 편집 관행이었다. 이런 시기에는 단순한 사건이라도 단독 기사라면 정치, 경제, 국제 분야의 굵직한 뉴스를 밀어낼 만큼 위력이 컸다. 〈동아일보〉가 베를린 올림픽 마라톤 우승자인 손기정의 일장기 말소사건으로 정간됐다가 복간된 지 사흘 만에 건진 특종이라는 점도 영향을 끼쳤을 것이다. 복간(復刊) 사실을 독자들에게 알려 판매 부수를 늘리는 데 대형사건 보도만큼 유용한 수단이 없었을 것이다.

김일성이 고작 '떼강도'를 지휘하고도 '독립 영웅' 소문을 들은 데는 개명 효과도 컸을 것이다. 1912년 4월 15일 평양 태생의 김일성의 본명은 김성주였다. 나라의 기둥이 되라는 뜻으로 부친 김형직이 지어준 이름이다. 김일성으로 바뀐 것은 중국공산당에 입당한 1931년 무렵이다. 태양 같은 지도자가 되라는 동지들의 권유로 '일성(日成)'으로 개명했다고 북한은 가르친다.

하지만 김일성 일가와 관련한 역사 왜곡이 워낙 많아서 사실 여부는 확인하기 어렵다. 일례로 "역사적인 3·1봉기는 평양에서 대중적인 독립 만세 시위 투쟁을 첫 봉화로 타오르기 시작했다. 시위 투쟁은 애국적인 청년 학생들 특히 반일 민족해방운동의 탁월한 지도자이신 김형직 선생께서 일찍이 혁명의 씨앗을 뿌리시고 반일 독립운동의 믿음직한 거점의 하나로 꾸려 놓으신 평양 숭실학교의 애국적

청년 학생들이 주동이 되어 일어났다"는 북한 백과사전도 거짓투성이다. 시위운동 주도자가 손병희가 아닌 숭실학교 청년 학생으로 날조되고, 시위 장소도 서울이 아닌 평양으로 서술했다. 숭실학교 설립자도 김형직이 아니라 선교사 윌리엄 베어드다.[17]

2011년 기밀 해제된 미국 중앙정보국(CIA) 문서에도 김일성의 개명 과정이 북한 백과사전과 다르게 적혔다. 강경 좌경 노선을 주도하던 중국인 리리싼의 총애로 김일성이라는 이름을 받아 사용했다는 것이다. 김일성은 영특하지 않았고 제대로 된 교육을 받지 못했지만, 잔인하고 비인간적인 행동을 일삼은 덕에 리리싼에게 발탁돼 중국공산당에 입당할 수 있었다는 내용도 CIA 문서에 기록됐다.[18]

여러 '김일성'의 명성 한 몸에 독차지

개명 동기가 무엇이든 김일성이 이름을 바꾼 후 순식간에 유명인이 된 것은 사실이다. 1919년 이후 간도에서 김일성이라는 이름으로 독립투쟁을 하던 10여 명의 공로를 독식한 덕분이다. 그전까지 '김광서, 金一成, 金日星, 金日成, 金一星, 김종수, 조선공산당 만주총국 간부 김일성, 간도 5·30사건 주동자 김일성' 등이 모두 김일성으로 불렸는데, 보천보전투 이후 이들은 모두 사라지고 북한 김일성

---

17 박세준, 「천도교를 중심으로 본 북한 김일성 개인숭배의 보편성과 특수성」, 『사회사상과 문화』 제22권 2호(동양사회사상학회, 2019), 131-132쪽.

18 「미 CIA "북한 김성주(김일성으로 개명), 학창시절부터 사람 죽여"」, 〈월간조선〉 2017년 11월 9일.

만 국내외 한인사회에서 자주 거론되며 영웅으로 부상했다.[19]

식민통치로 실의에 잠긴 조선인들이 보천보전투를 계기로 항일 의식이 고취되고 사기가 올라갔다는 북한 주장은 설득력이 약하다. 1937년 6월 이후 광복 때까지 눈에 띄는 독립활동이 없었고 대규모 항일 무장단체가 조직되지도 않았다. 보천보전투는 항일 역량을 키우기는커녕 국내 항일 지하조직을 궤멸시키는 독배로 작용했다. 유격대를 배후 지원해 온 조국광복회가 사건 직후 일망타진돼, 어렵사리 구축한 항일단체가 뿌리째 뽑혀 버렸다. 보천보전투는 만주 항일 유격대는 물론 국내 지하조직에도 심각한 악영향을 미쳤다. 일본군의 토벌과 고립작전으로 상당수 유격대원이 죽거나 투항했고 지하조직은 무너졌다. 조국광복회 관련자 737명이 체포돼 166명이 투옥됐다.[20]

전투는 무장세력끼리 벌이는 싸움이라는 점에서 보천보 '전투'라는 명칭도 부적절하다. 보천보에는 군인이 없었고 주재소 경찰만 5명 있었다. 이들은 주재소 소장의 전보발령 환송연에서 술을 마시다 총격을 받고 도주했다. 야간 기습공격을 감행하고도 일경 단 한 명의 터럭조차 건드리지 못한 채 면사무소와 우체국, 학교 등을 불지르고 상가 재물을 약탈하고 아녀자 2명을 살해했다는 점에서 이 사건은 전투보다 떼강도 방화사건이 더 어울린다.

19 서대숙, 「특집토론: 김일성의 정체(1)」, 『북한』 제210호(북한연구소, 1989), 100쪽.
20 조우찬, 「1930년대 중반 한인민족해방동맹의 항일투쟁의 특징과 역사적 재평가」, 『동북아역사논총』 제54호(동북아역사재단, 2016), 176쪽.

전투로 인정하더라도 그 공로를 김일성이 독식하는 것은 무리다. 박금철과 박달 중심의 조국광복회가 김일성 부대를 지원했다. 총격에 앞서 면사무소와 우체국, 산림보호구, 소방회관 등에 불을 지르고 전화선을 끊었다. 탄약과 식료품, 포목 등 약탈품을 압록강까지 운반한 것도 이들이었다.

심지어 그날 보천보에 김일성이 없었다는 증언도 있다. 조선족 출신 재미동포 작가인 유순호의 『김일성 평전』에 그런 주장이 다수 등장한다. 유순호는 약 20년 동안 만주 동북 3성 항일투쟁지를 돌며 항일연군 생존자 등 200여 명을 만나 증언과 자료를 구하고 남북한과 중국, 일본 문서 등을 분석해서 김일성의 출생부터 광복까지 33년 일대기를 정리했다. 『김일성 평전』에 따르면 김일성은 보천보 전투 현장에 나타나지 않았고, 심야에 총성을 듣고 몰려든 주민을 상대로 즉석연설을 한 적도 없다. 유순호는 "김일성과 북한 당국은 너무 염치가 없다. 항일투쟁사를 왜곡하여 남이 한 일도 다 김일성이 한 것처럼 꾸며 대는 모습은 조금이라도 더 예쁘게 보이려고 끝없이 분칠해 대는 시골 기생의 천박한 모습을 방불케 한다"라고까지 비꼬았다.

『김일성 평전』에서 언급한 전투 인원도 『세기와 더불어』에 나오는 병력 약 170명보다 40명 정도 적다. 6사가 독자적인 한인부대라는 북한 주장에도 유순호는 동의하지 않는다. 중국공산당에 편제된 6사의 참모장 왕쭤저우(왕작주)와 연대장, 중대장 등 대부분 간부가 중국인이기 때문이다. 보천보전투 참전 대원도 한인보다 중국인 숫자가 더 많았다고 했다.

허동찬 전 도쿄도립대 교수도 김일성은 보천보전투와 무관하다고 주장한다. 1934년 8월 왕칭유격대 관련 기록에는 인민혁명군 왕칭연대 정치위원과 그보다 계급이 낮은 중대장 이름이 모두 김일성으로 적혔는데, 이들이 활동 무대를 북만주로 옮겨 안투현과 우쑹(무송)현, 창바이현 등을 거쳐 1937년 6월 보천보를 습격했다는 것이다. 왕칭유격대는 1930년 6월 왕칭 라자구에서 중국공산당원으로 활동하던 김근에 의해 건립된 무장단체다.[21] 보천보를 습격한 게 왕칭유격대라면, 하급간부에 불과한 김일성이 보천보전투를 주도했다는 주장은 허위다.

'소련에서 5년' 감추려 보천보 부풀리기

북한은 1960년대 말부터 보천보전투를 김일성의 최대 업적 중 하나로 칭송하며 김일성 신격화 작업에 활용했다. 북한이 거짓과 왜곡으로 보천보전투 선전에 열을 올린 데는 여러 요인이 작용한다. 항일투쟁 업적이 국가지도자의 최고 조건으로 평가받던 시기에 김일성은 자신의 약점을 감추려고 경력을 날조했을 개연성이 크다.

김일성은 소련 스탈린의 지원으로 젊은 나이에 집권에 성공했으나, 경쟁자들보다 항일투쟁 업적이 크게 뒤진 탓에 권력 기반이 취약했다. 과거를 세탁하고 분칠을 해서라도 빈약한 정통성을 보강하

---

21 서대숙, 「특집토론: 김일성의 정체(1)」, 98쪽.

려는 유혹을 받을 만한 처지였다. 해방 전 5년 동안 사실상 항일투쟁을 중단한 채 안전한 소련에서 생활했다는 점에서도 경력 부풀리기는 필요했다.

김정일도 소련 도피 시절 출생

김일성은 일본군의 대대적인 소탕과 고립작전으로 생존 위협을 느끼자 1940년 만주에서 소련으로 도피했다. 한때 3만 명에 달하던 동북항일연군의 병력은 약 1,500명으로 급감한 상태였다. 잔존 병력 가운데 일부는 중국공산당 산하 팔로군에 입대했고, 김일성을 포함한 상당수는 피란길에 올랐다. 당시 소련 땅을 밟은 항일연군 소속 한인과 중국인은 약 600명이었다. 이들은 중소 국경지대인 우수리스크와 하바롭스크 인근에 각각 마련된 임시 캠프 남야영(B캠프)과 북야영(A캠프)에 수용됐다.[22]

이듬해인 1941년 2월 우수리스크와 가까운 하마탄에서 김정일이 태어났다. 이곳은 1937년 연해주 한인 약 17만 명이 중앙아시아로 강제 이주당할 당시 열차 출발지다. 그러나 북한은 김정일 우상화 차원에서 김정일이 소련에서 태어난 것을 백두산 삼지연 밀영에서 태어났다고 선전한다. 북한은 1970년대부터 백두산 혁명전적지구를 조성하고 귀틀집을 지어 김정일 생가로 포장했다. 김정일의 생모 김정숙이 사용했다는 '3호 밀영', 김일성이 묵었다는 '사령부 귀

---

22 백정윤, 「'주보중 일기'를 통해 본 동북항일연군 제2로군 조선인 대원들의 활동 (1936~1941)」, 215쪽.

틀집', 경위대 대원들이 이용한 '경위대병실' 등도 건립했다.[23] 북한은 해마다 노동당 간부와 군인, 학생, 주민 등을 동원해 이곳을 답사하도록 함으로써 김일성 부자 우상화에 안간힘을 쓰고 있다.

김정일이 태어날 당시 김일성은 B캠프에서 미래를 기약할 수 없는 나날을 보냈다. 1940년 10월 밀입국 혐의로 투옥됐다가 중국인 상관 저우바오중의 신원보증으로 풀려나 캠프에 막 수용된 상황이었다. 소련은 1942년 7월 수용자들을 소련 극동군 산하 특별독립 88여단에 편입했다. 88여단은 항일연군 551명과 귀순 만주군 71명, 중국인, 한인 등 1,500여 명으로 구성된 부대였다. 여단장은 중국공산당 만주성위 서기 겸 항일연군 제5군장 저우바오중이 맡았다. 부여단장과 정치위원 등 요직은 소련인이 차지해 부대를 엄격히 통제했다.

김일성은 대위 계급을 달고 88여단 1대대장에 임명돼 1945년 해방 때까지 군사훈련과 적색 교육을 받았다.[24] 항일투쟁 경력이 얕은 김일성이 연장자들을 제치고 대대장이 된 데는 이름 영향이 컸다. 김일성은 한중 국경지대에서 주로 활동하느라 일본군이나 만주군과 생사를 겨루는 일이 거의 없이 주로 강 건너 한반도를 드나들며 분탕질을 했다. 그런데도 만주 최대 항일투사로 이름난 것은 보천보사건을 대서특필한 국내 언론 덕분이었다. 당시 88여단 한인 가운

---

23 「김정일 생가라는 백두밀영은 어떻게 탄생했나(탈북 1호 박사 이애란의 북한통신)」, 〈조선일보〉 2014년 10월 22일.
24 周保中, 『東北抗日遊擊日記』(人民出版社, 1991), 660쪽.

데 신원이 확인된 55명의 평균 학력은 소학교 3학년 수준이었고 김일성과 임춘추, 안길, 김책, 서철 등 중등교육을 받은 장교 5명은 훗날 북한 권력의 중추가 된다.[25]

88여단의 임무는 제한됐다. 만주와 북한 주둔 일본군 동향 수집, 간첩 교육, 공중침투 훈련 등이었고 항일투쟁은 하지 않았다. 소련이 일본을 자극할 여지를 없애려고 군사행동을 일절 금지했기 때문이다. 소련과 일본은 1941년 4월 상호 침략을 부인하고 제3국과 적대관계 돌입 시 중립을 보장하는 내용의 조약을 체결한 상태였다.

소련 극동군에는 항일연군 말고도 상당수 한인이 있었다. 이들도 훗날 북한군 창설에 참여하지만, 해방 이전에는 훈련과 교육에만 주력했다. 일부 부대원은 1945년 7월 소련군이 만주로 진격할 때 합류했고, 김일성은 해방 한 달 뒤 북한에 입국했다. 소련군이 일본군을 내쫓고 북한을 완전히 장악한 시기에 무혈입성했다. 소련으로 도망간 1940년부터 환국까지 5년간 김일성은 항일투쟁과 무관했는데도 북한에서 열렬한 환대를 받았다. 가짜뉴스 덕분에 단박에 민족 영웅 반열에 오른 김일성은 귀국 직후 '벼락출세'의 대가를 치르기도 했다. 1945년 10월 14일 평양공설운동장에서 열린 김일성 환영대회에 나갔다가 싸늘한 반응만 접해야 했다. 전설로만 듣던 민족 영웅을 보려고 100리 길도 멀다 않고 몰려든 군중은 막상 김일성을 보는 순간 두 눈을 의심했다. 스포츠형 머리에 까무잡잡하고 호

---

25 김국후, 『평양의 소련군정: 기록과 증언으로 본 북한정권 탄생비화』(한올 아카데미, 2008), 61~63쪽.

리호리한 체격의 33세 청년과 그동안 상상해 온 영웅의 모습은 너무나 달랐기 때문이다. 이때부터 김일성 가짜설이 급속히 퍼져 절정의 인기는 식어 갔다. 그런데도 김일성이 새파란 나이에 소련파와 연안파, 국내파 거물 공산주의자들을 제치고 최고권력을 차지한 데는 소련군의 전폭적인 지원이 주효했다.[26]

김일성 도주 후 만주 남아 싸운 건 허형식뿐

북한에서는 김일성이 소련 망명 이후 1942년까지 소규모 유격대를 이끌고 연해주와 만주, 백두산 등을 오가며 간헐 투쟁을 했다고 선전한다. 1942년 7월에는 소련인, 중국인, 한인 등으로 국제연합군을 편성해 일제 격멸과 제2차 세계대전 승리를 도왔다는 주장도 했다. 하지만 이를 뒷받침하는 증언이나 자료가 없다. 김일성의 건국 동지인 최용건과 김책, 안길, 서철, 김일, 최현 등의 행적도 대체로 비슷하다. 항일연군 제3로군 총참모장 겸 제3군장 허형식과 유만희 등이 소련 망명을 거부한 채 만주에 남아 끝까지 항일투쟁을 하다가 전사한 것과 대조적이다.

허형식은 구한말 의병부대인 13도창의군 총대장으로서 서울 진공작전을 주도하다 서대문형무소에서 1호 사형을 받은 왕산 허위의 조카다. 왕산의 막내동생인 허필의 아들 허형식의 본명은 허극으로 중국에서는 지금도 공산혁명 영웅으로 추앙받을 만큼 항일 이력이 화려하다. 허형식은 항일연군에서 이홍광과 김일성, 주용건, 이학

---

26 서대숙, 「특집토론: 김일성의 정체(1)」, 102쪽.

복 등 간부들보다 더 높이 진급한 한인 최고위 인물이다. 계급 못지 않게 공적도 뛰어나 일본군의 지명수배자였다.[27]

　허형식의 제3로군은 330여 차례 전투를 치러 27개 지역을 점령했다. 기차역이나 군부대, 비행장 등을 습격해 사살하거나 생포한 만주군과 경찰은 1,557명에 달했다. 노획 무기는 기관총 7정, 박격포 4문, 기타 총기류 1,451정 등이었다. 허형식은 김일성부대가 소련으로 피신한 1940년 이후에도 만주 일대에서 항일투쟁을 이어 가다 33세에 전사했다. 1942년 8월 3일 헤이룽장성 칭안(경안)현에 산재한 소규모 부대를 지도하고 은신처로 귀환하는 길에 만주군의 공격을 받아 머리가 잘렸다. 대표적인 저항시인으로 꼽히는 이육사의 「광야」에 나오는 '백마 타고 오는 초인'이 허형식을 가리키는 것으로 추정된다.[28] 중국이 하얼빈에 건립한 동북항일연군 박물관에 자오상즈(조상지) 3군장과 허형식의 사진을 나란히 붙여 놓고 기념하는 것만 봐도 그의 위상을 알 수 있다. 중국인들은 자오상즈의 이름을 딴 상즈시(尚志市) 도심에 그의 기마 동상을 세워 놓고 기리고 있다.

　김정은과 그 딸 주애가 백두혈통임을 선전하기 위해 종종 백마를 타고 대중 앞에 나타난 모습을 허형식이 저세상에서 안다면 통탄할지도 모른다. 소련군 비호로 권력을 쉽게 장악한 김일성의 행적은 '만주 최후의 항일 빨치산'으로 통하는 허형식에 비해 너무나도 초라하기 때문이다.

27　유순호, 「북만주 항일의 별」, 『문예운동』 제63호(문예운동사, 1999), 298쪽.
28　장세윤, 「허형식, 북만주 최후의 항일 투쟁가」, 129쪽.

중국 정부가 공식 발표한 한인 항일영웅열사 명단에도 허형식, 이홍광, 이학복, 이봉선, 안순복 등이 올랐으나 김일성은 없다. 김일성은 1950년대 중엽 이후 정적들을 반당·반혁명 종파주의자로 몰아서 철저히 제거한 다음 허형식 등과 비교되는 상황을 피하려고 개인숭배에 열을 올렸을 개연성이 크다. 반종파투쟁이 끝난 1960년대에 들어 보천보전투가 갑자기 정권 차원에서 찬양된 것은 이런 배경에서 비롯됐다.

보천보 후폭풍으로 항일조직 궤멸

북한은 보천보전투의 실체뿐만 아니라 역사적 의의까지 날조한다. 보천보의 화전민들이 일본인의 폭압과 전횡으로 죽어 갈 때 빨치산들이 피맺힌 원한을 풀어 줬기에 김일성은 '핍박받는 인민의 구원자'라고 찬양한다. 그러나 보천보전투를 특종 보도한 〈동아일보〉기사부터 봐도 이런 주장은 완전한 허구다. 화전민의 한을 풀어주기는커녕 삶의 터전을 파괴했을 뿐이다.

〈동아일보〉는 사건 직후 양일천 혜산진 주재기자를 현지에 급파해 습격 당시 상황과 피해 현황을 등을 자세히 보도하면서 주민 반응도 전했다.[29] 르포 형식의 이 기사를 보면 경찰 주재소에는 총기

---

29 「김일성 이름 알린 '보천보 전투' 특종호외(D-Story 59)」, 동네(동아미디어그룹 공식 블로그, 2010년 11월 22일).

피습으로 생긴 작은 구멍이 벌집처럼 뚫려 있었고 우체국과 삼림보호소, 학교, 소방서 등은 밤새 전소돼 잿더미로 변했다. 면사무소에는 빈민구제용 보리 150여 석이 불탄 채 방치됐다. 주민 1,000명은 칠흑같이 어두운 산골 적막을 깨트린 총성과 관공서에서 치솟는 화염에 놀라 공포에 떨었다. 김일성부대가 퇴각한 이후에도 주민들은 재차 공격을 받을 수 있다는 불안감에 주요 살림살이와 옷가지 등을 머리에 이거나 등에 지고 정처 없이 피란길에 올랐다. 평소에도 마적단의 약탈에 시달리던 압록강 주변 촌락들이 100명 남짓한 무장 떼강도 소식을 듣고 생명의 위협을 느낀 나머지 집단이주에 나선 것이다. 산을 태우고 돌밭을 일궈 힘겹게 살아가던 화전민들이 보천보전투 탓에 삶의 터전을 잃었는데도 김일성이 이들의 원한을 풀어줬다는 선전은 명백한 역사 왜곡이다.

　김일성이 보천보 습격 직후 운집한 주민들의 열광적인 환호에 답하려고 역사적인 연설을 했다는 주장도 가짜다. 심야 총성과 방화에 놀란 주민들이 가로등도 없는 산골에서 피신하기에 급급한 상황에서 한가롭게 연설을 들었을 리 없었을 것이다.

北 역사책엔 청산리·봉오동 없이 '오직 보천보'

　〈동아일보〉는 김일성부대를 시종일관 '비적'으로 표현했다. 떼지어 다니며 사람을 해치고 도둑질을 일삼는 무장집단이라는 의미다. 〈동아일보〉는 무장대가 민간인 2명을 살해하고 무기와 생필품 등을 강탈한 사실에 초점을 맞춰 보도했다. 당시 공산주의자들은 공산혁명이라는 대의를 내세워 온갖 약탈행위를 일삼았다. 진짜 마적

단도 걸으론 항일투쟁을 표방했다는 점에서 두 집단 사이에 큰 차이는 없다.

동북항일연군의 최현이 식량 등을 협조하지 않으면 가차 없이 응징하겠다고 농민들을 협박한 대목에서도 강도 흔적이 발견된다. 동북항일연군 제2군 제1사 제1단 군수처장 최현 명의로 작성돼 지린성 퉁화(통화)현 소황구 일대 농민들에게 보낸 편지에는 "옥수수, 콩, 팥 등 3석 5두와 소금 10근을 이틀 안에 보내지 않으면 가차 없이 징벌할 것이다"라고 적혀 있었다.[30]

당시 신문들은 이런 자료와 농민 증언 등을 토대로 김일성부대를 "동포의 생명과 재산을 위협한 난폭한 약탈자"라고 비판했다. 김일성부대가 조선인 촌락을 습격해 주민을 한곳에 감금하고서 곡식과 돼지, 옷가지 등을 닥치는 대로 강탈한 탓에 동포들의 생존이 위태로워졌다는 기록도 있다. 유격대의 습격으로 가옥 40여 채가 소실돼 동포 200여 명이 아이들을 등에 업고 노부모와 함께 눈물을 머금고 피란길에 오르는 일도 있었다. 1936년 5월쯤에는 촌락 20여 곳을 돌며 식량 공급과 길 안내를 요구하고, 불응하면 방화하고 죽여 버린다고 협박했다. 쌀과 보리, 조, 소, 말을 얻는 데 그치지 않고 생아편까지 강요했다.

잡지 〈삼천리〉도 1937년 10월 동북항일연군의 강도 행각을 보도했다. '국경의 비적 수괴 김일성 회견기'라는 제목의 기사를 통해, 공비와 내통한 경찰이 약탈을 묵인하면서 정기 상납을 받았다고 전했

---

30 이명영, 『김일성 열전』(신문화사, 1974), 215쪽.

다. 유격대가 내세운 항일 구호는 허울일 뿐이었고 실제로는 만주국 경찰의 비호를 받아 양민을 약탈하는 비적단이었다는 것이다.

일제가 1937년 7월 루거우차오(노구교)사건을 트집 잡아 중국 장제스 정부와 전쟁을 벌인 중일전쟁을 전후한 시기에 언론 검열이 강화된 점을 고려해 행간을 따져 봐도 이들 보도에서 독립투쟁 흔적은 발견되지 않는다. 당시 일제는 내선일치 반대, 미국과 민족주의 옹호 등 기사를 보도하면 삭제 등 행정처분을 내렸다.[31] 하지만 보천보전투는 이들 조건에 해당하지 않아, 사실 위주로 전달했다면 불이익을 당하지 않았을 것이다.

보천보전투는 꺼져 가던 국내진공의 불씨를 되살렸다는 역사적 의미가 있다고 북한은 자랑하지만, 이것 역시 날조다. 이미 그 한 달 전인 1937년 5월 15일 항일연군 제1로군 제4사가 두만강을 건너 함경북도 무산군 촌락을 공격해 주재소를 파괴하면서 지휘관이던 최현의 목에 최고 현상금이 걸린 상태였다. 다만, 1937년 7월 중일전쟁을 앞두고 국경 일대를 완전히 통제했다고 자신한 일본군이 보천보전투를 계기로 삼엄한 경계망에 허점이 드러나 큰 충격은 받았을 것이다. 지금도 북한군에 의해 전방 철책선이 뚫리면 육군에 비상이 걸린다.

〈동아일보〉는 보천보전투를 '제2의 동흥사건'으로 표현했다. 동

---

31 Kim Junghwa and Moon Han byoul, "Trend of Censorship and Survival Strategy of the Media during the Period of Japanese Colonialism as Witnessed Through the Popular Magazine *Samcheonli*," *Journal of Korean Culture*, vol. 52 (한국어문학국제학술포럼, 2021), p. 279.

흥사건은 중국공산당 산하 한인 유격대의 국내진공 가운데 최대 규모로 평가된다. 동북인민혁명군 제1군 제1사장인 이홍광이 1935년 2월 평안북도 후창군 동흥읍 소재 경찰서와 금융조합 등을 공격해 재물을 털고 민간인 16명을 납치한 사건이다. 이 과정에서 일본 경찰 3명이 다치고 민간인 3명이 숨졌다. 그러나 북한은 보천보전투보다 역사적 의미가 훨씬 큰 동흥사건에는 정작 별다른 관심을 보이지 않는다. 김일성 신격화에 도움이 되지 않기 때문이다. 북한은 1920년 봉오동전투와 청산리전투, 1933년 둥징성전투 등도 역사책에 소개하지 않는다. 보천보전투를 최고 전공으로 날조하려는 목적에서다.

보천보전투를 일방적인 승리로 평가하는 것도 억지 논리다. 김일성부대가 퇴각 과정에서 적잖은 인명 손실을 겪었기 때문이다. 보천보 습격 1시간 만에 철수하던 김일성부대는 일본군 국경수비대 60명과 경찰관 31명으로 구성된 토벌대에 쫓기다 교전을 벌여 수십 명이 죽거나 다쳤다. 일본군 희생자는 전사 7명, 부상 14명이었다. 지청천과 양세봉이 이끈 민족주의 계열의 독립군이 불과 몇 년 전 만주에서 대승한 전투에 비하면 보천보전투는 초라하다. 양세봉이 지휘한 조선혁명군은 1929년 4월 결성된 국민부 산하 군사조직으로 활발한 무장투쟁을 벌여 혁혁한 전과를 거뒀고, 해당 사실은 〈조선일보〉를 비롯한 상당수 국내 언론을 통해 전해졌다. 조선혁명군이 중국공산당과 동북항일연군을 창설한 1936년 이후 주요 전투도 사실 위주로 언론에 보도됐다.[32] 북한이 주장하는 보천보전투 대승의 내막은 상처뿐인 승리, '피루스의 승리'일 뿐이다.

'보천보' 2년 반 만에 만주 항일조직 씨 말라

보천보전투를 계기로 김일성은 유명해졌으나, 사건의 후폭풍은 상상을 초월할 정도로 컸다.

1936년 5월 5일 한중 국경지대에 창설된 좌우합작 항일단체인 조국광복회가 일제 탄압으로 소멸한 게 최대 피해다. 조국광복회는 1935년 7월 코민테른 반파쇼인민전선 지침을 반영한 중국공산당의 '8·1 선언'으로 탄생한 항일조직이다. 이 선언에는 조선과 중국 인민의 항일 통일전선을 실현하기 위해 간도에 조선인 자치구 건립, 일제와 싸울 항일연합군 창설 등의 내용이 담겼다.[33] 불과 1년 전만 해도 한인 공산주의자조차 친일파로 몰아 학살을 일삼던 중국공산당의 획기적인 변신에 힘입어 조국광복회는 "모든 동포가 일치단결해 일제와 싸운다"는 구호를 내걸고 반일 성향의 천도교도와 일부 지주까지 폭넓게 수용해 출범했다. 간부진은 대부분 공산주의자로 채워졌다. 주요 임무는 군사시설 파괴, 군 수송 방해, 항일의식 고취 등이었다. 조직 결성은 항일연군 제2군 6사 출신 정치공작원들이 주도했다. 이들은 광복회원들에게 공산주의 사상을 가르치고 우수 인력을 당세포로 활용하기도 했다.[34] 조국광복회 산하에는 35개 소규모 조

---

32 황민호, 「1930년대 재만 조선혁명군의 항일무장투쟁과 한·중연합작전의 동향」, 174-176쪽.

33 정병일, 「"반민생단투쟁"의 정치사적 의의」, 600쪽.

34 성주현, 「1930년대 천도교의 반일민족통일전선운동에 관한 연구: 갑산·삼수·풍산·장백현 지역의 조국광복회를 중심으로」, 『한국민족운동사연구』 제25호(한국민족운동사학회, 2000), 203쪽.

직을 만들었다. 특정 단체가 일제에 적발됐을 때 꼬리 자르기 식으로 대처함으로써 다른 조직을 보호하려는 방편이었다.

하지만 보천보전투 이후 모든 조직이 일거에 무너져 버렸다. 1937년 10월부터 일제 경찰의 대대적인 수사로 조직의 전모가 드러나 739명이 체포되면서 지하 조직원이 일망타진됐다.

일제 경찰은 보천보전투 현장에 살포된 '한인조국광복회 목전 10대 강령'이라는 전단을 단서로 삼아 조국광복회를 송두리째 파괴했다. 10대 강령의 주요 내용은 만주 조선족 자치제, 매국노 재산 몰수, 언론·출판·결사의 자유 쟁취, 신분·종교·남녀 평등, 무상교육, 8시간 노동제 등이다. 일제는 지하조직 색출에 그치지 않고 간도와 지린, 퉁화 일대에서 항일유격대 토벌전도 폈다. 일제는 1932년 한인 무장대원을 체포하면 재판 없이 군사령관이나 경찰 고위 간부가 곧바로 사살할 수 있는 재량권을 부여했다. 이듬해에는 장제스 국민당 정부의 도움을 받아 관동군을 한인 빨치산 토벌 현장에 내보내 대대적인 치안숙정공작을 폈다.

일제 토벌대는 눈 위에 생긴 발자국이나 산채에서 나는 연기 등을 단서로 삼아 빨치산들을 찾아내 섬멸했다. 도주자는 전투기까지 동원해 끝까지 추격함으로써 굶주림과 추위를 견디지 못해 투항할 수밖에 없도록 했다.

만주 농민과 빨치산의 연계를 막기 위한 집단부락도 운영했다. 인적 자원, 식량, 무기, 탄약, 의복, 약품, 소금, 성냥은 물론, 일본군 동향 정보를 제공해 온 산간 외딴 지역 농민을 빨치산과 격리하려는 조치였다. 일제는 빨치산 근거지에 산재한 촌락을 불태우거나 파괴하고 주민은 성벽 시설을 갖춘 집단부락에 몰아넣어 감시했다. 1933~39년까지 1만 3,451개 집단부락이 건설돼 수백만 명을 수용한 것으로 알려졌다. 한반도와 가까운 훈춘과 왕칭, 옌지, 허룽, 안투, 둥닝, 창바이현에서 성행하던 양귀비 재배도 금지했다. 아편 원료인 양귀비가 공산유격대에 넘어가 군자금으로 전용되는 것을 차단하려는 조치였다.[35] 만주 항일 무장투쟁이 1940년을 고비로 사실상 소멸 상태에 빠진 데는 이 집단부락의 영향이 컸다.

항일연군은 대규모 토벌과 정화 공작, 집단부락 정책 등을 버티지 못해 투항하는 사례가 속출했다. 부하들의 대거 이탈로 막다른 골목으로 내몰린 항일연군 제1로군 총사령 양징위는 1940년 2월 23일 포위 상태에서 혼자 싸우다가 사살됐다. 일본군이 개복한 시신의 위장에서 나무껍질과 풀뿌리, 솜 등이 발견됐다. 옷 속 솜까지 먹어 가며 저항했으나 붉은 세상은 구경조차 하지 못하고 죽어 갔다.[36]

소련 등에 업고 '항일 영웅' 둔갑

보천보전투 이후 한동안 사망설이 나돌던 김일성은 근근이 연명하다 1940년 소련으로 도주했다. 소련에서 김일성은 벼락출세를 하게 된다. 만주 투쟁 경력이나 성과 등에서 자신을 능가한 최용건과 김책, 안길, 강신태 등과 동급인 대위 계급장을 달았다. 한인 공산주의자들이 1930년대 중반에 몰살당한 민생단사건을 계기로 파격적

---

35 황민호, 「남만지역 중국공산당의 항일무장투쟁과 한인대원」, 200~201쪽.
36 「굴할 줄 모르는 강철전사 양정우」, 〈연변일보〉 2019년 6월 11일.

으로 진급한 김일성이 망명지에서도 또다시 파격적인 혜택을 받은 것이다. 1942년 6월 스탈린의 지시로 창설된 소련 극동군 산하 88여단은 해방 이후 김일성의 북한 정권 수립과 집권을 돕는 핵심 기구가 된다. 88여단은 부대 창설 때부터 독립운동과 무관한 정보 수집 활동을 주로 했다.[37]

1945년 9월 15일에는 김일성이 공작단을 이끌고 원산에 도착해 건국과 건당, 건군 작업을 총지휘하며 최고 권력자로 군림했다.[38] 단기간에 대중 지도자로 급부상한 데는 소련군의 강력한 지원뿐만 아니라 정치공작대의 역할도 컸다. 공작대는 주요 지역 공산당과 군대에 들어가 김일성 경력을 날조해 우상화하는 선전전을 폈다.

김일성은 2차대전 종전 무렵 한반도 진공작전에 한인으로서 유일하게 참전한 정률 소련 해병대 중위를 비롯한 중앙아시아 출신 고려인 500여 명을 우군으로 삼아 권력 장악에 활용했다. 하지만 이들은 1957년 정권 찬탈 음모자로 몰려 무더기로 학살되거나 소련으로 추방됐다. 달면 삼키고 쓰면 뱉어 버리는 김일성의 '감탄고토(甘呑苦吐)' 처신은 통일전선전술과 일맥상통한다.

김일성은 혁명 동지라도 자신의 폭주에 방해가 된다면 잔인하게 내쳤으나 소련 정권에는 한없이 공손했다. 해방 직후 북한 민정을 주도한 소련 연해주군관구 출신 레베데프의 증언에서 김일성의 성격을 짐작할 수 있다. 레베데프는 북한에서 정당·사회단체 등록, 친

---

37 이덕일, 「연해주의 소련 극동적군 88여단의 결성배경과 성격」, 183쪽.
38 신주백, 『만주지역 한인의 민족운동사, 1920-45』, 489-494쪽.

일조직 해산, 반소(反蘇) 성향 인물 축출, 민족 부르주아 지도자와 일시 협력 등 임무를 총괄한 인물이다.[39]

레베데프는 한소 수교 이듬해인 1991년 모스크바 자택에서 한국 기자들과 만나 해방 직후 소련의 북한 군정 비화를 털어놨다. 김국후 중앙일보 기자가 소련 붕괴 직전인 1991~92년 모스크바 등지에서 레베데프를 비롯한 옛 군정 정치장교와 KGB 간부, 외교관 등 100여 명을 인터뷰해 출간한 『평양의 소련 군정』(2008)에 김일성 정권 수립 과정이 자세히 기록됐다. 김일성의 출생과 가족관계, 학력, 성분, 경력 등을 조사한 소련은 그의 본명이 김성주이고 만주 빨치산운동에 가담한 것을 확인했으나, 혁혁한 공로는 발견하지 못했다. 소련은 그런 김일성을 전설의 항일 영웅으로 둔갑시켜 위대한 수령으로 격상시켰다. 항일 영웅으로 소문난 김일성 장군의 귀국을 한인들이 학수고대하는 사실을 노려 무명인 김성주를 항일 영웅으로 포장하고 이름을 김일성으로 바꿨다고 했다. 김일성의 대중 노출을 최대한 줄인 것도 신비감 조성을 통한 민족 영웅 만들기 차원이었다. 북한인들의 소련 반대 정서를 고려해 김일성은 군복 대신 사복을 입고 적기(赤旗) 훈장도 떼고 다녔다.

다만, 소련은 북한 주둔 일본군의 무장을 해제하는 데 김일성이 앞장선 것으로 꾸며 달라는 요청에는 선을 그었다. 평양 주둔 소련군 제25군 정치사령관 레베데프 소장은 김일성과 처음 면담한

---

39 기광서, 「러시아 문서보관소 사료로 본 소련의 대 북한 정책, 1945~47년」, 『역사문화연구』 제23호(한국외국어대학교 역사문화연구소, 2005), 10-11쪽.

1945년 9월 중순 김일성으로부터 "장군님! 우리 빨치산부대도 일본과의 해방전쟁에 참전한 것으로 해 주십시오"라는 부탁을 받고, "그게 무슨 말인가? 조선을 해방시킨 것은 제25군과 태평양함대뿐이다. 88정찰여단 빨치산부대의 단 한 명도 대일전에 참전하지 않았고 총 한 번 쏘지 않았다"며 역사 날조를 거부했다. 레베데프는 인민에게 거부감을 줄 수 있으니 소련 군복에 달린 대위 계급장을 떼라는 지시도 했다.[40]

소련군은 북한 진주 초기에 해방군으로서 대대적인 환영을 받았으나, 점차 증오의 대상으로 바뀌었다. 한국인의 시계와 금반지 등 귀중품을 강탈하고 부녀자 강간을 일삼은 데다, 흥남비료공장 기계를 뜯어내 소련으로 보낸 사실이 널리 알려졌기 때문이다. 스탈린은 사태의 심각성을 뒤늦게 깨닫고 1946년 1월 "북조선 인민을 괴롭히는 군인을 붙잡아 즉시 총살하라"는 비밀지령을 내려 민심 수습에 나섰다.

이런 상황에서 소련 군정은 김일성을 '항일 빨치산 투쟁 민족영웅'으로 만드는 작업을 치밀하게 기획하고 연출했다. 1945년 10월 13일 평양공설운동장에서 열린 '소련군 환영대회'는 전설의 김일성 장군을 인민에게 처음으로 선보이는 정치 캠페인이었다. 이날 김일성이 읽은 연설 원고는 물론, 양복과 구두까지 소련 군정사령부에서 준비했다. 본명이 김성주라는 사실을 알았지만, 항일 빨치산투쟁 민족영웅 김일성 장군을 상징하게 하려고 김일성 이름을 그대로 쓰도

---

40 김국후, 『평양의 소련군정』, 76-77쪽.

록 했다고 레베데프는 회고했다.[41]

소련군 정찰부대의 일개 대위를 김일성 장군으로, 마르크스·레닌주의 이론가로 둔갑시키는 공작의 총지휘는 육군 중장 스티코프가 맡았다. 레베데프와 로마넨코 등은 〈조선신문〉과 라디오평양 등 언론매체를 활용해 위대한 수령의 기초를 닦아 줬다.

北 남침은 일본 살린 신풍(神風)

1950년 한국전쟁은 남북한에서 약 300만 명의 목숨을 앗아간 동족상잔의 참극이었으나, 일본에게는 신의 선물이었다. 북한군의 기습 남침으로 시작된 6·25전쟁 기간에 일본은 어부지리를 챙겨 벼랑 끝에서 탈출할 수 있었다. 작전명 '폭풍 224'인 김일성의 남침은 동해상에서 '신의 바람(신풍)'으로 변해 태평양전쟁의 패전 늪에서 허덕이던 일본을 구해 냈다. 1231년과 1253년 고려·몽골 연합군의 두 차례 일본 원정을 무력화한 태풍(가미카제)과 같은 행운을 일본에 선사했다는 뜻으로 일본에서 6·25전쟁은 '제3의 가미카제'라는 평가까지 받는다.

한국전쟁 직후 일본은 미군 병참기지로서 무기와 차량, 의약품, 식량 등을 보급하고 전투장비 등을 수리함으로써 막대한 이득을 챙겼다. 태평양전쟁의 패전 후유증을 단숨에 털어 버리고 선진국행 신

---

41 위의 책, 81-82쪽.

칸센에 탑승한 일본이 재무장한 것도 6·25전쟁 덕분이다. 일본 열도를 구한 신풍을 "항일투쟁에 청춘을 바쳤다"고 자랑하는 김일성이 선사했다는 것은 역사의 아이러니다. 김일성이 1930년대에 한중 국경지대에서 빨치산 투쟁을 하면서 일제에 가한 타격이 티끌이라면, 전쟁 특수로 일본 부활에 이바지한 도움은 태산이므로, 김일성은 을사오적을 능가하는 최악의 친일파인 셈이다.

한국전 병참기지, 전후엔 구호물자 공급 특수(特需)

일본 경제는 미국을 상대로 총력전을 펼친 태평양전쟁에서 패한 이후 만신창이가 되었다. 히로시마와 나가사키 원폭 투하 등 미군의 공습으로 국가 기반시설이 파괴돼 경제력이 1920년대 수준으로 후퇴했고, 상당수 공장은 전력난으로 멈춰 섰다. 1945년 일본의 쌀 생산량이 1903년 이래 최저치로 감소해 대다수 국민이 굶주림에 시달렸다. 1946년 도쿄 시민의 1인당 하루 영양 섭취량은 1,352킬로칼로리로 당시 미국인 3,300킬로칼로리의 절반에도 못 미쳤다.[42] 더글러스 맥아더 연합군 최고사령관이 1945년 8월 30일 도쿄에 도착한 직후 식량 공급을 최우선 과제로 삼을 만큼 기아 문제가 심각했다.

산업생산력도 맥없이 무너져, 1930~34년 대비 1946년 32퍼센트, 1947년 41퍼센트, 1948년 64퍼센트 수준이었다. 1947년 세수(稅收)는 목표치의 3분의 1에도 미치지 못했다. 1947년 수출이 1억

---

42 「일본 초고속 경제성장 엔진 점화: 한국전쟁 특수는 신이 내린 부흥의 바람(2010 연중기획)」, 〈주간경향〉 2021년 6월 21일.

7,000만 달러였는데 수입은 5억 3,000만 달러를 기록할 만큼 무역 적자도 심각했다.[43] 주요 도시의 공공기관과 유통 체계가 무너진 탓에 종전 이후 수년 동안 수백만 명이 굶주렸다. 미국은 수십억 달러 규모의 식량을 원조하고 민간 구호단체 지원도 승인했지만, 일본의 대규모 기아 사태를 해결하는 데 역부족이었다. 설상가상으로 물가는 해마다 폭등했다. 1910년 전 대비 도매물가지수는 1945년 3.5배, 1946년 16.3배, 1947년 48.2배로 각각 오른 데 이어 1949년에는 무려 208.8배까지 치솟았다. 경제 파탄이 불가피한 상황이었다.

일본 정부가 특수위안시설협회(RAA)라는 미군 위안소를 만들어 성매매를 권장한 것도 경제난과 무관하지 않다. 이 시설은 내무부 경찰국에 의해 1945년 8월 18일 미군 점령군 전용의 성적 위안, 음식, 오락 시설로 세워졌다. 경찰국은 상륙 미군에 의한 부녀자 성폭행을 막기 위해 RAA를 만든다고 발표했으나, 속내는 외화벌이였다. 성매매가 합법화되자 일본 주둔 미군 약 30만 명을 대상으로 한 위안소가 수도 도쿄를 중심으로 30여 곳에서 성행했다. 당시 보건 의료 체계가 매우 열악해 성병 위험이 컸는데도 성매매 여성이 약 5만 5,000명에 달할 정도로 매춘사업이 호황을 누렸다. RAA는 설립 이후 미군 성병 환자가 급증하고 인권 침해를 우려하는 국제사회의 비판 여론이 비등하자 1년 만에 폐지됐다.[44] 하지만 성매매는 생

43 최운도, 「전후 일본 경제대국화의 원점: 점령의 개혁정치 vs. 역코스 정책」, 『일본학보』 제124호(일본학회, 2020), 268쪽.

44 박상아, 「망령으로서 미군기지의 기억」(서울대학교 석사학위논문, 2022), 26-27쪽.

계형 성격이 워낙 강한 탓에 민간 주도의 위안산업은 여전히 기승을 부렸다.

미국은 생지옥을 방불케 하는 일본의 경제난을 오래 방치하지 않았다. 미·소 이념 경쟁이 치열해지는 상황에서 북한에 공산정권이 수립되는 등 소련의 영향력이 동북아시아에서 확대되자, 1948년 일본 징벌 정책을 대폭 완화했다. 경제 안정과 자립을 돕기 위해 1949년 2월 조지프 다지 외교고문을 도쿄에 보내 경제 안정화 대책도 제시했다. '닷지 라인'으로 불리는 이 정책에는 균형예산 확립과 단일고정환율 확정, 정부의 시장 개입 축소, 부흥금융금고 해체 등 4가지 처방이 담겼다. 그 결과 1949년 인플레가 전년 80퍼센트에서 24퍼센트로 떨어지고 재정수지는 1,600억 엔 적자에서 2,600억 엔 흑자로 전환했다.

하지만 긴축재정으로 통화 공급이 급감한 탓에 실업자가 속출하는 이른바 '닷지 불황'으로 경제 회복 노력은 허사가 되고 만다.[45] 1945년부터 1950년 3월까지 사이에 1,100개 기업이 도산하고 50만여 명이 실직했다. 1950년 일본 제조업 생산량은 1934~36년의 33퍼센트 수준으로 추락했다. 설상가상으로 이 무렵 필로폰 중독자가 급증해 사회문제로 대두됐다.

이런 상황에서 한국전쟁이 터지자 일본은 미군 병참기지로 변신해 물자와 서비스를 독점하면서 떼돈을 벌었다. 미국은 조달 비용과 운송 시간 절감을 위해 탄약 등 소모품을 본토 대신 전선과 인접

---

45 최운도, 「전후 일본 경제대국화의 원점」, 273쪽.

한 일본에서 가져왔다. 전쟁물자 구매와 군인·군속 휴가, 노무자 채용 등을 위해 무한대로 뿌려댄 달러가 일본으로 들어갔다. 일본은 졸지에 병참기지 역할을 하며 전쟁 특수를 한껏 누렸다.

미국이 무기와 탄약, 장비를 대거 구매하자 파산 직전의 일본 무기산업이 극적으로 부활했다. 미국 극동군사령부는 태평양전쟁에 연루된 일본 군수업체 약 1,000개를 폐쇄했다가 한국전 발발 직후 재가동을 허용했다. 전쟁 특수 물자는 폭파장비와 바리케이드, 기관차, 자동차, 전선, DDT, 빵, 목재, 시멘트 등으로 다양했다. 전시 물품 생산이 활발해지자 무수한 폐업 군수공장이 재가동하거나 공장 증설이 이뤄졌다. 자동차업체들은 급증하는 트럭과 지프 수요를 감당하지 못해 중고 차량을 고쳐서 납품할 정도로 호황을 누렸다. 도요타 자동차는 전쟁 초기에 월 340대이던 생산량이 1950년 8월에 1,000대로 늘어났고 이듬해 3월에는 1,542대로 급증했다.[46] 한국전 이전에 도산 위기에 처한 도요타는 북한발 신풍에 실려 대도약을 하는 모양새였다. 일본 내 미군 기지 건설, 육상·항만 하역 인력 채용, 선박·철도 수요도 급증했다.

전쟁 막바지인 1953년 1월 일본 내 미군 기지는 무려 733개에 달했다. 기지는 전쟁 수행용 '전진기지', 병사·물자 수송용 '중계기지', 물자 보급과 훈련, 병사 휴양을 위한 '후방기지'로 나뉘었다. 이들 기지에서 한반도로 전투기가 출격한 횟수가 100만 번을 넘고 폭탄

---

46 김남균, 「미국의 일본 경제정책에 끼친 한국전쟁의 영향」, 『미국사연구』 제8호(한국미국사학회, 1998), 255쪽.

수송량은 70만 톤에 달했다. 인천상륙작전에 투입된 병력 1만 명도 일본에서 출발했으며 원산 상륙을 위한 기뢰 제거와 미군 수송작전에도 일본인 약 8,000명이 동원됐다.

전쟁물자와 무관한 분야에서도 일본인은 달러를 쓸어 담았다. 한반도에서 전선이 소강상태를 보인 1951년부터 상당수 유엔군이 일본에서 휴가를 보낸 덕에 유흥, 숙박, 관광 등 분야에서 하루 평균 100만 달러를 벌어들였다. 이들의 주머니를 노린 여성이 급증해 미군 기지가 있는 항구도시 요코스카에서 활동한 성매매 여성만 약 1,500명에 달했다. 미국은 무기와 장비뿐 아니라 한국인 구호물자조차 일본에서 조달했다. 미국과 원조기관이 수입한 일본산 물자가 1950~55년 약 17억 달러어치에 달했다.

일본이 한국전쟁 이후 고용과 생산 증가로 누린 호황은 수치로도 확인된다. 외화 수입 중 한국전쟁 특수 비율이 1950년 14.8퍼센트, 1951년 26.4퍼센트, 1952년 36.8퍼센트 등으로 매년 급증했다. 패전 7년 만인 1952년에는 2차대전 직전 수준의 경제를 회복했다. 경제성장 열기는 도쿄 증권시장을 후끈 달궜다. 1950년 6월 하루 주식 거래액이 9,470만 엔이었으나 1953년 2월에는 24억 엔으로 급증했다. 전쟁 특수는 1953년 정전협정 체결 이후에도 계속돼 1960년대까지 발현됐다.

한국전의 진정한 승전국은 일본

6·25전쟁 기간에 일본이 챙긴 최고 혜택은 태평양전쟁 패전으로 잃어버린 주권을 회복한 것이다. 연합국과 일본은 한반도에서 전쟁

이 계속되고 있던 1951년 9월 8일 미국 샌프란시스코에서 평화조약을 맺음으로써 연합군 최고사령부의 일본 군정이 종식됐다. 48개국이 서명한 이 조약은 1952년 4월 28일 발효돼 일본이 7년 만에 독자적인 주권을 행사할 수 있게 됐다.

중공군 개입 이후 미국은 여차하면 한반도 안보를 포기하되 일본 영토는 끝까지 지킨다는 방침을 세웠다. 그 결과 1951년 4월 맥아더 장군의 후임 유엔군 사령관 겸 극동군 사령관에 임명된 매슈 리지웨이 장군은 한국뿐만 아니라 일본 방어계획도 구상했다. 유엔군과 중공군의 전쟁이 치열하던 상황에서 리지웨이가 느닷없이 홋카이도 정찰비행에 나선 것은 소련군의 침략 가능성에 대비하려는 차원이었다. 당시 리지웨이는 한국 상황이 어려워지면 유엔군을 일본으로 퇴각시키는 방안을 마련했다.[47] 다행히 1951년 2월 지평리전투 승리를 계기로 중공군의 남하를 차단할 수 있었던 덕에 유엔군의 일본 철수는 이뤄지지 않았다.

중국은 북한군 지원을 위해 처음 파병한 1950년 10월 25일을 항미원조 기념일로 지정해 매년 기린다. 미국에 맞서 대승을 거뒀다고 선전하며 다양한 자축 행사도 한다. 중국은 압록강까지 북상한 세계 최강대국 군대를 38선 이남으로 밀어냈으므로 승전이라고 자평한다. 중국은 2년 9개월 동안 참전해 병력을 최소 19만여 명까지 잃은 데다 심각한 국가 재정난을 겪었다는 점에서 이긴 전쟁이라는 주

---

47 매슈 B. 리지웨이, 박권영 옮김, 『리지웨이의 한국전쟁』(플래닛미디어, 2023), 233-235쪽.

장은 허구에 불과하다.

한국전쟁의 진정한 승전국은 일본이었다. 일본은 전쟁 특수를 밑거름 삼아 2차대전 종전 19년 만인 1964년에 수도 도쿄에서 올림픽을 치를 정도로 비약적인 경제성장을 이뤘다. 요시다 시게루 일본 총리는 이런 상황을 예견한 듯, 남침 직후 "천우신조"라며 기쁜 속내를 여과 없이 드러냈다.[48]

독도 분쟁도 남침으로 잉태

2차대전 승리로 세계 패권국 지위를 굳힌 미국은 일본의 전쟁 능력을 완전히 도려내기 위해 대대적인 국가 개조작업에 나섰다. 먼저 비군사화와 민주화를 목표로 군벌과 재벌 유착, 노동자 탄압, 지주·소작 관행 혁파를 일본에 요구했다. 군국주의 경제를 지탱해 온 3개 주춧돌을 걷어 내라는 주문이었다.

재벌 해체는 일본 제국주의 시기에 군부에 적극적으로 협력한 전범행위에 대한 문책 성격이 강했다. 만주사변과 제2차 세계대전 등을 주도한 군부에 순응한 재벌이 만주와 동남아시아 등에서 새로운 시장과 자원을 확보하면서 몸집을 키운 데 대한 응징이었다. 연합군 최고사령관 총사령부(GHQ)의 일본 점령정책의 차원에서 이뤄진 재벌 해체의 본심은 1946년 1월 재벌조사단장으로 일본을 방문

---

48 김남균, 「미국의 일본 경제정책에 끼친 한국전쟁의 영향」, 253쪽.

한 코윈 에드워즈 교수의 보고서에 잘 드러난다.

> 재벌이 독립적인 기업가의 자유로운 창업을 막음으로써 중산 계급의 형성을 원천봉쇄했다. 그 결과 개인의 경제적 독립 기반이 마련되지 않아 군벌에 대항하는 자유 시민세력이 발전하지 못했다. 재벌 해체의 진정한 목적은 일본 군사력을 심리·제도적으로 완전히 파괴하는 것이다. 재벌은 군국주의 전쟁 수단으로 악용된 만큼 산업지배력을 분산해야 국제 평화에도 도움이 된다.[49]

재벌 해체는 군수물자 생산능력 파괴에 그치지 않고 경제 기반마저 무너뜨릴 게 뻔했는데도 일본은 전범국 처지에서 울며 겨자 먹기 식으로 수용할 수밖에 없었다. 상당수 재벌기업이 평화산업 전환, 기업 분할 등 자구책을 마련해 생존해 보려고 발버둥 쳤으나 실효를 거두지 못했다. 군수산업과 재벌 해체, 전쟁 배상 등을 통해 일본이 두 번 다시 미국에 위협이 되지 않도록 해야 한다는 미군정의 의지가 워낙 강했기 때문이다.

결국 1947년 1월부터 지주회사 해산, 재벌 가족 기업지배력 배제, 주식 소유 분산화 방안이 구체화하면서 일본 산업이 격랑에 휩싸였다. 재벌가의 주식은 모두 환수해 노동자와 소비자에게 매각했다. 계열기업은 쪼개 버리고 기존 임원은 모조리 내쫓고 재취업을 금지

---

49 양준호, 「전후 일본의 경제민주화」, 『황해문화』 제76호(새얼문화재단, 2012), 87-88쪽.

했다. 그 결과 주식회사 제도가 일본에 도입된 1870년대 이후 승승장구하던 미쓰이, 미쓰비시, 스미토모, 야스다 등 15대 재벌은 해체됐다.

일제의 침략전쟁에 가담한 공룡기업들이 이렇게 해서 사라지는 듯했으나, 6·25전쟁을 계기로 갑자기 부활하게 된다. 냉전이 확대되는 상황에서 북한이 남침을 감행하자 일본이 미국의 적이 아니라 '반공의 보루'로 위상이 바뀌면서 재벌 개혁이 무의미해졌기 때문이다.

미국의 대일본 정책 변화는 한국전쟁 발발 5개월 만에 구체화했다. 미국 국무부는 1950년 11월 발표한 '대일 강화조약 7원칙'을 통해 대일 청구권 포기를 명시했다. 이에 필리핀이 항의하자 존 포스터 덜레스 국무장관은 "배상 책임을 지우는 것은 일본 경제의 숨통을 끊는 것과 같으므로, 미국이 일본의 배상을 떠안든지 일본이 공산화하도록 방치해야 한다"고 설득해 배상 청구 포기를 관철했다. 그 덕분에 일본 경제는 급성장해 1955~62년 연평균 성장률이 10퍼센트에 달했다. 그 이후에도 1990년까지 호황이 이어져 경제 대국으로 발전했다. 결국 한국전쟁은 벼랑 끝에 몰린 일본 경제를 살려준 구세주였던 셈이다.[50]

국공내전·한국전 계기로 재무장 가능해져

일본 군대는 2차대전 종전과 함께 연합군의 일본 열도 진주를 계기로 도저히 재기할 수 없을 것으로 기대됐다. 1945년 9월 6일에는

---

50 최운도, 「전후 일본 경제대국화의 원점」, 275-276쪽.

트루먼 미국 대통령이 일본 재무장을 영원히 불허하는 내용의 문서에 서명하고, 일본은 이를 토대로 군대와 경찰을 해산하고 전쟁을 할 수 없도록 규정한 '평화헌법'을 제정했다. 평화헌법 제9조에는 '영구 비군사화' 방침이 명시됐다. 이 조항은 군국주의 청산, 전범 처벌, 무장해제, 재무장 금지 등을 규정한 포츠담 선언과 태평양전쟁 피해국들의 요구를 반영해 마련됐다.[51] 평화헌법 시행으로 군대가 해체되고 경찰은 소수 인원으로만 운영돼 간단한 치안조차 감당할 수 없었다. 특히 교통정리나 민원 보조에 주력한 탓에 범죄 대응에는 속수무책이었다.

하지만 1945년 2차대전 종전 이후 중국의 국공내전과 한국전쟁이 잇따라 발발하자, 미국의 대일본 군사정책은 급선회했다. 공산세력에 대항할 자유 진영의 방패 임무를 일본에 부여하면서 군대 재건을 부추겼다. 한국전쟁 직후 주일 미군이 대부분 한반도로 재배치되면서 일본이 안보 공백 상태에 놓이게 되자, 일본에 재무장 기회를 제공했다. 이로써 군대 수준의 무기를 갖춘 경찰예비대가 1950년 8월 창설됐다. 주일 미군 기지 경비를 빌미로 약 7만 5,000명의 병력이 충원됐다. 경찰예비대는 1954년 육상자위대로 명칭을 바꿔 사실상 군대처럼 운영됐다. 자위대는 전쟁 포기와 전력 보유·교전 불허를 규정한 평화헌법 제9조에 묶여 외침(外侵)으로부터

---

51 이상봉, 「전후 일본보수정치와 평화헌법: 평화헌법의 출현, 존재방식, 의의에 대한 비판적 연구」, 『영남국제정치학회보』 제9권 1호(동아시아국제정치학회, 2006), 293쪽.

국가를 지키는 최소 역할만 하고 경찰 조직처럼 구성되도록 했으나, 실상은 달랐다.[52] 자위대는 국민총생산의 1퍼센트 내외의 방위비를 쓰고 미군 지원까지 받는 막강한 군대로 변질했다. 일본 방위비 지출 규모는 세계 8위 수준이다.

일본은 한국전쟁을 계기로 전범국 멍에를 벗어 버리고 미군 우산 밑에서 군사력을 키워 나갔다. 도쿄와 히로시마, 나가사키, 아오모리, 삿포로, 이시카리 등지에는 미군이 주둔하고 있다. 근래에는 국제 분쟁 해결 수단으로서 전쟁과 무력 행사를 영구히 포기한다는 헌법 제9조를 개정하려 한다. 전쟁 포기와 교전권 부인 등 조항을 손질함으로써, 정식 군대를 보유해 언제든지 전쟁을 수행할 수 있는 국가로 탈바꿈하려는 야욕을 드러낸 모양새다.[53]

"독도 포기" 조약안, 전쟁통에 삭제

한국과 일본 간의 독도 분쟁이 잉태된 데도 북한의 남침 책임이 크다. 전쟁이 한창이던 1951년 9월 8일 미국 샌프란시스코에서 연합국 48개국과 일본 사이에 체결된 평화조약이 독도 영유권 분쟁의 씨앗이 됐다.

평화조약은 당초 1949년 11월 제5차 초안까지 "일본이 한국 독립을 인정하고 제주도와 거문도, 울릉도, 독도를 비롯한 한국에 대

---

52 서민교, 「전후 일본의 방위 구상: 일본 우익 세력의 자위대 구상과 그 실천 과정」, 『일본비평』 제6권 1호(서울대학교 일본연구소, 2014), 214쪽.

53 정정숙, 「21세기 일본의 국력과 평화헌법: 평화헌법 논쟁과 정치적 의미」, 『국제지역연구』 제7호(국제지역학회, 1998), 36쪽.

한 모든 권리와 소유권·청구권을 포기한다"고 적었다가, 한국전쟁기에 독도가 쏙 빠져 버렸다. 미국에 대한 일본의 로비와 한국의 부실 대응, 미국의 세계 전략 변화 등이 얽혀 이런 사태가 생겼다.[54] 평화조약에 독도가 한국 땅이라고 적혔다면 오늘날 영유권 분쟁이 애당초 일어날 수 없었을 것이다. 일본은 자국이 포기해야 할 섬 이름에 독도가 명시되지 않았다는 사실을 독도가 자국 영토라는 주장의 근거로 삼고 있기 때문이다.

당시 한국은 태평양전쟁 참전 국가가 아닌 데다 1948년에야 비로소 국제사회가 인정하는 합법 정부가 됐다는 이유로 샌프란시스코 평화조약 당사국 지위를 얻지 못했다. 상하이임시정부의 광복군이든 김일성의 88여단이든 한반도 진공작전에 참전했더라면 일제 통치의 최대 피해국인 남한과 북한 모두 전후 처리 협상에서 왕따가 되지는 않았을 것이다. 전쟁 배상 대상에서도 한국은 제외돼 일제에 빼앗긴 문화재나 보석류 등을 돌려받지 못했다. 연합군의 일원으로 참전한 필리핀이 전쟁 배상을 받을 수 있었던 것과 대조를 이룬다.

반면 일본은 패전국이면서도 미국이 주도한 전후 협상에서 파격적인 특혜를 받았다. 한국전쟁을 계기로 극심해진 냉전 구도 덕분이었다. 미국은 일본을 공산권 방어기지로 삼으려는 욕심에서 일본을 서방권에 편입했다. 특히 국제전 양상으로 치달은 한국전쟁 당시 자유 진영 파수꾼의 지위를 부여함으로써, 샌프란시스코 평화조약 협

---

54 이용호, 「샌프란시스코 평화조약 제2조 (a)항과 독도」, 『민족문화논총』 제60호 (영남대학교 민족문화연구소, 2015), 173-175쪽.

상에서 일본이 자국의 이익을 최대한 관철할 수 있는 길을 터 줬다.

일본은 독도 영유 야욕을 샌프란시스코 조약 체결 두 달 만에 드러냈다. 한국전의 혼란을 틈타 일본 기자들을 독도로 보내 영유권을 주장했고, 한국 정부가 이를 부정함으로써 독도가 분쟁 지역이라는 인상을 국제사회에 심어 줬다.

한국전쟁 이후 일본의 국제 지위는 크게 격상됐다. 공산주의 확산을 방어하는 미국의 동맹국으로서 동북아시아의 안보 요충지에서 집단안전보장 임무를 맡게 됐다. 이에 따라 미국은 1953년 정전협정 이후에도 동아시아 반공 자본주의 블록 강화를 목표로 일본 지원을 계속했다. 그 결과 일본 무역수지는 장기 적자 행진에 마침표를 찍고 1955년 흑자로 전환했다. 1953년에는 전쟁 특수 의존과 외자 도입 방식에서 벗어나 수출 우선 정책을 취하고, 1955년에는 경제 자립 5개년계획을 실시해 1980년대 후반까지 고속 성장을 이뤘다.

미국은 정전협정 이후 일본의 전쟁 특수 공백을 메워 주는 과정에서 한국과 심한 갈등을 빚었다. 미국이 2억 달러 규모의 한국 원조 계획 중 우선 3,900만 달러어치의 부흥물자를 일본에서 수입하도록 제안하자 이승만은 강하게 반대했다. 한국 전후 재건사업에 참여하려던 일본의 시도도 이승만의 반대로 무산됐다.[55]

이승만은 일본의 유엔 가입을 저지하려고 다양한 외교 노력을 했다. 일본의 유엔 가입에 거부권을 행사해 달라고 대만 정부에 여러

---

55 양준석·김명섭, 「1958년 대한민국 국무회의록 연구」, 『한국정치외교사논총』 제 38권 1호(한국정치외교사학회, 2016), 200쪽.

차례 요구했다. 해방 5년 만에 전면 남침을 감행함으로써 일본을 국가 존립 위기에서 구해 준 김일성의 행보와 전혀 달랐다.

제5장

북한에 뿌리내린 일제 잔재

북한은 해방 직후 일제와 민족 반역자의 농지를 몰수해 농민들에게 나눠 주는 토지개혁을 단행하고, 경찰을 비롯한 일제 부역자를 응징함으로써 민족정기를 회복했다고 선전한다.

하지만 북한의 친일파 청산은 김일성의 정적 제거 수단으로 악용돼, 항일 투사라도 친일파나 미제 간첩 등으로 몰려 숙청된 사례가 부지기수여서 진의를 의심받는다. 소련군 철수와 신탁통치 등의 문제로 김일성과 갈등을 빚다가 친일파로 낙인 찍혀 감금됐다가 총살당한 것으로 추정되는 조만식이 대표적인 희생자다. 박헌영이나 김원봉도 김일성 우상화에 걸림돌로 여겨진 듯 미제 간첩으로 몰려 처형됐다. 그에 반해, 친일 행적이 뚜렷한데도 북한에서 요직에 발탁된 인물이 숱하게 많아 '역사 바로 세우기'라는 선전을 무색게 한다. 공산국가 수립 역량을 갖추는 데 도움이 된다면 친일 여부는 중시하지 않았다.

김일성은 "프롤레타리아트 국제주의의 발톱을 드러내는 순간에 붉은 정부의 수립은 요원해진다"는 소련의 충고를 금과옥조로 삼았다. 식민지 민족해방론을 표방한 최초의 북한 중앙행정기관인 '행정 10국'이 이런 배경에서 탄생해 친일파 인사들을 대거 포용했다. 산업국장과 교통국장, 보건국장, 상업국장 등에 친일 성향의 광산 지배인 정준택, 함흥철도국장 한희진, 의학박사 윤기영, 치과의사 한동찬 등이 발탁됐다. 1945년 11월 3일 조만식이 주도한 조선민주당 출범이나 인민위원회의 좌우동거 등도 통일전선 구축 차원에서 추진되어 친일 청산은 자연스레 뒷전으로 밀렸다.[1] 북한 내각에는 조선총독부 시절 경찰 간부, 강릉군수, 중추원 참의 등을 역임한 거물급 친일파 장헌근을 비롯한 다수가 발탁됐다.

문학과 예술 분야에서 활동한 친일 인사의 몸값은 천정부지로 치솟았다. 김일성은 붉은 체제 선전과 자신의 우상화에 이들의 역할이 필수라고 판단해 과거 행적을 따지지 않고 최고 예우를 해 줬다. 일제 시절 '세계적 무희'로 명성을 얻은 최승희를 비롯한 상당수 예능인도 친일 청산을 완벽하게 했다는 김일성 체제에서 출세 가도를 달렸다.

일본군 출신들도 북한에서 재활용돼 육·해·공군 훈련소 등에서 선진 군사기술을 전수했다. 전투기를 몰아 본 군인은 초특급 대우

---

1 기광서, 「러시아 문서보관소 사료로 본 소련의 대 북한 정책, 1945~47년」, 10-11쪽.

를 받았다. 일본인 공업기술자들은 대형 공장이나 발전소 등에서 핵심 간부로 활동했다. 의사들도 북한 상류층 무임승차 대열에 줄줄이 합류했다. 하지만 항일투쟁 경력이 아무리 화려하더라도 김일성의 정적으로 분류되면 예외 없이 제거됐다. 따라서 "친일 색채를 완전히 걷어 낸 북한과 달리 대한민국에는 친일파가 득세해 민족정기가 훼손됐다"는 주장은 명백한 거짓이다.

북한 국호 등에도 친일 색채가 진하게 배어 있다. 일제가 금지한 국호 '대한'이 남한에서 되살아난 것과 달리, 북한에서는 일제 체제를 답습한 사례가 많다. 조선민주주의인민공화국의 '조선'은 일본 천황이 권장한 국호다. 수령은 천황처럼 신격화한 존재로서 수령 권력이 봉건시대 군주를 능가한다는 점도 천황과 닮았다. 〈천황을 위하여〉를 조금 바꿔 부르는 〈장군님을 위하여〉에서는 일본 가요를 베낀 흔적이 뚜렷하다.

북한의 친일 청산은 정치 보복으로 얼룩진 프랑스의 과거사 바로세우기와 매우 흡사하다. 프랑스는 2차대전 종전 무렵인 1944년부터 굴욕의 흔적을 쾌도난마식으로 정리했다. 히틀러 정권에 협력한 의혹이 있으면 가차 없이 응징해 무려 9,000여 명을 즉결처형했다. 공정성과 적법성이 무시된 채 단죄가 이뤄져 사회적 약자나 여성, 언론·출판인이 대거 희생된 데 반해, 고위 공직자나 기업인은 대부분 멀쩡했다. 프랑스에서는 이념 갈등이나 개인감정이 반영된 야만행위가 1789년 대혁명 이후 격변기마다 반복됐다. 부관참시와 능지처참, 유배 등으로 악명을 날린 조선 4대 사화(士禍)나 다름없는 방식이다. 따라서 프랑스와 북한이 '부끄러운 역사를 성공적으로 청산한 모범국'이라는 우리 사회 일각의 주장은 일부만 맞을 뿐 전체로는 허구일 뿐이다.

북한 정권 수립부터 친일파로 도배

남북한은 건국 내각에 친일 인사를 최대한 배제함으로써 민족정기를 회복하려는 의지를 과시했다. 정통성 경쟁에서 이겨야만 향후 통일 과정에서 유리한 고지를 선점한다는 믿음에서 일제 흔적을 적극적으로 지우려 했다.

이승만 대통령은 1948년 8월 대한민국 유엔 승인, 정통성 확보, 남북통일 의지, 미군정의 평가 등을 염두에 두고 영어가 능숙한 교육자 출신이나 독립운동가를 주로 발탁해 초대 내각을 꾸렸다. 다만, 건국 내각을 조기에 안착시켜 국정 혼란을 해결하고 사분오열된 민심을 수습하기 위해 차관직에는 국정 능력을 최우선 기준으로 삼아 조선총독부 관료 출신을 상당수 기용했다. 그 결과 제1기 내각의 친일 성향 장·차관 비중은 약 19퍼센트에 달했다.[2]

북한에서도 1946년 2월 실질적인 권력기관으로 출범한 북조선임시인민위원회에 일제 도의원 출신의 강량욱이 참여했고, 광산 지배인 출신의 정준택은 1947년 2월 북조선인민위원회 위원이 됐다.

---

2   김수자, 「1948년 이승만의 초대 내각구성의 성격」, 『이화사학연구』 제24호(이화
         여자대학교 이화사학연구소, 1997), 212쪽.

1947년 12월 18일 강량욱을 보도한 〈로동신문〉은 그의 일제 말 친일 행적을 비난하기는커녕 되레 극찬하며 "민주조국 건설을 위하여 애국적 열성으로 반동분자와의 투쟁에 적극 헌신하는 지도자 강량욱 선생"[3]으로 소개했다. 1948년에도 일제 시절 행적이 의심스러운 이승엽이 내각에 발탁됐다.

친일파라도 우수 인력은 남북한 어디서든 요직에 발탁됐다. 이는 건국 당시 국정 운영 경험이 있는 인재 풀이 극도로 빈약한 현실을 고려한 궁여지책이었다. 남한에서 일제 경찰이 중용된 데 반해 북한에서 친일 문화예술인, 산업기술 인력, 의사 등이 우대받은 것은 차이점이다. 빠르게 팽창하는 붉은 물결에 맞서는 것이 시대적 급선무였던 남한과, 일제가 남긴 공업시설을 복원해 사회주의 체제의 우수성을 서둘러 입증해야 하는 북한의 특수성을 반영한 인력 운용 방식이었다.

南, 건국기엔 친일 청산보다 반공이 우선

해방 직후 한반도에는 38선 이남과 이북에 각각 미군과 소련군이 주둔해 냉전 구도를 형성했다. 38선은 두 번째 원자폭탄이 나가사키에 투하된 지 일주일 만에 만주와 북한을 점령한 소련이 한반도 전역을 장악하지 못하도록 하려는 미국의 제안으로 그어졌다. 소련보다 3주 이상 늦게 1945년 9월 9일부터 미군이 진주해 군정을 펼

---

3 이상호, 「포로신문보고서를 통해 본 일본군 출신의 북한군 활동과 북한의 친일파 숙청」, 『한일민족문제연구』 제39호(한일민족문제학회, 2020), 127쪽.

친 남한에서조차 사회주의 여론이 압도할 만큼 좌파 진영의 영향력이 막강했다. 1946년 7월 미군정 여론조사에서 응답자의 70퍼센트가 사회주의를 선호했고, 자본주의와 공산주의 지지는 각각 14퍼센트와 10퍼센트, '모른다'는 응답은 6퍼센트였다.[4]

남한에서 좌파 계열이 강한 지지를 받은 것은 소련과 미국의 현격한 국정 능력의 차이 때문이었다. 북한에서는 소련 군정이 강력한 물가 통제 정책으로 경제를 안정시키고 토지 무상분배 정책을 서둘러 추진한 데 반해, 미군정 체제인 남한에서는 곡물을 비롯한 생필품이 폭등한 데다 토지개혁이 지지부진해 정국 혼란이 이어졌다.

전국 조직력을 갖춰 조선총독부 권력을 넘겨받은 좌파 성향의 건국준비위원회(건준)를 공산주의자들이 주도한 것도 붉은 여론 형성에 지대한 영향을 미쳤다. 중도 성향의 좌우합작 기구로 설립된 건준에는 2차 중앙조직을 결성한 1945년 8월 22일 이후 박헌영 중심의 좌파가 득세했다. 건준이 1945년 9월 6일 조선인민공화국(인공)으로 바뀐 이후에는 좌파 색채가 더욱 짙어져 안재홍 부위원장을 비롯한 민족주의 계열이 대거 이탈했다.[5] 1945년 9월 입국한 미군은 자본주의 방식의 개혁을 추진하면서 인공을 불법단체로 규정해 탄압했다.

1948년 출범한 대한민국 정부도 반공 드라이브를 강하게 걸었다.

---

4 김동민, 「동아일보의 신탁통치 왜곡보도 연구」, 『한국언론정보학보』 제52권 4호 (한국언론정보학회, 2010), 143-144쪽.

5 윤덕영, 「8·15 직후 조선건국준비위원회의 조직적 한계와 좌·우 분립의 배경」, 『사학연구』 제100호(한국사학회, 2010), 839-840쪽.

공산 세력이 급팽창하는 국내외 상황에서 대구 10월사건과 제주 4·3사건, 여수·순천사건 등을 주도한 조선공산당 견제가 화급했기 때문이다.

한반도를 둘러싼 안보 환경이 최악 국면으로 치달은 점도 반공 노선을 강화한 이유다. 1949년 중국이 마오쩌둥 세력에게 넘어간 데다 1950년에는 미국 애치슨 국무장관이 남한은 미국 보호 없이 스스로 방어해야 한다고 선언함으로써 6·25 남침 계획을 스탈린이 승인하도록 도와주는 꼴이 됐다.

미국 전투병력은 2차대전 종전 당시 약 1,200만 명에 달했으나 불과 2년만인 1947년에는 200만 명으로 급감한 탓에 소련의 팽창을 막기에는 역부족이었다. 이런 상황에서 미국은 공산권 예속 위험이 큰 지역을 구하기 위해 안간힘을 썼으나 한계가 뚜렷했다. 1948년 이탈리아 선거에서 공산당의 승리가 예상되자 우파 정치인들에게 현금 자루를 제공하고, 이탈리아계 미국인들에게는 고국의 가족에게 편지 보내기 운동을 펴도록 독려하고, 뉴스나 영화, 엽서 등을 반공산주의 선전 도구로 활용했다. 2차대전 전범국인 독일과 일본에는 징벌 대신 재건을 지원함으로써 동맹국으로 만들었다.[6]

이승만도 한반도를 위성국가로 삼으려는 소련의 위협에 맞서 과거사 청산을 뒤로 미룬 채 체제 수호에 총력전을 폈다. 그 결과 일제 경찰과 군인 출신들이 자연스레 신생 정부에 중용됐다. 1949년

---

6 마이클 베클리·할 브랜즈, 김종수 옮김, 『중국은 어떻게 실패하는가』(부키, 2023), 234-245쪽.

10월 국군 제14연대에 침투한 남로당 소속 군인 2,000여 명이 주둔지인 전라남도 여수·순천에서 반란을 일으켰다가 진압된 이후에는 국가보안법을 만들어 반공 고삐를 더욱 세게 조였다. 국가보안법은 여순사건 가담자를 철저히 색출하라는 이승만 대통령의 담화가 발표된 지 나흘 만인 11월 1일 국권 수호, 국토방위, 국헌 문란 방지를 목적으로 국회에서 초안이 작성될 만큼 신속하게 제정됐다. 이 법의 요지는 대한민국 정부 부정과 파괴, 괴뢰정권 추종 등을 위한 모든 결사·집단 금지였다.[7] 이 법은 일제의 치안유지법을 모체로 만든 탓에 친일 논란에 휩싸이기도 했다. 미군 철수를 주장하던 소장파 의원들은 법안 폐기 동의안을 발의하고 〈동아일보〉와 〈조선일보〉 등도 이에 동조했으나, 국가 안위를 우려하는 여론에 힘입어 결국 발효됐다.

　1949년 12월에는 문교부 장관 안호상을 단장으로 한 학도호국단이 출범해 불과 9개월 만에 약 27만 명의 단원이 꾸려졌다. 학도호국단 창단은 당시 남북한 군사력 차이를 고려한 조치였다. 인민군, 보안대, 내무서원 등으로 짜인 북한군 병력은 13만 명으로 추정된 데 반해 남한은 재정난으로 6만~7만 병력도 유지하기 벅찼다.[8] 학도호국단 단원들은 교련 시간에 군사훈련을 받거나, 공산주의 사상에 맞서고 북벌 의식을 함양하기 위해 삼균주의(三均主義)에 화랑

7　이택선, 「취약국가 대한민국의 형성과정(1945-50년)」(서울대학교 박사학위논문, 2012), 266쪽.

8　위의 글, 271쪽.

정신을 접목해 만든 '일민주의(一民主義)'를 공부했다.

이런 상황에서 군경은 공산 세력 단속에 나서 단기간에 큰 성과를 거뒀다. 박헌영을 비롯한 거물급 공산주의자들이 월북하거나 체포됐다. 국가보안법 시행 첫해 구속자만 11만 8,621명에 달했다. 당시 20세 이상 남한 인구 971만여 명의 약 15퍼센트에 해당하는 인원이다. 1950년 북한의 남침 무렵에는 남로당 조직이 거의 무너졌다. 박헌영은 "남침하면 전국에서 궐기할 것"이라고 호언장담했지만, 사실 남로당 조직은 이때 대부분 파괴돼 있었다.

반민족행위자 처벌이 용두사미로 끝난 데도 공산 세력의 위협이 크게 작용했다. 1948년 정부 수립 직후 친일 부역자를 단죄하라는 거센 여론이 있었으나, 이승만 대통령은 물론 이범석 국무총리도 이를 강하게 반대했다. 광복군 총참모장으로서 미군과 함께 국내진공작전을 준비한 이범석은 "행정 경험이 풍부한 이들을 단죄한다면 신생국 대한민국의 취약점이 더욱 악화할 것"이라며, 1949년 1월 8일 발족한 반민특위에 난색을 보였다. 여수·순천사건 이후 연발하는 빨치산 폭동으로 국가 생존이 위협받자, 무초 주한 미 대사도 비슷한 견해를 보였다.[9]

이승만 정권에서 발탁된 일본군 출신들은 한국전쟁에서 체제 수호에 탁월한 능력을 발휘했다. 강원도 춘천 일대에서 T34 전차를 앞세운 북한군 최정예부대인 2군단을 격파한 제6사단 예하부대장

---

9 이택선, 「해방 후 이범석 정치노선의 성격: 파시즘 논의와 국제정치적 배경을 중심으로」, 『한국민족운동사연구』 제94호(한국민족운동사학회, 2018), 174쪽.

들이 대부분 일본군 출신이었다. 당시 춘천, 홍천, 이천을 신속하게 점령해 수원 이남을 봉쇄한 다음 서울로 진격해 서부전선으로 남하한 주력군과 함께 국군을 포위·섬멸하려던 북한군의 전략이 6사단에 의해 좌절됐다. 국군이 대부분의 전선에서 속수무책으로 패하는 상황에서 6사단이 홀로 대승을 거둠으로써 전쟁 흐름이 한순간에 바뀌었다. 소양강을 사이에 두고 북한군을 사흘간 막은 덕에 미군을 비롯한 유엔군의 상륙 시간을 벌어 반격 기회를 확보하게 됐다. 승리를 이끈 김종호 6사단장과 임부택 7연대장, 함병선 2연대장 등은 모두 태평양전쟁 시기에 일본군에서 근무한 공통점이 있다. 김종오는 일본군 육군 소위로 근무했고, 함병선과 임부택은 1938년부터 운영된 육군 특별지원병으로 입대해 실전 경험을 쌓았다. 수도사단을 이끌고 안강~기계와 영천 일대에서 북한군에 맞서 낙동강 전선을 방어한 송요찬 장군도 일본군 출신이다. 일제 식민지 시절에 천황에게 충성한 이들이 해방 이후에는 국가 방패로 변신해 6·25전쟁에서 대한민국을 벼랑 끝에서 구하는 데 앞장섰다.

이승만의 이러한 인재 발탁 방식은 조선 세종과 닮은 데가 있다. 세종은 부패 혐의로 사형에 처해질 운명이던 조말생을 선처하고 국정 자문을 맡도록 했다. 명재상으로 회자되는 황희도 사위가 한 고문 살인사건 조작, 매관매직, 살인한 유부녀 은닉·간통 등 숱한 범죄에 연루됐음에도 영의정으로만 18년 동안이나 일하며 농업, 예법, 군사, 법률 등 분야에서 세종을 보필했다.

현대사로 보아도 유시민 작가는 서울대 총학생회 산하 복학생협의회 집행위원장으로 활동하던 1984년 교정에 놀러 온 민간인 4명을 납치·감금해 모진 고문 끝에 1명을 숨지게 한 세칭 '서울대 프락치사건'에 연루돼 실형까지 살았지만 노무현 정부에서 보건복지부 장관에 기용됐으니, 이승만 정부의 친일파들보다 훨씬 큰 혜택을 받은 셈이다.

北정권 수립에 친일파·일제 자산 한껏 활용

남한에서 공산 세력 소탕전이 한창일 때, 북한에서는 소련의 지원을 받아 사회주의 국가 건설과 체제 선전 등에 한창 열을 올렸다. 단독정부 수립을 염두에 두고 1946년 2월 북조선임시인민위원회를 만들고, 8월에는 주요 산업의 국유화 법령을 제정해 일제가 남겨 두고 간 기업과 재산을 몰수했다.

남한이 해방 직후 원자재 부족, 전력난, 정치·사회 혼란 등으로 생활상이 일제 치하보다 훨씬 열악해진 데 반해 북한은 상대적으로 양호했다. 일제의 대륙 침략을 위한 병참기지로 활용돼 중화학공업 시설이 대부분 남은 덕분이다. 일제는 대륙과 가깝고 천연자원이 풍부한 북한에 전기, 화학, 기계 등과 같은 중공업 공장을 세웠다. 남한에서는 식료품, 섬유 등 경공업과 농업이 우세했다. 이런 상황에서 북한은 사회주의 체제의 정당성을 확보하기 위해 사회경제적 개혁에 박차를 가했다. 1946년 토지개혁과 중요 산업 국유화를 감행한 데 이어, 이듬해에는 경제부흥에 진력했다. 일제가 남긴 광공업, 농업, 운수, 체신, 상업, 문화, 교육 등 기능을 회복하는 데 초점을 맞춘 '인민경제 계획안'을 만들어 실행에 들어갔다. 김일성 정권의 정당성과 남북한 통일에 대비한 체제 우월성을 확보하려는 속셈에서다.[10] 그 결과 상당수 공업시설이 복구되고 1949년에는 제철, 제련, 비철금속, 전기, 화학, 기계 등 중공업 시설을 활용해 소총과 기관총, 박격포, 수류탄 등 무기를 스스로 생산해 냈다. 중요 산업 국유화 법령에 따라 일제가 남긴 광산, 발전소, 철도, 운수, 체신, 은행, 문화기관 등을 망라해 몰수했으나, 경공업 시설은 다시 민간에 방매해 상당한 성과를 거두기도 했다.[11] 일련의 개혁정책이 순항한 데는 일본인과 친일 인사 발탁이 큰 도움이 됐다.

1946년 3월 7일에는 친일파·민족반역자 처벌 규정을 만들어 관료 출신이나 상공인, 지주, 종교인 등을 엄벌하고 재산을 빼앗았다. 친일 매국노와 귀족 칭호자 등 15개 유형을 응징 대상으로 열거한 이 규정을 근거로 한 첫 재판은 1946년 6월 24일 평양도재판소 형사법정에서 이뤄졌다. 조선독립동맹 활동 상황을 일본 관헌에게 밀고한 혐의로 기소된 윤죽산에게 사형을 선고한 재판이었다.[12] 1947년에는 친일파를 수용소에 가둬 외부세계와 철저히 차단한 채 선거권과 교육권을 제약하고 결혼과 출산을 금지했다.

친일파는 최고 사형과 함께 재산 몰수 형벌을 받도록 한 형법에 따라 청산이 이뤄졌으나, 실태를 보면 허점투성이였다. 1946년 3월

---

10 이주호, 「해방 이후(1945~1950) 북한 방직공업 정책의 전개와 성격」, 『한국사학보』 제63호(고려사학회, 2016), 279-280쪽.

11 예대열, 「해방이후(1945~1950) 북한 경제사 연구의 현황과 과제」, 『사총』 제86호(고려대학교 역사연구소, 2015), 116쪽.

12 이상호, 「포로신문보고서를 통해 본 일본군 출신의 북한군 활동과 북한의 친일파 숙청」, 140쪽.

사법국 재판소와 검찰소의 친일파 배제 원칙이 발표됐으나 현실은 달랐다. 조선최고재판소 재판관 7명 가운데 4명이 일본 대학 졸업 후 고등문관시험에 합격하거나 변호사 시보(試補)를 수료한 친일파였다. 검찰도 해방 전 '악질 면장'으로 소문난 이경운 등 친일파 인사 121명을 검사로 임용했다. 친일파 법조인을 중심으로 사법 체계의 골격을 갖춘 뒤 일선 판사와 검사는 법률학원 출신들로 메웠다. 법률학원생 가운데 노동자와 농민 비율은 23퍼센트였고 나머지 대부분은 친일 색채가 짙었다.

단기 교육을 거쳐 지역별 검사와 판사로 채용된 이들이 인민재판 방식으로 친일파를 단죄한 탓에 부작용이 속출했다. 당시 판사 학력은 고등교육 중퇴 이상 11.4퍼센트, 중등교육 이수 30.6퍼센트, 초등교육 이수 58퍼센트 등으로 매우 낮았고 검사들도 비슷한 수준이어서 형사처벌이 주먹구구식으로 이뤄졌다. 1946년 검찰이 체포한 친일파와 반동분자 810명 중 131명만 유죄 선고를 받았다. 이는 친일파 개념이 불투명하고 처벌 근거도 미비한 상황에서 무수한 사람이 억울하게 체포됐음을 의미한다.[13]

정적 제거 위해 친일파 거짓 낙인

친일파 청산이 정적 제거 수단으로 악용돼, 항일 투사라도 북한 체제에 방해가 되면 친일파나 미제 간첩 등으로 몰려 숙청된 사례

---

13 김재웅, 「해방 후 북한의 친일파와 일제유산 척결」, 『한국근현대사연구』 제66호 (한국근현대사학회, 2013), 194쪽.

가 부지기수였다. 일제 치하에서 조국 독립에 헌신한 조만식이 소련 군 철수와 신탁통치 반대 등 문제로 김일성과 갈등을 빚다가 친일파로 낙인찍혀 1946년 1월 감금된 것이 그런 사례다. 일제 첩자로 활약한 덕에 감옥에서 일찍 석방되고 해방 후에는 이승만과 미제 앞잡이 노릇을 했다는 누명을 쓴 조만식은 평양고려호텔에 갇혔다가 행방불명됐다. 북한은 1943년 11월 16일자 〈매일신보〉에 조만식의 이름으로 실린 '학도에게 고한다'라는 제목의 글을 친일 근거로 삼아 그를 숙청하고 악마화했다. 일제 시절에 반일 인사의 이름을 도용한 글이 언론에 자주 등장했다는 점에서 조만식이 해당 글을 썼을 개연성은 매우 낮다. 훗날 김일성조차도 회고록에서 "그것이 진짜 조만식이 쓴 글인지 아니면 일제가 조작한 글인지 그 내막은 알 수 없었으나 어쨌든 그 글은 세상 사람들을 놀라게 하였다"고 적었다. 조만식이 정치적 이유로 제거됐음을 사실상 시인한 셈이다.[14]

조만식은 6·25전쟁 당시 국군과 유엔군의 평양 진격을 앞두고 다른 민족 지도자들과 함께 총살된 것으로 추정된다. 그 이후 박헌영이나 김원봉도 미제 간첩 혐의로 처형했다.

김일성 수령 체제가 본격화한 1958년 이후 친일 반역자 색출 명분으로 전국에서 이뤄진 '주민 재등록사업'도 반 김일성 세력 제거와 관련이 있다. 이 사업을 통해 김일성 우상화에 걸림돌이 되는 인물을 찾아내 친일 반역자로 낙인찍어 처형하거나 산간벽지로 내쫓

---

14   기광서, 「구 소련 국방성 비밀문서로 본 해방 직후 고당 조만식의 궤적: 국제적 감각 결핍된 채 외세에 지친 '조선의 간디'」, 『민족21』 제21호(2003년 6월), 101쪽.

았다. 주민을 51개 부류로 나눠 직장·교육·의식주를 차별한 것도 친일 청산으로 포장했다.

정작 친일 부역자로 열거된 인물 가운데 상당수는 법망을 빠져나갔다. "국가와 민족을 반역하는 행위를 감행한 자라 하더라도 조국의 통일, 독립을 위해 적극적으로 나서면 과거를 묻지 않으며 형사 책임을 추궁하지 않는다"는 형법 제5조가 이들에게 구명줄 역할을 했다.[15] 북한이 1979년 발간한 『조선 전사』를 보면 친일파 발탁 배경을 짐작할 수 있다.

김일성 동지께서 지난날 공부나 좀 하고 일제 기관에 복무하였다고 하여 오랜 인텔리들을 의심하거나 멀리하는 그릇된 경향을 비판, 폭로하시면서 그들을 새 조국 건설의 보람찬 길에 세워 주시었다.

체제에 도움 되면 친일 이력 세탁

해방 직후 북한에서 요란을 떨었던 친일 청산 작업은 어느 순간부터 흐지부지되고 말았다. 친일 행적이 확연해도 김일성의 집권에 유리한 인물은 요직을 차지하거나 각종 특혜를 누렸다. 이를 합법적으로 뒷받침하는 장치도 만들었다. 1946년 친일파·민족반역자 규정 부칙에 "현재 나쁜 행동을 하지 않거나 건국사업에 적극적으로 협

---

15 홍민, 「북한의 친일파 청산」, 『노동사회』 제64호(한국노동사회연구소, 2002), 139-142쪽.

력하는 자는 죄상을 감면할 수도 있다"는 구멍을 뚫어 친일파들이 무더기로 빠져나가도록 했다.

일제 부역자 구제는 자아비판과 공개 사과 형식의 '탄백'을 거쳐 이뤄졌다. 탄백은 식민 통치 기간에 저지른 잘못과 허물을 당과 인민 앞에서 낱낱이 고백하고 용서를 빌면 선처해 주는 제도다.

광복 직후 북조선인민위원회 사법부장을 맡은 장헌근이 이런 식으로 친일 경력을 깨끗하게 씻고 중용된 인물이다. 1910년 일제로부터 병합 기념장을 받은 장헌근은 조선총독부 경찰 간부를 거쳐 강원도 통천군수, 강릉군수, 중추원 참의, 조선임전보국단 이사 등을 역임한 거물급 친일파다. 참여정부 당시 발표된 친일반민족행위자 705인 명단에 포함됐고, 민족문제연구소의 『친일인명사전』에도 올랐다. 그런데도 북한 헌법 제정을 도울 법률 전문가로 중용됐다.

북한 문화선전성 부상을 지낸 조일명도 일제의 나팔수 활동을 했지만 김일성의 총애를 받았다. 강원도 양양군 대지주의 장남으로 태어난 조일명은 1944년 2월부터 대화숙 주무원으로서 학도병 지원 유세를 주도하고, 황국신민이 돼야 한다는 기고문을 신문에 올리기도 했다. 대화숙은 태평양전쟁 직전인 1941년에 조직돼 반일 사상범을 상대로 내선일체와 천황에 대한 충성 등을 가르치고 홍보하는 친일단체였다. 조일명은 해방 후 발 빠른 변신을 통해 1949년 12월 조선노동당 중앙본부 서기로 발탁됐다가, 북한군이 서울을 점령한 1950년 8월 서울시인민위원회 계획위원장을 맡았으며, 1951년 11월에는 문화선전성 부상에 올랐다.

광복 후 조일명과 함께 박헌영의 조선공산당 재건파에 가담한 이승엽도 친일 행적이 의심스러웠지만, 요직을 두루 거쳤다. 일제 치하에서 공산주의 활동을 하다가 투옥돼 1940년 전향한 이승엽은 대화숙에 가입하고 식량배급조합 이사로서 일제의 식량정책을 선전했다. 이 조합은 전시 식량 확보를 위해 유통과 소비를 통제하는 단체였다. 이승엽은 1934년 일제 경찰에 체포됐을 때 이미 전향한 것으로 보인다. 경남 적색교원노조사건에 연루돼 1933년께 부산형무소에 투옥된 신영갑의 증언이 이런 추론을 뒷받침한다. 당시 이승엽은 벽돌공장과 농장에서 중노동에 시달리는 다른 정치범과 달리 특별대접을 받았는데, 이는 거물급 일제 협력자에게만 부여된 특혜라고 신영갑은 회고했다. 일제 말기 식량영단 이사를 지낸 이승엽은 북한 정권에서 노동당 정치위원장과 인민검열위원장, 인민위원회 총비서장 대리, 내각 사법상, 내각 호위처 차장, 국가검열상 등을 역임하며 승승장구했다.[16]

『친일인명사전』에 등재된 이종만도 북한 최고인민회의 의원으로서 특혜를 누렸다. 기업인으로서 유일하게 애국렬사릉에 묻힌 그는 배우 강동원의 외증조부이기도 하다. 1986년 평양에 국립묘지로 조성된 애국렬사릉에는 독립운동가와 사회주의 건설 유공자 등 500여 명이 안장됐다. 금광 개발로 거부가 된 이종만은 1937년 중일전쟁 발발 이후 고액 위문금을 일제에 여러 차례 헌납했다. 조선총독부 기관지인 〈매일신보〉에 낸 일제 승전 축원 광고에도 참여했

---

16 신영갑·오미일, 「적색교원노조사건과 부산지역 조공·사회당에서의 활동(한국현대사의 증언)」, 『역사비평』 제18호(역사비평사, 1992), 315-316쪽.

다. 친일단체인 조선유도연합회 평의원으로 활동하던 1940년에는 천황을 위해 전장으로 나가 싸우도록 젊은이들을 독려하는 글을 대중잡지 〈삼천리〉에 올리기도 했다. 조선유도연합회는 1939년 일제 침략전쟁을 뒷받침하기 위해 '황도유학(皇道儒學)'을 표방하며 조직된 최대 친일단체다. 여기에는 유림뿐만 아니라 관료, 지역 유지, 근대 지식인 등도 가담했다.[17] 1941년 신생 조선임전보국단 이사로도 참여한 이종만이 "대동사회를 꿈꾸며 노동자·농민·광부의 교육사업 등에 거액을 지원했다"는 변론도 있으나 그것으로 친일 행적을 지울 수는 없다.

상당수 일제 군인도 북한군 고위직으로 재활용되는 행운을 누렸다. 김일성은 일제 학병과 해군 출신을 우대했다. 빨치산 출신만으로 북한군의 전투 역량을 높이는 데 한계가 있다고 판단한 김일성은 이들을 육·해·공군 훈련소 등에 배치해 선진 군사기술을 가르치도록 했다. 일본 군대에서 전투기를 몰아 본 인물은 초특급 대우를 받았다. 인원이 매우 적은 데다 조종사 훈련 비용이 거액인 점을 고려한 조치였다. 오늘날 한국 공군에서도 숙련급 전투기 조종사 한 명을 양성하는 데 120억~150억 원이 든다.

일본 육군항공학교를 거쳐 일본군 조종사로 활동한 이활은 북한에서 공군을 창설하고 초대 공군 사령관이 됐다. 육군항공학교는 2차대전 때 연합군 함정에 자살공격을 했던 가미카제 특공대 양성

---

17 정욱재, 「조선유도연합회의 결성과 '황도유학'」, 『한국독립운동사연구』 제33호 (독립기념관 한국독립운동사연구소, 2009), 229쪽.

소였다. 북한 공군에는 이활 외에도 일본군 출신이 다수 포진했다. 심지어 간도특설대 출신이 북한군 참모부 중위로 발탁됐고, 의무장교는 대부분 일본 의과대학을 졸업하고 일본군에서 복무한 전력이 있다.[18]

김일성은 박정희가 졸업한 만주군관학교 출신 장교들에게도 러브콜을 보냈다. 간도특설대에 들어가 중국공산당 산하 동북항일연군과 팔로군 토벌에 참여했다는 이유로 친일반민족행위자 명단에 오른 김백일도 영입 제안을 받은 바 있다. 김일성은 일제의 군사 지식을 얻으려는 듯 만주군관학교 출신인 김백일과 정일권에게 "함께 나라를 건설하자"고 제의했다가 거절당했다고 백선엽 전 육군참모총장은 회고했다. 해방 직후 조만식 평안남도 건국준비위원장의 비서로 일한 백선엽은 만주군관학교 선배인 김백일과 정일권이 찾아와 김일성의 요청 사실을 전하며 "어떻게 하면 좋겠느냐?"고 묻길래 "이용만 당하고 결국 버림받을 것"이라는 충고를 했다고 증언했다. 1946년 12월 월남한 김백일은 한국전쟁에서 육군 1군단을 이끌고 북진하다 중공군의 개입으로 후퇴할 당시 흥남부두로 몰려든 피란민 약 10만 명을 안전하게 수송한 공적을 남긴 인물로 유명하다.

---

18 이상호, 「포로신문보고서를 통해 본 일본군 출신의 북한군 활동과 북한의 친일파 숙청」, 147-149쪽.

일제 예능인 몸값은 상한가

북한 정권은 친일파 문학인과 예술인들에게 매우 관대했다. 일제 시절에 무슨 짓을 저질렀는지 묻지도 따지지도 않았다. 문학과 예술이 사회주의 사상을 선전하는 힘이 막강하다는 김일성의 지론으로 이들이 특혜를 누렸다. 지금도 북한을 비롯한 공산국가에서는 영화와 연극, 음악 공연, 미술 전시 등이 체제 선전·선동에 자주 활용된다. 예술인들의 선전에 중독되면 팥으로 메주를 쑨다고 해도 대중은 쉽게 믿는 심리를 노린 술책이다.

북한에서 3대째 권력을 승계한 김일성 일가의 우상화 작업에도 예능인들이 대거 동원됐다. 상식적으로 도저히 이해할 수 없는 황당한 내용도 이들의 도움을 받으면 역사적 진실로 굳어졌다. 김일성이 모래로 쌀을, 솔방울로 수류탄을 만들었고, 축지법을 쓰는가 하면 가랑잎을 타고 강을 건넜다는 게 그런 사례다. 김정일을 '하늘이 낸 옥동자'로 치켜세우고, 김정은은 3세 때 총을 쏘았고 9세 때는 3초 만에 총탄 10발을 목표물에 모두 명중시켰으며 8세 이전에 차를 몰고 굽이와 경사지가 많은 비포장도로를 질주했다는 선전도 그럴듯하게 이뤄지고 있다.

1917년 세계 최초로 공산혁명에 성공한 레닌도 "잉크는 독가스요, 펜은 기관총"이라며 선전·선동의 중요성을 역설했다.[19] 이 발언을 따라 대부분의 공산국가에서 선전선동부를 운영하고 있다. 마오

---

19 「잉크는 독가스, 펜은 기관총」(《미래한국》 2016년 2월 23일).

쩌둥 역시 선전술의 달인이었다. 그는 "국민은 가난하고 백지다. 백지에는 가장 아름다운 시를 쓸 수 있다"며 무지한 대중에게 선전·선동으로 혁명사상을 얼마든지 주입할 수 있음을 강조했다.

공산주의자들은 감정 호소, 몇 마디 문구의 반복 사용, 단일 목표 단기 집중 등으로 대중의 분노를 촉발하는 방식의 선동을 선호한다. 일부 사소한 잘못이나 실수를 무기 삼아 전체를 부정하는 수법도 자주 쓰인다. 소수를 대상으로 하는 선전과 달리, 선동은 대중을 겨냥해 수많은 거짓에 일부 진실을 보태 특정 방향으로 몰아가는 군중심리 조작 기법이다.

김일성은 유명 문화예술인의 인기에 편승하면 역사적 진실도 한순간에 바꿀 수 있다는 믿음이 유별나게 강했다. 우리도 선거철이면 유명 연예인을 유세에 대동해 공약 홍보 등에 활용하는 게 일상처럼 됐는데, 그 이치를 김일성은 이미 오래전에 간파했다. 백제 의자왕의 '삼천 궁녀 낙화암' 투신자살설도 일제하 〈꿈꾸는 백마강〉(1940)을 비롯한 대중가요 덕분에 역사적 허구가 진실로 둔갑한 사례다.

시진핑 중국 국가주석도 자신의 이미지 개선과 국민 통제에 유명 연예인을 활용했다. 2022년 10월 23일 공산당 총서기 세 번째 연임이 확정되자 중국 스타급 배우들이 앞다퉈 체제 선전에 나섰다. 영화 〈와호장룡〉으로 유명한 배우 장쯔이는 "시 주석의 지시에 따라 사회주의 문화, 중국 문화를 세계에 알리겠다"라고 공언했다. 전쓰단과 퉁다웨이, 류타오 등도 공산당 지도를 받아 헌신하겠다는 약속을 했다. 시진핑의 '복음'을 확산하는 공산당 치어리더가 되겠다는 다짐이었다.

시진핑이 인민해방군 총정치부 소속 가무단 단원으로 가요계에 데뷔해 20살 때 전국 가요대회 수상을 계기로 국민가수로 발돋움한 펑리위안과 결혼하고, 북한 김정은이 은하수관현악단 가수 이설주를 배우자로 맞은 것도 이런 통치술과 무관하지 않아 보인다.

최승희, 북한 공훈배우로 화려한 변신

지금 중국의 장쯔이 이상의 영향력을 해방 직후 북한에서 행사한 대표적 문화예술인이 최승희(1911~1969)다. 최승희는 1930년부터 조선과 일본, 중국을 오가며 활발한 공연 활동을 펴 '제국의 무희', '조선의 이사도라 던컨'으로 불리며 일제의 총애를 받았다. 1937년부터 도쿄, 중국, 미국·유럽·중남미 등 순회공연에 나서 일제의 대동아전쟁을 선전하고 홍보했다.[20] 2차대전에서 일본의 패색이 짙은 상황에서도 황군 위문사절단으로서 전쟁터를 돌며 일본군 승리를 기원하는 공연을 이어 갔다. 일본군이 싱가포르와 버마(미얀마)를 함락했을 때는 "우리 무적 황군은 싱가포르 공략에 성공하고 있는 이때 저는 무용으로 그 기쁨을 축하하게 된 것을 참으로 광영으로 생각합니다"라는 소감을 피력했다. 말뿐만 아니라 행동으로도 일제에 충성했다. 1942년 2월 중순부터 최승희 무용 공연을 열어 생긴 모든 수익금을 조선군사보급협회에 기증했다. 만주, 화중, 화베이, 상하이, 난징, 베이징 등을 돌며 일본군 위문 공연을 했고, 국방헌금과

---

20 이혜진, 「전쟁과 여성의 브리콜라주: 일본과 독일 제국주의의 프로파간다를 중심으로」, 『국제어문』 제75호(국제어문학회, 2017), 351쪽.

황군 위문금, 조선문인협회 기부금, 군사후원연맹 후원금, 조선군사
보급협회 기금 등을 보탰다. 일본의 동맹국인 독일군 위문에도 돈
을 펑펑 썼다.

그런 최승희가 광복 이후 월북해서 돌연 북한 공훈배우로 화려
하게 변신했다. 중국 베이징에서 해방을 맞은 최승희는 1946년 5월
귀국했다가, 친일 행적이 문제 되자 두 달 뒤인 7월 20일 남편 안막
과 함께 평양으로 들어가 최승희무용연구소를 열고 북한 정치체제
선전에 앞장섰다. 1947년 월북 후 첫 공연을 한 그는 최고인민회의
대의원에 당선된 데 이어 북한 예술인 최고 영예인 인민배우가 되었
다. 조선무용동맹 위원장을 맡아 공훈배우 칭호와 국기훈장 제1급
도 받았다. 1948년 4월 19~30일 평양에서 남북 56개 정당·사회단체
대표 545명이 참석한 남북연석회의 당시 무용으로 협상 분위기를
띄우는 역할도 맡았다.[21] 주요 공식 행사는 물론, 소련과 동유럽 공
산국가 순회공연을 통해 소련 중심의 친선과 공산사회 건설을 예찬
했다. 최승희의 남편인 안막은 북한 문화부 차관에 임명돼 문화예
술계의 중추 역할을 했다. 김일성은 회고록에서 "최승희를 통해 조
선의 민족무용이 현대화했고 국내뿐 아니라 문명을 자랑하는 프랑
스, 독일 등에서도 환영을 받았다"고 칭찬했다.[22]

북한으로 넘어간 최승희의 출세 소식은 거물급 친일파로 꼽히던

---

21 김국후, 『평양의 소련군정』, 267쪽.

22 라기주, 「해방과 분단의 공간에 나타난 예술가들의 이념적 행보: 안막의 문학
과 삶을 중심으로」, 『한국문예비평연구』 제34호(한국현대문예비평학회, 2011),
427~428쪽.

심영, 문예봉, 황철, 이면상, 조영출 등의 월북에 큰 영향을 미쳤다. 문예봉과 같은 배우들은 일제강점기에 전선에서 활약하는 황군의 위용을 그린 영화에 출연했다. 이렇게 제작된 영화는 큰 인기를 끌어 내선일체와 황국신민화 사상을 전파하는 데 지대한 역할을 했다. 당시 〈동아일보〉 보도를 보면 영화에 대한 대중의 관심이 얼마나 높았는지 짐작할 수 있다.

> 전선에서 활약하는 황군의 위용을 사진으로라도 보려고 각지에서 모여드는 군중은 달 밝은 밤거리에 인산인해를 이루어 넓디 넓은 대운동장이 입추의 여지없이 공전의 대성황을 이루었다.[23]

1948~49년 북으로 올라간 친일파 예능인들은 사회주의 체제를 선전한 대가로 호화생활을 누렸다.

김일성 찬가·혁명가극에도 친일파 손길

1940년대 전시총동원령에 맞춰 〈아들의 혈서〉, 〈지원병의 어머니〉 등 각종 군국가요와 학도병 지원을 찬양하는 희곡 『현해탄』, 악극 〈도화만리〉, 〈목련화〉 등을 공연한 조명암(본명 조영출)의 친일 행적도 화려하다. 그는 해방 후 남한에서도 오랫동안 유행한 〈알뜰한 당신〉, 〈선창〉, 〈고향초〉, 〈꿈꾸는 백마강〉, 〈신라의 달밤〉, 〈세상은 요

---

23 김순주, 「식민지시기 후반 '일본 영화'의 보급과 수용: 제국의 매체와 조선인의 동화」, 『사회와 역사』 제126호(한국사회사학회, 2020), 132쪽 재인용.

지경〉 등 대중가요 544편을 작사한 인물이다.[24]

조명암은 1948년 월북해 문화선전성 창작위원으로 활동하다 6·25전쟁 중 북한군의 종군작가로 참전해 〈어머니 우리 당이 바란다면〉 등을 작사했다. 이후 작가동맹중앙위원과 국립민족예술극장 총장, 교육문화성 부상, 예술총동맹중앙위원회 부위원장 등을 역임했다. 1960년 선보인 음악무용서사시 〈영광스러운 우리 조국〉은 집체창작 혁명가극의 모태가 됐다. 피바다식 혁명가극 〈꽃파는 처녀〉, 〈한 자위단의 운명〉, 〈밀림아 이야기하라〉 창작을 지휘한 것도 조명암이었다.

친일파 시인으로서 북한에서 성공한 인물은 이찬이다. 태평양전쟁이 한창이던 1943~45년 친일 희곡을 4편이나 쓴 장본인이다. 징용과 징병의 당위성을 강조하면서 전쟁 참여를 독려하는 내용의 이찬의 작품은 전국을 순회 공연하던 이동연예대의 대본용으로 집필됐다.[25] 「송출진학도」를 비롯한 일제 찬양 시를 숱하게 지어 조선총독부 기관지인 〈매일신보〉 등에 발표했는데도 북한에서 처벌은커녕 영웅 대접을 받았다.

이찬은 해방 이듬해인 1946년 북조선문학예술총동맹 서기장이 돼 사회주의위 우월성 등을 선전하는 시와 노래를 무수히 지었다. 북한 국호나 국가(國歌)가 확정되기도 전에 최고지도자부터 칭송하

24 전영주, 「조명암의 개작 시 연구」, 『한국시학연구』 제24호(한국시학회, 2009), 314쪽.
25 윤진현, 「일제 말 조선인을 위한 차선의 모색과 그 한계: 해방 전 이찬의 시와 희곡」, 『민족문학사연구』 제60호(민족문학사연구소, 2016), 359-360쪽.

려는 목적으로 만든 〈김일성 장군의 노래〉는 김일성 우상화의 상징과도 같은 노래다. 가사가 쉽고 후렴이 반복되는 데다 박자가 활기차, 분위기를 띄우는 행사에서는 어김없이 등장했다. 아이들도 쉽게 따라 불러서 어린이 합창에도 자주 채택됐다.[26] 6·25전쟁 시기에는 미 제국주의와 이승만 정권 타도를 주장하는 작품을 내놓았고 이후에도 전후복구 독려와 김일성 우상화와 관련한 시를 주로 썼다. 1974년 65세로 숨져 평양 애국렬사릉에 묻힌 이찬은 7년 뒤 '혁명시인' 칭호를 받아 최고 시인 반열에 올랐다. 그를 주인공으로 내세운 영화 〈민족과 운명〉이 제작되고 추모시선집 『태양의 노래』도 간행됐다.[27]

북한은 간첩을 서울로 밀파해 일제 고등교육을 받은 지식인들을 북으로 데려오도록 지시하기도 했다. 정권 수립과 경제 발전에 도움이 된다면 흰 고양이든 검은 고양이든 가리지 않았다. 친일 의료인도 북한 건국 시기에 요직을 맡았다. 의학박사인 윤기영과 치과의사인 한동찬이 1945년 11월 소련 군정의 임시정부격인 북조선 행정국에서 각각 보건국장과 상업국장을 맡았다.

특히 김일성의 친인척이라면 친일 행각은 출세에 아무런 장애가 되지 않았다. 김일성의 어머니 강반석의 7촌 숙부인 강양욱은 일제시절 도의원을 지냈으나 북한 인민위원회에서 상임위원장을 맡았다.

---

26 정명문, 「전시의 극장, 선동과 공감의 매개체 : 한국 전쟁 시기 북한의 공연활동을 중심으로」, 『한국극예술연구』 제48호(한국극예술학회, 2015), 265-266쪽.

27 송숙이, 「북한에서의 이찬 시의 정치적 대응과 변모양상」, 『우리말글』 제54호(우리말글학회, 2012), 297-300쪽.

일본 관동군의 중국어 통역요원으로 일한 김일성의 친동생 김영주
도 핵심 권부에 발탁됐다. 김영주는 1972년 7월 2일 남북공동성명
당시 이후락과 함께 서명하고 동시 발표를 한 인물로, 1993년 국가
부주석을 거쳐 최고인민회의 상임위원회 명예부위원장을 지냈다.[28]

일제에 부역한 조선인들 외에, 아예 일본인 기술자들도 대형 공
장이나 발전소 등에서 핵심 간부로 활동할 만큼 김일성의 총애를
받았다. 이들을 위해 일본어로 수업하는 학교와 일본어 신문 발간
을 허용했다. 어떠한 상황에서도 생명과 재산을 보장한다는 증명서
를 발부하고, 생필품과 주택을 포함한 각종 당근책도 제시했다. 이
들이 받은 월급은 4,500~5,000원으로 북조선임시인민위원회 위원
장이던 김일성의 급여 4,000원보다 많았다. 그 결과 1946년 11월까
지 북한에 체류한 일본인은 868명이었고 가족까지 합치면 2,095명
에 달했다.[29]

체제 안정 후 항일투사·친일파 모두 제거

그러나 건국 초기에 우대받은 친일파들의 말로는 그다지 좋지 않
았다. 일제 군인 출신은 한국전쟁 이후 대부분 숙청됐다. 이들의 군
경력이 더는 쓸모없었기 때문이다. 전형적인 토사구팽이었다. 김일
성이 연안파, 소련파, 갑산파, 남로당 등 붉은 동지들조차 반동분자

28　유승우, 「진단: 돌아온 김영주는 실세인가: 족벌체제속의 김영주」, 『북한』 제268호
　　（북한연구소, 1994), 135쪽.
29　「북한의 친일파 청산」, 〈월간조선〉 2006년 2월호.

로 몰아 대대적인 숙청을 시작한 1956년 이후에는 상당수 친일파가 제거됐다. 김일성의 외조부뻘인 강양욱과 친동생 김영주 정도만 막강한 권력과 부를 거머쥔 채 천수를 누렸다.

따라서 북한의 친일파 청산은 완벽했는데 대한민국은 그렇지 못해 민족정기가 훼손됐다는 주장은 명백한 역사 왜곡이다. 북한의 친일 청산은 정치적 필요에 의해서 여러 세력을 자의적으로 처단하면서 친일 청산이라는 명분을 가져다 붙였을 뿐이다. 1999년 월남한 탈북 작가 최진이는 북한의 친일 청산 주장의 허구성을 낱낱이 폭로했다.

> 김일성은 권력 기반을 형성할 때 친일 잔재 청산을 완벽하게 이용했다. 1,500평 이상 부농과 지주의 땅을 빼앗고 다른 지역으로 추방했고, 이들은 그곳에서 친일 주구나 역적 딱지가 붙어 피의 심판을 받았다. 무상분배한 땅은 머잖아 국가 이름으로 압수할 정치적 미끼였다. 농민은 땅을 몰수당하고 지주의 머슴에서 수령의 노예로 신분 이동을 했다. 철저한 친일 청산이란 공산주의 체제로 재편하기 위한 가혹한 전체주의 공산혁명일 뿐이었다.[30]

남한에서는 1948년 정부 수립 이후 소급입법의 적법성 논란을 빚은 끝에 친일 청산 문제를 다뤘으나 그 성과는 미미했다. 법무부장관이 국회를 통과한 반민특위 법안의 위헌성을 지적하며 거부권 행

---

30 류석춘·김광동, 「북한 친일청산론의 허구와 진실」, 〈시대정신〉 제58호(2013) 재인용.

사를 요청했는데도 이승만 대통령이 법안에 서명함으로써 한때 기대를 모았으나, 중간에 반민특위가 깨지며 용두사미로 끝났다.

반민특위 해체에는 여러 원인이 작용했으나, '국회 프락치사건'도 적잖은 영향을 미쳤다. 김약수 국회부의장을 비롯한 진보적 소장파 모임인 '동성회' 소속 국회의원 15명이 남로당 공작원 성시백에게 매수돼 외국군 완전 철수, 남북정치회의 개최, 토지개혁 등을 추진하다 적발된 사건이다. 한때 이승만 정권 조작설이 나돌았으나 사실무근이다. 의원 2명이 남로당 공작에 적극적으로 협력했고, 일부 의원은 남북 노동당 공작원들을 접촉한 사실이 뒤늦게 확인됐다.[31] 연루된 국회의원들은 서대문형무소에 갇혔다가 한국전쟁 기간에 서울을 점령한 북한군에 의해 모두 풀려나 대부분 월북했다.

'조선' 국호부터 친일 그림자

1897년 조선 26대 왕 고종은 황제를 칭하며 대한제국이라는 국호를 택했다. 1910년 한일병합조약을 강박한 일본은 한국 대신 도로 조선이라는 명칭을 사용했다. 1919년 3·1운동 이후 독립운동 단체들이 상하이의 '대한민국임시정부'로 통합된 것을 계기로 재외 광복운동 단체들은 한국 또는 대한이라는 명칭을 썼다. 다만, 공산주

---

31 안도경, 「1949년 국회프락치사건의 재조명」, 『한국정치학보』 제55권 5호(한국정치학회, 2021), 70쪽.

의 계열은 조선을 선호했다. 그 결과 1948년 남과 북이 각기 정부를 수립하면서 국호도 대한민국(한국)과 조선민주주의인민공화국(조선)으로 달리 정해졌다.[32]

1948년 수립된 이승만 정부는 친일파를 응징하는 데 소홀했으나 제도 청산에는 과감했다. 자유민주주의 도입을 통한 군국주의 철폐, 시장경제 확대 등으로 일제 잔재를 쓸어냈다. 일제가 금지한 국호 '대한'을 되살리고, 상하이임시정부의 법통 계승을 헌법 전문(前文)에 명시했다.

그러나 북한은 일제 체제를 숱하게 답습했다. 수령 체제는 모든 국민에게 숭배를 강요하는 천황제의 복사판이었다. 국호 '조선민주주의인민공화국'은 일본 천황이 1910년 대한제국을 강제 병탄한 이후 권장한 '조선'을 넣은 국호다. 조선노동당, 조선인민군, 조선반도, 조선민족 등 북한이 자기 것을 일컫는 용어에는 지금도 어김없이 '조선'이 붙어 다닌다.

일제, 병탄 후 '대한' 대신 '조선' 강제

중국이 강한 애착을 보인 이름은 조선이었다. 단군의 뒤를 이어 고조선을 통치한 기자와 위만이 중국인이라는 믿음 때문이다. 중국은 "주(周)나라 무왕이 상(은)나라 충신이던 기자를 조선 왕으로 책봉했다"는 사마천의 『사기(史記)』 기사를 들어 고조선을 주나라의 제

---

32 김명섭, 「조선과 한국: 두 지정학적 관념의 연속과 분화」, 『한국정치연구』 제25권 1호(서울대학교 한국정치연구소, 2016), 112쪽.

후국으로 여겼다. 신화에 가까운 이 기자동래설(箕子東來說)을 중국은 물론 소중화(小中華)를 자처한 조선도 아무런 의심 없이 정설로 여겨, 평양을 '기자의 도읍' 기성(箕城)이라 부를 정도였다. 위만은 중국 연(燕)나라 사람으로 기원전 194년 혼란기를 틈타 유민을 이끌고 동쪽으로 이주해 준왕(準王)을 내쫓고 고조선의 마지막 왕조를 개척한 인물로 역시 중국 역사서에 기록됐다.

이성계의 새 왕조 이름을 명이 결정해 준 것도 중국이 조선이라는 낱말을 선호하는 이유다. 조선은 1392년 즉위한 태조 이성계가 건국을 알리려고 명에 사절을 보내 신생국 이름으로 '조선'과 '화령(和寧)'을 제시했을 때 명 태조 주원장이 낙점한 국호다.[33]

한국과 중국의 이런 역사를 인식한 일제는 한반도를 강점한 직후 '대한'을 금기어로 삼았다. '한국' 대신 '조선'을 사용하도록 법으로 강제하고, '한(韓)'자가 들어가는 모든 명칭도 불허했다. 일본이 메이지유신을 단행한 1868년 무렵만 해도 흔히 쓰던 '한'을 갑작스레 금지한 것은 중국 침략 야욕을 고려한 조치로 추정된다. 메이지천황은 강제 합병 나흘 만인 1910년 9월 2일 칙령을 내려 대한제국이라는 옛 국호를 조선으로 고치도록 명령했다. 처음에는 대한제국을 자국의 지방으로 간주해서 남해도(南海道)로 바꾸려다, 대한제국이 스스로 부정한 조선이라는 명칭을 되살렸다. 남해도는 일본 최북단 북해도(홋카이도)와 대칭되는 개념이다.[34]

---

33 『태조실록』 2년(1393) 2월 15일.
34 김명섭, 「조선과 한국」, 116-118쪽.

일제의 칙령 발표를 계기로 정부 기구나 언론·출판·교육계, 사회·정치단체 등에서 '한'이라는 글자가 말살됐다. 신문사나 잡지사 등이 '대한'을 떼지 않고 그대로 사용하면 폐간이나 정간 조치를 당했다. 이런 배경에서 〈대한매일신보〉가 〈매일신보〉로, 〈대한신문〉이 〈한양신문〉으로 개명했다. 신생 언론사는 '한' 대신 '조선'이라는 글자를 회사명에 주로 넣었다. 1910년대 〈조선신문〉과 〈조선민보〉, 1920년대 〈조선일보〉와 〈조선중앙일보〉가 그런 배경에서 작명됐다.

'한' 말살 정책은 대한제국의 흔적을 지우고 중국을 침략하려는 야욕에서 비롯된 것으로 짐작된다. 일본은 한반도를 대륙 침략의 발판으로 삼으려면 고대 일본과 해양으로 연결된 '한'보다는 대륙으로 이어진 '조선'이 더 적합하다고 판단했을 법하다.

일제가 금지한 '대한'은 1897년 대한제국에서 처음 등장했다. 대한제국은 서세동점의 격동기에 고대 마한·진한·변한의 삼한(三韓)을 계승한다는 의미로 지은 국호다. 국호의 어원은 고종이 황제 즉위식 하루 전날인 1897년 10월 11일 소집한 어전회의 발언에서 확인된다.

우리나라는 곧 삼한의 땅인데, 국초에 천명을 받고 통합하여 하나가 되었으니, 지금 천하의 이름을 대한이라고 정하는 것은 불가한 것이 아니다. (……) 천하는 모두 다 대한이라는 칭호를 알고 있다.[35]

1392년 개국 이래 약 500년간 지속한 '조선' 국호를 버리고 대한

제국을 채택할 때 저항이 만만찮았으나, 고종의 고집으로 이 국호가 관철됐다. 〈독립신문〉을 비롯한 언론과 애국지사들도 고종의 국호 변경 취지에 공감해 '대한'이나 '한국'이란 용어를 사용하고 적극적으로 홍보했다. 대한제국은 1900년과 1903년 각각 만국우편연합(UPU)과 제네바 협약에 가입함으로써 국제사회에도 국호를 알렸다. 그 결과 조선 대신 한국, 조선인 대신 한국인이라는 용어와 정체성이 생겨났다. 하지만 1905년 을사늑약으로 외교권이 박탈돼 일본의 보호국으로 전락하면서 '대한'이 위축되다가, 1910년 한일병합을 계기로 금기어가 됐다.

임정 이래의 '대한'을 공산 진영은 거부

일제 폭정에 항거하여 들불처럼 일어난 1919년 3·1운동 이후 만들어진 대한민국임시정부 이름에도 '대한민국'이 들어갔다. 상하이 임시정부 임시의정원이 국호를 결정할 때 일부 진통을 겪기도 했으나, 토론 끝에 대한민국이 만장일치로 채택됐다. 여운형이 "대한이라는 이름으로 나라가 망했는데 또다시 쓸 필요가 있느냐"는 의견을 냈으나, "대한으로 망했으니 대한으로 다시 흥해 보자"는 교통총장 신석우의 설명을 듣고 동의한 결과다.[36] 당시 임정 지도자들은

---

35 황태연, 「'대한민국' 국호의 기원과 의미」, 『정치사상연구』 제21권 1호(한국정치사상학회, 2015), 37쪽 재인용.

36 한인섭, 「대한민국은 민주공화제로 함: 대한민국 임시헌장(1919.4.11) 제정의 역사적 의의」, 『서울대학교 법학』 제50권 3호(서울대학교 아시아태평양법연구소, 2009), 175-177쪽.

'조선'이 중국에 사대(事大)하던 봉건왕조의 명칭인 데다 국권 피탈 후 일제의 일개 지방으로 전락한 이름이라는 이유로 배척하고, 자주 독립과 근대국가를 지향한다는 의지를 담은 '대한'을 지지했다. 다만, 황제가 전권을 행사하던 대한'제국'과 달리 국호를 대한'민국'으로 정했다. 백성이 국가의 주인이라는 뜻을 반영한 명칭이다.

상하이임시정부에서 활동하다 이탈한 공산주의 진영은 '한'을 극도로 싫어했다. 1917년 10월 공산혁명에 성공한 러시아가 세계 공산화를 목표로 결성한 코민테른 지령 등을 종합적으로 고려한 결과로 추정된다. 코민테른은 1921년 민족통일전선을 결성하도록 각국 공산당에 지시했다. 노동자·농민 중심의 혁명 주력군이 국가를 단독으로 전복할 수 없는 단계에서 민족주의 세력을 일시 우군으로 편입하는 전술이다. 적대세력 중 핵심 부분이 강력할 때 나머지 세력과 연합해 싸우되, 핵심부가 무너지면 공산당을 뺀 모든 세력을 박멸하고 붉은 정권을 수립하는 방식이기도 하다. 소련이 체제 위협을 받은 1930년대에 각국 공산당에 지시한 '인민전선' 지침도 통일전선전술의 일종이다.[37]

한인 공산주의자들은 조선이라는 용어가 타도 대상인 봉건왕조의 이름이자 일제가 권고한 명칭인데도 개의치 않고 사용했다. 통일전선 대상인 일반 대중에게 친숙하다는 사실을 고려한 선택이었다. 민족주의 진영이 선점한 '대한'이라는 이름은 "일제에 합병된 국호

---

37 신상초, 「공산당의 「통일전선」 전술」, 『윤리연구』 제3호(한국윤리학회, 1974), 250-251쪽.

로 계승할 가치가 없는 구시대 유산"이라고 공산주의자들은 비판했다. 특히 국가는 아무런 착취가 없는 이상사회로 발전하는 과도단계에만 존재하는 계급지배의 도구여서 공산사회에서는 소멸한다고 확신한 공산주의자들에게 국호는 대수롭지 않았다.

임시정부와 조선공산당은 항일투쟁 목표도 달랐다. 임시정부의 광복운동은 주권을 되찾아 민주주의 국가를 수립하는 것인 데 반해, 공산당의 독립운동은 공산혁명으로 이행하는 중간 단계에 불과했다. 이런 배경에서 공산주의 단체는 고려공산당과 고려공산청년회를 제외하면 대부분 '조선'이 들어간 명칭을 사용했다. 조선공산당이 1927년 좌우합작 기구인 신간회에 참여할 때도 명칭에 연연하지 않았다. 민족통일전선을 구축하는 데 용어는 그다지 중요하지 않다는 판단에서 '조선'을 고집하지 않았다.

민족주의 진영은 '한'을 금지한 일제 칙령을 의식해 다소 유연한 행태를 보였다. 좌익 민족주의 통일전선 성격이 짙은 신간회는 원래 '신한회'로 하려다 일제의 해산명령을 염려해, 고목에서 새로운 줄기가 생긴다는 '신간출고목'의 신간회로 바꿨다.

임시정부에서 탄생한 '대한민국' 국호는 일제 치하에서 수면 밑에 억눌려 있다가 1948년 수립된 대한민국으로 되살아났다. 그해 7월 1일 제헌국회가 출석 의원 188명 가운데 찬성 163명, 반대 2명의 표결로 대한민국을 국호로 결정했다. 심의 과정에서 신익희의 '대한민국'과 유진오의 '조선민주공화국', 김규식·여운형의 '고려공화국'을 놓고 열띤 토론을 벌인 끝에 대한민국이 압도적 다수의 찬성으로 채택됐다. 제헌헌법 전문에서 "기미(己未) 삼일운동으로 대한민국을 건립하여 세계에 선포한 위대한 독립정신을 계승하여"라 명시한 이래 현행 헌법까지 "3·1운동으로 건립된 대한민국임시정부의 법통"을 계승한다는 뜻을 일관되게 유지해 오고 있다.

상하이임시정부 초대 수반을 지낸 이승만부터 대한민국이라는 국호를 일관되게 지지했다. 1948년 7월 12일 제헌국회에서 국호가 결정된 직후 국회의장 이승만의 발언에서도 이 점이 확인된다.

> 우리 국호를 대한민국으로 한 것은 새로 국호를 고친 것이 아니라 기미년에 왜놈들이 조선이라고 한 것이 진절머리가 나서 우리는 대한민국이라고 선포했던 것입니다.[38]

공산주의 진영은 일제 치하에서 고집해 온 조선을 해방 이후에도 계속 활용했다. 소련은 대한민국임시정부가 "독자 정부를 가지려는 조선 인민의 고양된 민족 감정과 열정을 악용했다"고 비난하면서 한국 대신 조선이라는 국호를 쓰도록 압박했다. 그 결과 1946년 2월 사실상 북한 정부기구인 '북조선임시인민위원회'와 1948년 2월 발표된 '조선 임시헌법' 초안, 그해 9월 수립된 '조선민주주의인민공화국'에 모두 '조선'이 들어갔다.

북한이 일제 잔재라는 사실을 무시한 채 조선을 선호한 데는 대중 여론도 고려한 것으로 보인다. 1946년 7월 미 군정청의 여론조사에

---

38 신충식, 「해방공간의 '국가' 개념사 연구」, 『정치사상연구』 제17권 2호(한국정치사상학회, 2011), 37쪽 재인용.

서 응답자의 약 70퍼센트가 국호로 '조선인민공화국'을 원했고 '대한민국' 지지는 24퍼센트에 그쳤다. 하지만 1950년 1월 이후에는 남한에서 조선 대신 한국이라는 국호가 훨씬 자주 사용됐다. 이범석 국무총리가 "정식 국호는 '대한민국'이나 편의상 '대한' 또는 '한국'이란 약칭을 쓸 수 있되, 북한 괴뢰정권과 확연한 구별을 짓기 위하여 '조선'은 사용하지 못한다"라는 내용의 국무원 고시를 발표했기 때문이다. 조선이라는 명칭이 1910년 강제병합 이후 일제에 의해 강요됐을 뿐만 아니라 공산주의적 정체성과 지향성을 응축한다는 이유로 정부가 나서서 금지한 것이다. 이 때문에 〈조선일보〉라는 신문 제호가 없어질 뻔한 소동도 빚어졌다. 6·25전쟁이 한창이던 1950년 8월, 전시내각 공보처장이던 김활란 이화여대 총장이 "조선일보 제호는 북이 쓰는 국호이니 바꿔야 한다"라고 주장해 이 문제가 국무회의에서 공론화됐다. 그때 이승만 대통령이 "조선일보는 일제 때부터 사용한 고유명사인데 조선이면 어떻고 한국이면 어떠냐?"라고 정리해 살아남을 수 있었다.

일본 교포사회에서도 '조선'과 '한국'의 이념적 분화 현상이 생겼다. 두 낱말은 친북단체인 재일본'조선인'총련합회(조총련)와 반공단체인 재일본'대한민국'민단(민단)이라는 명칭에 각각 반영됐다.

6·25전쟁을 거치면서 '한국'과 '조선'이라는 관념이 국가 차원에서 굳어져, 상대를 호칭할 때도 존재하지도 않는 이름인 '북한'과 '남조선'을 각각 사용하고 있는 실정이다.[39]

---

39 김명섭, 「조선과 한국」, 131-132쪽.

'수령'은 천황과 일란성 쌍둥이

해방 이후 남한 정치체제에서 일제 잔재가 대부분 걷힌 데 반해, 북한의 수령 체제에서는 천황제의 흔적이 산적해 있다. 남한에서는 모든 국민이 주권을 갖는 자유민주 공화국이 탄생했으나, 북한에서는 수령 중심의 유일 지배체제가 등장한 결과다.

수령(首領)은 어떤 무리의 우두머리라는 뜻이다. 수령은 김일성을 떠받들도록 주민에게 강요하는 용어로 도입됐다가 나중에는 '혁명적 수령'으로 의미가 바뀌었다. 인민대중이 역사의 주체로서 역할을 하려면 올바른 영도를 해 주는 수령이 반드시 존재해야 한다는 뜻이다. 뇌수가 없는 사람의 생명체가 존재할 수 없듯이, 수령 없는 국가는 상상할 수 없다는 게 수령론의 요체다. 수령론은 북한에서 권력투쟁이 일단락된 1960년대 후반부터 출현해 김일성의 권력구조를 정당화하는 도구로 활용됐다.[40]

수령은 인민의 자주적 요구와 이해관계를 하나로 통일하고 지휘하는 최고 뇌수라는 점에서, 절대권력을 휘두르던 전제군주와 닮았다. 북한은 수령을 절대적이며 신성불가침의 존재일 뿐만 아니라 부자세습 체제가 유지되어야만 승리와 영광을 누릴 수 있다고 선전한다. 수령은 단순한 지배자가 아니라 절대적인 어버이이자 신적인 존재여서 인민은 무조건 복종해야 한다는 게 북한의 가르침이다.[41]

---

40 서재진, 「북한의 개인숭배 및 정치사회화의 효과에 대한 평가연구」(통일연구원 연구보고서, 2003), 26-27쪽.

북한은 국토 크기, 인구, 경제력, 군사력 등에서 절대우위에 있는 미국에 맞서 핵무기와 대륙간탄도미사일(ICBM)을 보유하는 데 수령체제가 큰 역할을 했다고 자평한다. 수령체제 집착은 조선공산당의 분열과 김일성의 항일투쟁에서 얻은 교훈 때문이라는 주장도 한다. 1925년 발족한 조선공산당이 서울파와 화요파, 북풍파, 상해파 등으로 분열돼 권력투쟁을 일삼다가 항일투쟁을 등한시한 채 4년 만에 붕괴했다는 게 북한의 인식이다. 따라서 총화로부터 종파와 분파를 절대 허용할 수 없다는 각성에서 북한의 수령관이 생겨났다. 최고지도자가 확정되면 나이와 학력, 성별을 따지지 않고 모든 인민은 무조건 충성해야 한다는 사고체계다. 소련과 중국 등 사회주의 국가의 혁명 1세대가 권력투쟁 끝에 몰락한 것도 수령관 탄생의 반면교사가 됐다.

백두혈통·유일사상·선군정치 등 닮은꼴

북한이 온갖 미사여구를 동원해서 수령론을 극찬하고 있으나, 1868년 메이지유신 이후 체계화한 일본의 천황제가 수령론이 뿌리일 개연성이 높다.

근대 전까지 일본인들에게 천황은 별다른 영향력을 행사하지 못했으나, 메이지유신을 거치는 과정에서 신성한 존재로 격상했다. 일

---

41 남근우, 「북한의 권력과 복종의 정치에 대한 소고: 북한 주민들은 왜 집단저항을 하지 않는가?」, 『아태연구』 제23권 1호(경희대학교 아태지역연구원, 2016), 78-79쪽.

본은 천황 신격화를 위해 신화를 바탕으로 한 행사를 정례화하고 헌법으로 권위를 뒷받침했다. 제국헌법에 "만세일계(萬世一系)의 천황은 신성불가침한 존재다. 국가원수로서 통치권을 총괄한다"라고 선언했다. 일본은 살아 있는 신이 지배하는 신국(神國)이라는 이미지를 조성함으로써 메이지 정권의 정통성을 높이려는 의도로 이런 문구를 헌법에 넣었다.[42] 이후 일본인들은 전사자 영령을 모신 야스쿠니신사의 제신(諸神)을 본받도록 어릴 때부터 교육받고, "천황폐하 만세!"를 외치며 가미카제 특공대로 선발되는 것을 영광으로 삼았다.

천황 신격화는 1910년 한국 병합 직후부터 한국 초등학교에서도 강요됐다. 조선총독부는 보통학교 역사 교과서를 바꿔 천황의 위상과 호칭을 가르쳤다. 조선인이 받들 황실은 대일본 천황폐하, 황후폐하, 황족이며, 천황을 칭할 때는 반드시 "일본국 천황폐하께옵서는"이라고 한다는 내용이 수정 교과서에 수록됐다. '만세일계' 황통(皇統)을 갖는다는 천황의 신성성과 권위를 확대하려고 고대 천황에 얽힌 신화를 역사적 사실처럼 왜곡하기도 했다.[43]

북한의 수령도 일본 천황처럼 신격화한 존재로, 주체사상이라는 기반 위에서 일사불란한 명령·동원 체계를 작동시키는 뇌수로 추앙받는다. 이런 사실을 알면 2003년 대구 하계 유니버시아드 대회 당시 북한 여성 응원단이 김정일 현수막이 비를 맞았다고 울부짖은 것

---

42 최유경, 「『신황정통기』에 나타난 신국사상과 「가미(神)」로서의 천황」, 『종교와 문화』 제12호(서울대학교 종교문제연구소, 2006), 43쪽.

43 윤소영, 「일제강점 초기 한·일 초등학교 교과서의 한국인식」, 『한국독립운동사연구』 제36호(독립기념관 한국독립운동사연구소, 2010), 354쪽.

과, 천황의 전쟁 책임론을 꺼낸 나가사키시장이 2007년 우익단체 청년의 총에 맞은 사건이 전혀 어색하지 않다.

수령 권력이 봉건시대 군주를 능가한다는 점도 천황과 닮은꼴이다. 일제에 "신민(臣民)은 전시에 충의로 분발하여 싸움으로써 천황의 영광을 끝없이 거들라"고 가르친 '교육칙어(敎育勅語)'가 있었다면, 북한에는 '유일사상 체계 확립 10대 원칙'이 헌법이나 노동당 규약보다 위에 군림한다. 10대 원칙은 김일성-김정일 후계 사상을 공고화하려고 만들어졌다가 나중에 김정일-김정은으로 이어지는 3대 권력세습의 정당성 확보를 위한 목적으로 개정됐다.[44] 10대 원칙에는 "위대한 수령 김일성 동지의 혁명사상으로 온 사회를 일색화하기 위하여 몸 바쳐 투쟁해야 한다. 수령님을 높이 우러러 모시는 여기에 우리 조국의 끝없는 영예와 인민의 영원한 행복이 있다"라는 문구를 넣었다. "수령님께서 안겨 주신 정치적 생명을 제일 생명으로 여기고 정치적 생명을 위해서는 육체적 생명을 초개와 같이 바칠 줄 알아야 한다"라는 조항도 있다.

대를 이어 충성하는 세습제도와 군(軍)을 핵심 기반으로 한 '선군(先軍)정치'라는 통치 스타일도 수령과 천황의 공통점이다. 김일성 사후에도 생일인 태양절(4월 15일)을 국경일로 삼은 것 역시 천황제의 명치절(메이지천황 생일)과 천장절(현 천황 생일)의 판박이다. 125대에 걸

---

44 강동완·김현정, 「북한의 '당의 유일적 령도체계 확립의 10대 원칙' 제정 의미와 북한주민들의 인식: 북한내부 문건 분석을 중심으로」, 『북한연구학회보』 제19권 1호(북한연구학회, 2015), 341쪽.

친 천황 세습은 김일성 가계의 3대세습에 영향을 끼친 것으로 보인다. 일본은 천황마다 생일을 공휴일로 삼는 전통을 100년 넘게 유지해 왔다. 천황이 육·해·공군의 대원수이듯 북한의 수령은 국방위원장이자 인민군 최고사령관이다. 천황제의 군국주의와 수령제의 선군정치는 일란성 쌍둥이인 셈이다.[45]

수령의 언어조차 특별대우를 받는 현상도 천황과 일치한다. 일본 언론은 천황의 발언을 극존칭어로 포장해서 전달한다. 황실 꼬마의 일거수일투족도 경어체로 보도한다. 북한군 군가에는 일본 군가를 베낀 흔적이 뚜렷하다. 일본 군가 〈천황을 위하여〉의 가사를 조금만 바꾼 〈장군님을 위하여〉가 북한 군대에서 불린다. 일본인 후지모토 겐지(藤本健二)의 수기 『김정일의 요리사』(2003)에는 술자리에서 김정일과 측근들이 태평양전쟁 말기에 유행하던 일본 군가를 자주 불렀다는 증언이 적혀 있다.

북한은 물질적·정신적으로 일제의 적자(嫡子)

'백두혈통'에 입각한 북한의 파시즘도 천황제를 빼닮았다. 일본은 국민의 동의와 지지를 얻기 위해 신화와 국가주의 사상을 절묘하게 결합한 '황도(皇道)'와 '국체(國體)' 개념을 강조했다. 황도는 천황신화를 토대로 아마테라스 제1대 진무천황부터 내려오는 만세일계의 황통을 계승하고, 아마테라스의 신령을 이어받은 천황을 숭배하

---

45 신지호, 「북한 수령제는 일본 천황제의 모방품이다(아침논단)」, 〈조선일보〉 2005년 10월 16일.

는 사상이다. 국체는 천황이 다스리는 영원불멸의 신국을 의미한다.[46]

신민의 충성을 견인하려고 유교적 덕목과 조상숭배 전통을 결합한 '가족국가관'도 천황체제에서 적극적으로 활용됐다. 일본 전체가 천황을 중심으로 하나의 대가족을 형성한다는 사상이다. 가족국가관은 일제 문부성이 1937년 발간한 『국체의 본의』라는 책에 잘 나타나 있다. 천황을 아버지로 둔 '가족국가' 일본에서 신민이 천황을 섬기고 절대 순종하는 것은 자연스러운 심정의 발로라는 것이다. 북한도 탈식민·민족해방투쟁 대오에 함께 선 인민은 모두 한 가족이며 수령은 자신들을 보살피는 어버이로 인식하도록 교육한다. 일본의 천황은 오늘날 군림하되 더 이상 통치하지 않으나, 북한의 수령은 군림하면서 강력한 통치권을 행사한다.

이런 일련의 현상은 북한이 친일파 숙청과 일제 잔재 청산을 철저히 했다는 주장이 얼마나 엉터리인지를 보여 주는 증거들이다. "북한은 물질적으로나 정신적으로나 일본 제국주의의 적자(嫡子)"라는 이용훈 전 서울대 교수의 지적이 옳아 보인다.[47]

---

46 최유경, 「『신황정통기』에 나타난 신국사상과 「가미(神)」로서의 천황」, 42-44쪽.
47 이상민, 「젊은 세대 속에 뿌리내린 일제 잔재의 망령: 청산 대상은 친일 아닌 일제 적자 김정일 북한이다」, 〈한국논단〉 제214호(2007), 59쪽.

북한과 프랑스 '역사 청산'의 실상

북한이 프랑스와 함께 과거 청산의 모델이라는 주장에 공감하는
사람이 적지 않다. 각각 일제강점기와 2차대전 때 겪은 굴욕의 역사
를 쾌도난마식으로 정리했다는 점에서, 친일파가 여태껏 득세하고
있는 남한에 비해 북한과 프랑스가 모범 사례라는 것이다.

프랑스에서 과거사 청산은 공식 종전기념일인 1945년 5월 8일보
다 약 1년 앞서 시작됐다. 1940년 프랑스 북부를 침공한 독일군과
휴전협정을 맺고 중부 휴양도시 비시를 수도로 삼아 독일과 협력한
비시 정부가 표적이었다. 프랑스가 아프리카와 아시아 식민지를 유
지하면서 자치를 누리는 대가로 히틀러 정권에 협력한 세력이 혹독
한 응징의 대상이었다.

1944년 6월 6일 연합군의 노르망디 상륙작전을 전후해 프랑스
전역에서 피바람이 불었다. 비시 정부의 고위 관료와 부유층이 민족
반역자로 몰려 죽어 나갔다. 이를 두고 "부끄러운 역사를 말끔히 씻
음으로써 정의가 강물처럼 흐르게 했다"는 시각이 있으나, 사실과
다르다. 공직자와 지식인, 기업인 등을 민족반역 혐의로 처벌하는 과
정에서 형평성과 공정성이 크게 훼손됐고, 여성과 노동자 등 사회적
약자일수록 훨씬 가혹한 처벌을 받았다. 친 나치 성향의 문인과 언
론인, 출판인 등을 가차 없이 처형하면서도 고위 공직자와 기업인에
게는 매우 관대했다. 특히 지식인들은 국민정신에 미치는 파급력이
크다는 이유로 처벌 수위가 과도했다. 공개된 글을 부역 증거로 삼
아 속전속결로 이뤄진 재판에서 상당수 지식인이 사형 선고를 받고

선고 직후 무더기로 총살됐다.[48]

부역 증거를 인쇄물에 남긴 지식인과 달리, 대다수 고위 공직자는 잘못 입증이 어려운 데다 새로운 정권과 은밀히 결탁해 법망을 피했다. 고등법원에서 108명 중 45명이 면소(免訴)나 무죄 판결을 받았다. 나치에 부역한 모리스 파퐁은 드골 정부에서 중용돼 97세까지 천수를 누렸고, 죽기 1년 전에는 프랑스 최고 훈장인 레지옹 도뇌르 훈장까지 받았다. 경제계의 사정도 비슷했다. 실형 비율이 기업 경영진과 관리직, 전문직 등은 2.5~12퍼센트인 데 반해 하층 노동자는 57퍼센트였고, 소농이나 수공업자, 소상공인은 67퍼센트에 달했다. 독일군에 군수품을 납품해서 거부가 된 기업인이 가벼운 처벌을 받고 그 공장 노동자는 중형을 받는 일이 빈발했다.

카뮈, 불공정·광기에 "청산은 실패" 선언

대표적인 고강도 청산론자는 작가 알베르 카뮈였다. 레지스탕스 출신으로 1957년 노벨 문학상 수상자인 카뮈는 한때 "청산에 실패한 나라는 스스로 쇄신 실패를 준비하는 것이다"라며 과거사의 철저한 정리를 주창했다. 그런 그가 불과 1년 만에 관용론으로 전환한 것은, 정상 궤도를 이탈한 과거사 청산에 대한 반성이었다. 카뮈는 비시 정부에서 민병대 징병담당관으로 악명을 떨친 알베르티니에게 징역 5년을 선고한 법정이 친독일 성향 기자인 제랭에게 징역 8년을

---

48 유진현, 「프랑스의 과거사 청산과 모리악-카뮈 논쟁」, 『본질과 현상』 제3호(본질과현상사, 2006), 156쪽.

선고하는 부조리를 목격하고 기존 주장을 철회했다. 그는 1945년 8월 신문 〈콩바〉(Combat, 전투) 사설을 통해 "프랑스에서 숙청 작업은 실패했을 뿐만 아니라 신용을 잃은 것이 명백하다. 숙청이라는 단어 자체가 고통스럽고 혐오감마저 불러일으킨다"며 부역자 숙청이 잘못됐음을 시인했다.[49]

역사 청산을 주도한 레지스탕스 출신들의 이념 갈등이나 개인감정도 처벌에 악영향을 미쳤다. 1944년 8월 파리 해방 이전의 프랑스는 야만사회나 다름없었다. 적법절차도 없이 약 9,000명을 즉결 처형하는 광기를 보였다. 숲속이나 길거리에서 광범위한 응징이 이뤄져 여성을 비롯한 약자들이 대거 희생됐다. 독일군에게 음식을 팔거나 친하게 지냈다는 이유로 삭발당한 여성 2만 명이 시내 행진을 강요받았고 그 과정에서 집단 린치를 당했다. 하지만 독일 여성과 사귄 남성은 처벌받지 않았다. 2차대전 막바지에야 적법절차가 지켜져 억울한 희생이 급감했다. 민족반역 용의자 약 30만 명을 조사해 6,700여 명에게 사형을 선고했으나, 사면과 복권·감형 등이 잇따라 실제 형 집행은 791명에 그쳤다.

정적에 대한 잔인한 보복은 프랑스의 오래된 전통이다. 1789년 대혁명 이후 정변을 겪을 때마다 어김없이 이전 권력자를 처단했다. 대혁명을 주도한 로베스피에르가 혁명재판에서 변호와 예비 심문 없이 배심원의 심증만으로 처벌토록 한 '프레리알 22일 법'을 만들어 불과 45일 만에 1,285명을 처형한 것이 대표적인 사례다. 공포정

49 위의 글, 160쪽.

치를 비판하는 당통이나 데물랭 등 자신의 측근들까지 단두대로 보내 목을 잘랐다. 혁명파와 왕당파의 충돌, 농민 폭동 등에 연루된 약 17만 명도 처형됐다. 민중의 이익과 정의를 실천한다는 도덕적 우월감에 사로잡혀 반대자를 잔인하게 처단한 로베스피에르지만, 그 자신도 1794년 쿠데타 세력에 붙잡혀 단두대에서 최후를 맞았다.[50]

이후로도 프랑스에서는 정치적 격동기마다 유혈사태가 펼쳐졌다. 1799년 집권한 나폴레옹 보나파르트는 정적을 대거 숙청한 다음 대외 전쟁에 나서 군인과 민간인 92만 명을 죽였다. 나폴레옹 몰락으로 권력을 되찾은 부르봉 왕가에서도 집단학살이 자행됐다. 1851년 나폴레옹의 조카 루이 보나파르트(나폴레옹 3세)가 친위 쿠데타로 종신 대통령에 올랐을 때도 악습은 반복됐다. 파리 시민 400여 명을 죽이고 약 2만 7,000명을 체포했다. 제3공화정이 들어선 1871년에는 직전 두 달 동안 점령하고 '파리 코뮌'을 선포했던 공산주의자 2만~3만 명이 재판 없이 살해되고 7,000여 명이 국외로 추방됐다. 코뮌 가담자는 여성이든 아이든 가릴 것 없이 모조리 목숨을 잃었다. 이 사건을 보도한 영국 〈타임스〉 기사에 잔혹상이 소개됐다.

> 비인간적인 복수의 법칙을 따르는 베르사유 군대는 죄수, 여성, 아이를 총살하고 총검으로 찔러 죽이고 온몸을 찢어 갈겼다.

---

50 이영호, 「로베스피에르의 비극」, 『철학과 현실』 제20호(철학문화연구소, 1994), 19-20쪽.

(······) 역사상 이보다 더 끔찍한 일은 없었을 것이다. 베르사유 군대가 저지르는 집단 처형의 광경은 역겨움 그 자체다.[51]

친 나치 부역자 처단은 2차대전 전까지 이어진 보복 전통을 따라 이뤄졌다. 우리 역사의 왕조국가 시대에도 빈발했던 이런 방식의 보복이 본받을 만한 것인지 의문이다. 조선은 거열(車裂), 능지처사, 부관참시, 사약, 유배 등으로 얼룩진 사화와 환국(換局) 등을 되풀이하며 극심하게 분열된 끝에 국권을 빼앗겼다. 프랑스도 대혁명 이후 국력 저하로 유럽 패권을 독일에 넘겨주고 제1, 2차 세계대전에서 막대한 피해를 봤다.

그런 프랑스의 과거사 청산 방식을 배운 나라는 캄보디아와 아프가니스탄 등 일부 후진국 빼곤 거의 없다. 캄보디아 크메르 루주 정권의 공산당 서기장 폴 포트는 파리 유학 시절에 배운 '피바다 전통'을 본받아 캄보디아 전역을 킬링 필드로 만들었다. "농촌 이상향을 건설하자"는 착한 구호를 내걸고 인간 도륙에 나섰다. 개혁정책을 비판하는 지식인은 모조리 죽이고, 연인은 물론 부모와 자식 관계마저 파괴함으로써 생지옥을 연출했다. 그 결과 4년 만에 약 200만 명이 살해되고 100만 명이 강제노동과 기아, 질병 등으로 사망했다. 폴 포트의 프랑스 유학파 측근 200여 명과 문맹자만 생존하고 나머지 대부분은 죽거나 불구가 됐다. 훗날 권좌에서 축출된 그는 "나

---

51 이현주, 「파리 코뮌, 최초의 노동자 국가」, 『마르크스21』 제9호(책갈피, 2011), 338쪽 재인용.

는 투쟁했을 뿐 사람을 죽이지 않았다. 내가 야만인처럼 보이는가? 내 양심은 깨끗하다"라고 발언해 세계를 경악게 했다. 1996년 집권 이후 숱한 민간인을 처형하고 소수민족을 집단학살한 아프가니스탄 탈레반의 적폐 청산도 프랑스의 판박이였다.

'내로남불' 프랑스, 15년 만에 독일과 화해

프랑스는 국내와 국외에 이중잣대를 들이댄 사실로도 많은 비판을 받는다. 자신들이 외국에서 저지른 반인도적 행위들은 반성은커녕 인정조차 하지 않았다.

프랑스는 2차대전 당시 인도차이나 식민지에서 비시 정부를 내세워 일본군과 일심동체를 이뤘다. 아프리카 모로코·알제리·기니에서는 독일군과 공조했다. 비시 정부는 히틀러에 의해 강제로 옹립된 괴뢰정권이 아니라 엄연히 프랑스인들 스스로 세운 합법정부였다. 비시 의회는 독일과 체결한 휴전조약을 569대 80으로 비준하고 정부 수반 페탱을 지원했다. 독일의 승리를 예감하고, 전후 새로운 유럽 질서에서 제2의 지위를 가지려는 욕심에서 대독 협력을 추구했다.

국내에서 친 나치 세력 처단이 한창일 동안도 국외 식민지에서는 친 프랑스 부역자를 끊임없이 양산하고 독립운동가들을 잔인하게 탄압했다. 베트남 남부 사이공(지금 호찌민)에서 시민 봉기가 일어났을 때는 전차와 장갑차, 대포 등을 앞세워 무차별 학살했고, 알제리가 132년간 이어진 프랑스의 식민 지배에서 벗어나려 할 때도 약 150만 명을 죽였다. 그런데도 프랑스 최대 일간지 〈프랑수아〉는 물론, 〈뤼마니테(인도人道)〉를 비롯한 진보 언론조차도 대규모 학살극이 벌어진 알제리 독립전쟁 실태에 침묵했다. 영화계와 연극계에서는 알제리 고문 실태가 40여 년간 금기 소재로 취급됐다.[52] 이것이 프랑스의 역사 바로 세우기의 실체다.

세계 최고 박물관이라 자랑하는 루브르 박물관은 프랑스의 후안무치함을 간직한 건축물이다. 이집트의 오벨리스크를 비롯, 각국의 신전과 성벽들을 통째로 뜯어 와 만든 이곳은 박물관이 아니라 장물(臟物) 보관소다. 우리나라에서도 1866년 병인양요 당시 프랑스군이 강화도에 상륙해 외규장각에 불을 지르고 의궤(儀軌)를 비롯한 서적 340권, 은궤 등을 약탈해 가서 여태껏 반환하지 않고 있다.

그 프랑스가 1963년 '역사 청산' 구호를 접고 적성국 독일과 관계 정상화에 나섰다. 프로이센·프랑스 전쟁(보불전쟁)과 제1·2차 세계대전 등으로 싸우며 원한이 산더미처럼 쌓인 양국이 오랜 적대관계를 정리하고 우호관계를 다지기 위해 엘리제 조약을 맺었다. 프랑스 드골 대통령과 서독 아데나워 총리가 과거에 얽매이지 말고 미래를 향해 함께 나아가자는 데 공감한 데 따른 성과다. 이 조약에는 양국 정상·장관급 정례회담, 재단을 통한 청소년 교류 등도 담겼다.

그러나 프랑스는 2차대전 이후 나토 동맹국으로서 오래 누리던 경제 호황이 1970년대에 한풀 꺾이자 또다시 약소국을 무력으로 침탈했다. 병력 1만 4,000여 명을 옛 아프리카 식민지에 파병해 20년

52 천자현, 「전쟁 종료 이후 집단기억이 국가 간 화해에 미치는 영향: 프랑스-알제리, 미국-베트남 사례를 중심으로」, 『국제지역연구』 제17권 2호(한국외국어대학교 국제지역연구센터, 2013), 55-56쪽.

간 무려 12차례나 군사적으로 개입해 경제적 이득을 취했다.[53]

따라서 프랑스는 역사 청산의 모범국이라는 주장은 허구일 뿐이고, 결코 과거 청산의 모델이 될 수 없다고 파리1대학 출신의 박지현 박사는 단언한다.

---

53 마이클 베클리 외, 『중국은 어떻게 실패하는가』, 150쪽.

마무리

'죽창'을 폐기할 시간

해방된 한반도에서 활약한 건국 주역들의 면면과 제도 변화 등을 살펴봄으로써, 친일 청산과 관련한 그간의 평가가 얼마나 편향되거나 왜곡됐는지 확인할 수 있었다.

북한은 정권 수립 당시 남한보다 훨씬 많은 일제 부역자를 발탁했다. 그 대다수를 정권 안정기에 줄줄이 숙청했으니 과거사 청산에서 대한민국보다 비교우위에 있다고 할 수 있을까? 그들은 친일 이력 때문에 민족정기 회복의 이름으로 숙청된 것이 아니라, 김일성의 정적을 제거하는 차원에서 제거됐다.

김일성의 정적들이 대거 잘려 나가 생긴 부작용은 심각했다. 수령 중심의 독재체제가 구축돼 인민의 자유와 인권이 짓밟히고 빈곤이 대물림됐다. 유럽 국가들의 오랜 식민 지배에서 벗어난 아프리카 국가들이 겪은 시련과 닮았다. 아프리카 독립 영웅들이 건국을 주도함으로써 번영과 평화를 가져올 것으로 기대됐으나 결과는 정반대였다. 이들은 도덕적 우월성과 정통성을 내세워 무소불위의 권력을 휘두르며 국가를 나락으로 떨어뜨렸다. 대다수 국민은 극심한 빈곤과 내전, 범죄, 질병 등으로 신음했다.

짐바브웨의 민족해방투쟁 영웅으로 추앙받으며 장기집권한 로버트 무가베가 김일성과 유사한 길을 걸은 대표 인물이다. 무가베는 1964년 백인 정권에 맞서 해방투쟁을 주도하다 10년간 투옥되었고, 출소 후에도 게릴라 운동을 이끌어 아프리카 전역에서 유명해졌다. 짐바브웨가 백인 통치에서 벗어난 1980년에 무가베는 이런 화려한 경력 덕분에 대통령에 오를 수 있었다. 독립투사에서 국가 통치자로 변신한 무가베는 집권 후에도 찬사와 기대를 한 몸에 받았다. 집권 초기에 인종 간 화합을 실현하고 대다수 흑인을 위해 교육과 보건 분야에서 과감한 개혁을 추진한 덕분이었다. 하지만 모범적인 아프리카 지도자라는 평판은 오래가지 못했다. 일인지배 체제를 굳히려고 민병대를 동원해 반대파인 짐바브웨 아프리카인민연맹(ZAPU)을 무자비하게 탄압했다.

무가베의 롤 모델이 바로 김일성이었다. 김일성은 장차 일인지배에 걸림돌이 될 만한 남로당과 연안파, 소련파, 갑산파 등을 모조리 제거했다. 무가베가 잔학한 독재자로 군림하는 데 북한의 도움을 받은 것도 우연이 아니다. 북한인들이 가르친 정예부대는 무가베의 정치적 반대 세력인 은데벨레 부족 2만 명을 죽였다. 국민은 물가 급등과 만성 실업, 빈곤 등을 견디지 못해 무수히 죽거나 망명했다. 1990년대 중반 고난의 행군으로 최소 22만 명이 숨진 북한의 판박이였다.

기니와 말라위, 모잠비크, 앙골라, 잠비아, 지부티, 탄자니아 등 다른 아프리카 국가에서도 독립운동가들이 권좌에 올라 오욕의 역사를 씻는 듯했으나, 빗나간 정의감으로 성과보다는 부작용이 훨씬 컸다.

국제사회에서 역사 청산의 모범 사례를 찾는다면 남아프리카공화국의 진실화해위원회(TRC)를 맨 먼저 꼽을 수 있다. 아파르트헤이트(흑백분리) 체제가 무너진 1994년 출범한 TRC는 가해자가 진실을 밝히면 사면해 주는 방식으로 약 4년간 운영됐다. 조사는 진실 규명보다 진상 확인 성격이 강했다. 백인과 부역자들의 만행은 온 국민이 이미 다 아는 만큼, 그 어두운 과거를 국가가 공식적으로 인정하는 데 더 큰 의미를 뒀기 때문이다. 인구의 13퍼센트인 백인이 흑인을 지배하던 시기에 벌어진 인권 침해를 이렇게 정리함으로써 남아공은 내전이나 보복 같은 유혈사태 없이 민주주의 체제를 구축할 수 있었다.

남아공 방식은 과거사 청산의 좋은 모델로 평가받아 아르헨티나, 칠레, 동티모르, 가나 등에 도입됐고, 우리나라의 의문사진상규명위원회도 이를 참고했다. TRC를 이끈 데즈먼드 투투 영국국교회(성공회) 대주교는 1984년 노벨 평화상을 받았다.

과거로 눈을 돌리면 영국의 사례가 있다. 1649년 청교도혁명 세력은 국왕 찰스 1세까지 처형했다가 혼란과 내분 악화로 크롬웰이라는 더 지독한 독재자를 낳았다. 이를 반면교사로 삼아 1688년 명예혁명 때는 제임스 2세를 축출하되 프랑스로 망명시켰다. 그 결과 '관용과 질서'가 자리 잡아 오늘날까지 의회정치가 꽃을 피우고 있다.

이민족의 통치를 받았던 민족의 과거사 단죄 양상과 범위는 천차만별이다. 민중과 정치지도자의 기억 방식, 그 나라의 국제적 위상, 주변국과의 관계, 부역을 어떻게 정의할 것인가 등이 핵심 변수다. 국가의 최우선 과제가 무엇이냐에 따라서 청산 강도도 달라진다. 대한민국은 1945년 7월 공산주의 종주국인 소련군이 북한에 진주한 상황에서 자유민주주의 수호가 급선무였고, 민족통일 과업은 후순위로 밀렸다. 그 결과 분단의 아픔을 겪었지만, 한국전쟁의 잿더미에서도 한반도 전체가 공산화되는 것을 막아 냈다.

마녀사냥식으로 이뤄지는 핏빛 과거 청산은 증오와 분노로 불타는 국민의 불만을 단기간에 해소해 주는 '사이다 효과'는 거둔다. 북한과 프랑스에서 무수한 사람이 민족반역자로 몰려 처형될 때, 집단죄면에 걸린 국민은 환호했다. 북한의 남침으로 수백만 명이 숨진 한국에서 일제 치하에만 초점을 맞춘 역사에 매몰되면, 항일투쟁의 월계관을 김일성이 독차지하게 하고 동족상잔의 범죄행각은 간과하는 역설이 생길 수도 있다.

반일 선동 도구로 상징되는 '죽창'은 일제에는 아무런 실질적인 타격을 가하지 못하고, 해방에 뒤이은 한국전쟁에서 민간인 학살에만 유용했다. 죽창은 1894년 충청남도 공주 우금치에서 동학농민군의 항일전투에 사용됐다. 당시 농민군 2만여 명이 기관포 등으로 무장한 일본군 200명에 맞서 죽창을 들고 싸우다 몰살당했다. 그 죽창이 한국전쟁에서 맹위를 떨쳤다. 인천상륙작전으로 서울을 수복한 국군을 환영한 전남 영광군 염산교회와 야월교회 신도 등 194명이 남로당원과 동조 세력에 의해 잔인하게 죽었다. 환영회를 주도한 고교생 기삼도를 비롯한 상당수 주민이 죽창으로 온몸을 찔리고 몽둥이에 맞아 목숨을 잃었다. 집단구타 후 산 채로 구덩이에 묻혀 죽거나 몸에 무거운 돌이 매달린 채 인근 바다에 수장됐다. 어린이나 부녀자도 반동분자로 낙인찍혀 무수히 희생됐다. 북한군의 남한 점령기에 군인 아닌 '죽창 세력' 등에 의한 민간인 학살이 12만 8,000여 명, 납치는 8만 4,000여 명, 행방불명은 30만 3,000명으로 각각 집계됐다(정병준, 「한국전쟁기 남한 민간인 인명피해 조사의 유형과 특징: 한국정부의 통계·명부를 중심으로」, 『한국문화연구』 제14호, 이화여자대학교 한국문화연구원, 2008, 133쪽). 죽창, 이젠 폐기돼야 마땅하다.

바람직한 역사 청산은 특정 국가를 모방할 게 아니라 국가별 처지와 시대적 소명 등을 고려해서 치밀하게 추진하되, 민족 역량을 국가 발전에 총동원함으로써 오욕의 역사를 극복하는 식으로 이뤄져야 한다. 후손들이 국가를 자랑스럽게 여길 때 잘못된 과거는 완전히 뛰어넘을 수 있다는 점에서 오늘날 우리의 과제는 항일 또는 친일이라는 이분법에서 벗어나 일본보다 더 잘 살고 인류에 더 많이 봉사하는 훌륭한 나라를 만드는 데 힘쓰는 일이다. 이러한 노력은 소셜미디어 세계에서 정의감에 중독된 네티즌이 정치색이나 종교, 윤리관 등이 다른 이들에게 증오감을 표출하며 마구잡이로 공격하는 야만행위를 막는 데도 유용하다.

참고문헌

강동완·김현정, 「북한의 '당의 유일적 령도체계 확립의 10대 원칙' 제정 의미와 북한주민들의 인식: 북한내부 문건 분석을 중심으로」, 『북한연구학회보』 제19권 1호, 북한연구학회, 2015.

강영주, 『벽초 홍명희 연구』, 창작과비평사, 1999.

곽채원, 「조선민주청년동맹의 결성 배경 연구」, 『현대북한연구』 제18권 2호, 북한대학원대학교, 2015.

구범모, 「러시아 내전기 크라스노쇼코프의 시베리아 활동과 극동공화국: 역내정치에서 지정학으로의 초점 변화를 중심으로」, 서울대학교 석사학위논문, 2020.

권혁수, 「중국항일전쟁과의 연관성으로 본 조선의용대 항일업적의 역사적 의미」, 『충청문화연구』 제10호, 충남대학교 충청문화연구소, 2013.

기광서, 「구 소련 국방성 비밀문서로 본 해방 직후 고당 조만식의 궤적: 국제적 감각 결핍된 채 외세에 지친 '조선의 간디'」, 〈민족21〉 제21호, 2003년 6월.

_____, 「러시아 문서보관소 사료로 본 소련의 대 북한 정책, 1945~47년」, 『역사문화연구』 제23호, 한국외국어대학교 역사문화연구소, 2005.

김경일, 「이재유, 좌절된 사회 혁명에의 꿈(인물 바로 보기 4)」, 『내일을 여는 역사』 제13호, 역사와책임, 2003.

김구, 도진순 주해, 『백범일지』, 돌베개, 2002.

김국화, 「동방노력자공산대학 조선학부 연구, 1924~25년」, 『인문과학』 제57호, 성균관대학교 인문학연구원, 2015.

_____, 「'101인 사건' 판결과 「치안유지법」 적용」, 『한국독립운동사연구』 제74호, 독립기념관 한국독립운동사연구소, 2021.

김국후, 『평양의 소련군정: 기록과 증언으로 본 북한정권 탄생비화』, 한울아카데미, 2008.

김권정, 「일제하 사회주의자들의 반기독교운동에 관한 연구」, 『숭실사학』 제10호, 숭실대학교 사학회, 1997.

김기승, 「언론에 나타난 신간회 해체 논쟁의 전개과정」, 『한국독립운동사연구』 제63호(독립기념관 한국독립운동사연구소, 2018.

김남균, 「미국의 일본 경제정책에 끼친 한국전쟁의 영향」, 『미국사연구』 제8호, 한국미국사학회, 1998.

김남식, 「남로당 최후의 날: 박헌영, 이승엽 등 남로당계 재판의 전말(실록 29)」, 〈통일한국〉 제7호, 1989.

김동민, 「동아일보의 신탁통치 왜곡보도 연구」, 『한국언론정보학보』 제52권 4호, 한국언론정보학회, 2010.

김동춘, 「1920년대 학생운동과 맑스주의」, 『역사비평』 제8호, 역사비평사, 1989.

김득중, 「남조선노동당의 조직활동과 대중운동」, 〈진보평론〉, 2001.

김명섭, 「조선과 한국: 두 지정학적 관념의 연속과 분화」, 『한국정치연구』 제25권 1호, 서울대학교 한국정치연구소, 2016.

김민영, 「1920·30년대 물산장려운동의 경과와 종교계」, 『한일민족문제연구』 제36권 1호, 한일민족문제학회, 2019.

김　방, 「고려공산당의 분립과 통합운동」, 『아세아문화연구』 제5호, 가천대
　　　학교 아시아문화연구소, 2021.

김선호, 「북한의 당군관계 출현과 통일전선의 군대」, 『현대북한연구』 제21권
　　　2호, 북한대학원대학교 북한미시연구소, 2018.

김성호, 「중공 동북당 조직의 조선민족항일혁명투쟁 인식과 방침 정책」, 『인
　　　문논총』 제77권 2호, 서울대학교 인문학연구원, 2020.

김수자, 「1948년 이승만의 초대 내각구성의 성격」, 『이화사학연구』 제24호,
　　　이화여자대학교 이화사학연구소, 1997.

김순주, 「식민지시기 후반 '일본 영화'의 보급과 수용: 제국의 매체와 조선인
　　　의 동화」, 『사회와 역사』 제126호, 한국사회사학회, 2020.

김승력, 「시베리아 드녜브닉 8. 연해주에 묻힌 무명 항일 빨치산들(연해주에
　　　서 온 편지)」, 〈민족21〉 제42호, 2004년 9월.

김영술, 「러시아 극동 소련 한인의 중앙아시아 강제이주 계획과 이주 과정:
　　　1937년 이주문서를 중심으로」, 『재외한인연구』 제53호, 재외한인학
　　　회, 2021.

김영진, 「정우회선언의 방법과 내용」, 『사림』 제58호, 수선사학회, 2016).

＿＿＿, 「1920년대 중반 코민테른과 민족통일전선: 1926년 3월 결정서에서
　　　1927년 4월 결정서까지」, 『사림』 제78호, 수선사학회, 2021.

김영택, 「8.15 해방당시 조선총독부가 여운형을 선택한 배경과 담판 내용」,
　　　『한국학논총』 제29호, 국민대학교 한국학연구소, 2007.

김용달, 「일제의 농업정책과 농민운동」, 『동양학』 제41호, 단국대학교 동양
　　　학연구원, 2007.

김원규, 「코민테른과 립삼체제의 형성 및 좌절」, 『역사와 세계』 제27호, 효원
　　　사학회, 2003.

김인식, 「안재홍의 신간회 운동」, 『애산학보』 제33호, 애산학회, 2007.

_____, 「백남운·연합성 신민주주의론과 조선공산당·「8월테제」의 차별성」, 『중앙사론』 제45호, 중앙대학교 중앙사학연구소, 2017.

김재웅, 「해방 후 북한의 친일파와 일제유산 척결」, 『한국근현대사연구』 제66호, 한국근현대사학회, 2013.

김정민·김명섭, 「만주사변 발발 이후 대한민국 임시정부의 국제연맹외교: 이승만의 외교활동을 중심으로」, 『한국정치학회보』 제53권 1호, 한국정치학회, 2019.

김정현, 「제1·2차 국공합작기의 한·중 연대활동: 황포군관학교 인맥을 중심으로」, 『역사학연구』 제46호, 호남사학회, 2012.

김철민, 「코민포름 분쟁(1948)에 대한 유고슬라비아의 시각과 대응전략」, 『슬라브연구』 제18권 1호, 한국외국어대학교 러시아연구소, 2002.

김춘선, 「조선공산주의자들의 중공가입과 '이중사명' 연구」, 『한국근현대사연구』 제38호, 한국근현대사학회, 2006.

김판수, 「중국공산당의 개조 내부화와 당치 확립, 1927-1934」, 『중소연구』 제41권 2호, 한양대학교 아태지역연구센터, 2017.

남근우, 「북한의 권력과 복종의 정치에 대한 소고: 북한 주민들은 왜 집단저항을 하지 않는가?」, 『아태연구』 제23권 1호, 경희대학교 아태지역연구원, 2016.

라기주, 「해방과 분단의 공간에 나타난 예술가들의 이념적 행보: 안막의 문학과 삶을 중심으로」, 『한국문예비평연구』 제34호, 한국현대문예비평학회, 2011.

류석춘·김광동, 「북한 친일청산론의 허구와 진실」, 〈시대정신〉 제58호, 2013.

마이클 베클리·할 브랜즈, 김종수 옮김, 『중국은 어떻게 실패하는가』, 부키,

2023.

매슈 B. 리지웨이, 박권영 옮김, 『리지웨이의 한국전쟁』, 플래닛미디어, 2023.

미즈노 나오키(水野直樹), 「코민테른의 민족통일전선론과 신간회운동」, 『역사비평』 제2호, 역사비평사, 1988.

박걸순, 「1920년대 북경의 한인 아나키즘운동과 의열투쟁」, 『동양학』 제54호, 단국대학교 동양학연구원, 2013.

박노자, 『조선 사회주의자 열전』, 나무연필, 2021.

박상아, 「망령으로서 미군기지의 기억」, 서울대학교 석사학위논문, 2022.

박성순, 「1920년 대한민국 임시정부의 독립전쟁 노선과 의용단의 성격」, 『동양학』 제84호, 단국대학교 동양학연구원, 2021.

박세준, 「천도교를 중심으로 본 북한 김일성 개인숭배의 보편성과 특수성」, 『사회사상과 문화』 제22권 2호, 동양사회사상학회, 2019.

박순섭, 「1920년대 재만한인사회주의자들의 항일투쟁 노선 변화」, 『한국민족운동사연구』 제90호, 한국민족운동사학회, 2017.

_____, 「남만청년총동맹과 만주 독립운동의 분화」, 『한국민족운동사연구』 제113호, 한국민족운동사학회, 2022.

박영석, 「백야 김좌진장군 연구」, 『국사관논총』 제51호, 국사편찬위원회, 1994.

박영자, 「북한 중앙국가기관 특성과 체제운영 실태: '민주집중제'와 '프롤레타리아 독재'에 대한 비교사회주의」, 『동아연구』 제49호, 서강대학교 동아연구소, 2005.

박찬승, 「식민지 조선 사회운동의 발전과 국제적 성격: 1920년대를 중심으로」, 『한국독립운동사연구』 제26호, 독립기념관 한국독립운동사연구소, 2006.

박창욱, 「김좌진 장군의 신화를 깬다」, 『역사비평』 제24호, 역사문제연구소, 1994.

박철하, 「김약수, 반일 민족해방운동에서 자주적 평화통일운동까지」, 『내일을 여는 역사』 제28호, 역사와책임, 2007.

박   환, 「김좌진장군의 항일독립운동 성격과 역할: 투쟁노선과 정치이념을 중심으로」, 『군사』 제46호, 국방부, 2002.

_____, 『러시아한인민족운동사』, 탐구당, 2015.

_____, 「러시아혁명 이후 블라디보스토크 조선인거류민회의 조직과 활동」, 『한국민족운동사연구』 제90호, 한국민족운동사학회, 2017.

반병률, 「잊혀진 비극적 민족 혁명가, 김립」, 『내일을 여는 역사』 제26호, 역사와책임, 2006.

_____, 「4월참변 당시 희생된 한인애국지사들: 최재형, 김이직, 엄주필, 황경섭」, 『역사문화연구』 제26호, 한국외국어대학교 역사문화연구소, 2007.

_____, 『1920년대 전반 만주·러시아지역 항일무장투쟁』, 한국독립운동사편찬위원회, 2009.

_____, 「러시아(소련)의 대한민국임시정부 인식」, 『역사문화연구』 제35호, 한국외국어대학교 역사문화연구소, 2010.

_____, 「이동휘: 선구적 민족혁명가·공산주의운동가」, 『한국사 시민강좌』 제47집, 일조각, 2010.

_____, 「여운형의 활동을 통해 본 상해 지역 초기 한인공산주의 조직의 형성과 변천에 대한 재해석, 1919~1921」, 『한국독립운동사연구』 제45호, 독립기념관 한국독립운동사연구소, 2013.

백정윤, 「'주보중 일기'를 통해 본 동북항일연군 제2로군 조선인 대원들의

활동(1936~1941)」, 『한국근현대사연구』 제68호, 한국근현대사학
회, 2014.

변은진, 「일제말(1937~45) 청년학생층의 국내외 항일운동세력에 대한 인
식」, 『한국학논총』 제33호, 국민대학교 한국학연구소, 2010.

서대숙, 「특집토론: 김일성의 정체(1)」, 『북한』 제210호, 북한연구소, 1989.

서민교, 「전후 일본의 방위 구상: 일본 우익 세력의 자위대 구상과 그 실천 과
정」, 『일본비평』 제6권 1호, 서울대학교 일본연구소, 2014.

서재진, 「북한의 개인숭배 및 정치사회화의 효과에 대한 평가연구」, 통일연구
원 연구보고서, 2003.

성주현, 「1930년대 천도교의 반일민족통일전선운동에 관한 연구: 갑산·삼
수·풍산·장백현 지역의 조국광복회를 중심으로」, 『한국민족운동사
연구』 제25호, 한국민족운동사학회, 2000.

손염홍, 「1920~30년대 북경지역 한인들의 사회주의 혁명운동」, 『한국학논
총』 제47호, 국민대학교 한국학연구소, 2017.

손정목, 「회사령연구」, 『한국사연구』 제45호, 한국사연구회, 1984.

송숙이, 「북한에서의 이찬 시의 정치적 대응과 변모양상」, 『우리말글』 제
54호, 우리말글학회, 2012.

송유미, 「간도지역 민생단 사건의 성격과 의미 연구」, 『차세대 인문사회연구』
제6호, 동서대학교 일본연구센터, 2010.

송현숙, 「동북항일연군과 조국광복회의 항일무장투쟁에 관한 연구」, 조선대
학교 석사학위논문, 1992.

신복룡, 「해방 정국에서의 박헌영과 김일성의 갈등」, 『사회과학논총』 제
24호, 건국대학교 사회과학연구소, 2000.

신상초, 「공산당의 「통일전선」 전술」, 『윤리연구』 제3호, 한국윤리학회,

1974.

신영갑·오미일, 「적색교원노조사건과 부산지역 조공·사회당에서의 활동(한
국현대사의 증언)」, 『역사비평』 제18호, 역사비평사, 1992.

신용하, 「한국독립군과 조선혁명군의 무장독립운동」, 『한국학보』 제29권
3호, 일지사, 2003.

신주백, 「김일성의 만주항일유격운동에 대한 연구」, 『역사와 현실』 제12호,
한국역사연구회, 1994.

_____, 「(서평) 진실에 더욱 다가선 김일성회고록: 김일성, 『세기와 더불어』
(계승본) 8, 조선로동당출판사, 1998」, 『통일시론』 제2호, 청명문화
재단, 1998.

_____, 『만주지역 한인의 민족운동사, 1920-45: 민족주의운동 및 사회주의
운동 계열의 대립과 연대를 중심으로』, 아세아문화사, 1999.

_____, 「독립전쟁과 1921년 6월의 자유시 참변」, 『지식의 지평』 제31호, 대
우재단, 2021.

신지호, 「북한 수령제는 일본 천황제의 모방품이다(아침논단)」, 〈조선일보〉
2005년 10월 16일.

신충식, 「해방공간의 '국가' 개념사 연구」, 『정치사상연구』 제17권 2호, 한국
정치사상학회, 2011.

신효승, 「1919년 파리 강화회의와 김규식의 외교 독립운동」, 『역사와 실학』
제69호, 역사실학회, 2019.

심지연, 『인민당연구』, 경남대학교 극동문제연구소, 1991.

심헌용, 「대한민국임시정부의 소비에트러시아 외교관계의 형성과 독립외교
전개 그리고 '비밀군사협정'」, 『재외한인연구』 제54호, 재외한인학
회, 2021.

안도경, 「1949년 국회프락치사건의 재조명」, 『한국정치학보』 제55권 5호, 한국정치학회, 2021.

안태성, 「일제시대 불굴의 혁명가, 이재유(역사와 인물)」, 〈길〉 제4호, 길을 찾는 사람들, 1992.

양준석·김명섭, 「1958년 대한민국 국무회의록 연구」, 『한국정치외교사논총』 제38권 1호, 한국정치외교사학회, 2016.

양준호, 「전후 일본의 경제민주화」, 『황해문화』 제76호, 새얼문화재단, 2012.

역사비평사 편집부, 「자료발굴 1942년에 김일성이 육필로 쓴 항일연군 제1로군 약사」, 『역사비평』 제19호, 역사비평사, 1992.

염인호, 「재만조선인 항일투쟁사 서술과 '중국 조선족'의 탄생」, 『한국학연구』 제28호, 인하대학교 한국학연구소, 2012.

예대열, 「김일성 회고록 『세기와 더불어』」, 『국제고려학회 서울지회 논문집』 제13호, 국제고려학회, 2010.

_____, 「『세기와 더불어』에 서술된 북한 민족해방운동사 인식의 변화상과 함의」, 『한국근현대사연구』 제55호, 한국근현대사학회, 2010.

_____, 「해방이후(1945~1950) 북한 경제사 연구의 현황과 과제」, 『사총』 제86호, 고려대학교 역사연구소, 2015.

오미영, 「여운형의 〈몽골여행기〉에 나타난 한·몽 교류사적 의미」, 『몽골학』 제46호, 한국몽골학회, 2016.

오해영, 「세계 혁명 운동의 지도자들이여! 모두 모쓰끄바로!: 공산주의 인터내셔날(코민테른) 창립되다(이 달의 역사)」, 『정세와 노동』, 노동사회과학연구소, 2020.

우리역사넷.

위키백과.

유순호, 「북만주 항일의 별」, 『문예운동』 제63호(문예운동사, 1999

_____, 『김일성 평전(상)』, 지원인쇄출판, 2017.

유승우, 「진단: 돌아온 김영주는 실세인가: 족벌체제속의 김영주」, 『북한』
　　　제268호, 북한연구소, 1994.

유　정, 「4월 테제를 통해서 본 레닌의 연속혁명론」, 『마르크스21』 제23호,
　　　책갈피, 2018.

유진현, 「프랑스의 과거사 청산과 모리악-카뮈 논쟁」, 『본질과 현상』 제3호,
　　　본질과현상사, 2006.

윤덕영, 「8·15 직후 조선건국준비위원회의 조직적 한계와 좌·우 분립의 배
　　　경」, 『사학연구』 제100호, 한국사학회, 2010.

_____, 「신간회 창립과 합법적 정치운동론」, 『한국민족운동사연구』 제65호,
　　　한국민족운동사학회, 2010.

_____, 「신간회 창립 주도세력과 민족주의세력의 정치 지형」, 『민족운동사
　　　연구』 제68호, 한국민족운동사학회, 2011.

_____, 「1920년대 전반 조선물산장려운동 주도세력의 사회운동론과 서구
　　　사회주의 사상과의 비교: '국내상해파'와 조선청년회연합회를 중심
　　　으로」, 『동방학지』 제187호, 연세대학교 국학연구원, 2019.

_____, 「1930년 전후 합법적 정치 운동의 퇴조와 신간회를 둘러싼 민족주
　　　의 세력의 동향」, 『한국학 연구』 제64호, 인하대학교 한국학연구소,
　　　2022.

윤민재, 「해방직후 노동계급의 정치사회화과정에 관한 연구: 전평을 중심
　　　으로」, 『사회과학논집』 제43권 1호, 연세대학교 사회과학연구소,
　　　2012.

윤병석, 「대한민국임시정부에서의 백범 김구의 활동」, 『한국학연구』 제9호,

인하대학교 한국학연구소, 1998.

_____, 「소비에트 건설기의 고려인 수난과 강제이주」, 『중앙사론』 제21호, 중앙대학교 중앙사학연구소, 2005.

윤상원, 「시베리아내전기 연해주 수찬지방 한인빨치산부대의 조직과 활동」, 『아시아문화연구』 제19호, 가천대학교 아시아문화연구소, 2010.

_____, 「시베리아내전기 러시아지역 한인의 군사활동 : '한인사회당 적위군' 과 '에호한인부대'를 중심으로」, 『한국민족운동사 연구』 제66호, 한국민족운동사학회, 2011.

_____, 「봉오동전투와 청산리전투에 대한 소련과 러시아의 평가」, 『역사문화연구』 제56호, 한국외국어대학교 역사문화연구소, 2015.

_____, 「홍범도의 러시아 적군 활동과 자유시사변」, 『한국사연구』 제178호, 한국사연구회, 2017.

_____, 「국제공산당과 국제공산청년회 속의 한인 혁명가 : 박진순과 조훈의 활동 비교」, 『마르크스주의 연구』 제16권 3호, 경상대학교 사회과학연구원, 2019.

_____, 「1937년 강제이주 시기 한인 탄압의 규모와 내용」, 『한국사학보』 제78호, 고려사학회, 2020.

윤소영, 「일제강점 초기 한·일 초등학교 교과서의 한국인식」, 『한국독립운동사연구』 제36호, 독립기념관 한국독립운동사연구소, 2010.

윤여덕, 『한국초기노동운동연구』, 일조각, 1991.

윤진현, 「일제 말 조선인을 위한 차선의 모색과 그 한계 : 해방 전 이찬의 시와 희곡」, 『민족문학사연구』 제60호, 민족문학사연구소, 2016.

윤효정, 「신간회 해소론과 전체대회 연구 : '국제선' 재건그룹과 '태평양노동조합계열'을 중심으로」, 『한국민족운동사연구』 제105호, 한국민족운동사학회, 2020.

윤휘탁, 「항전시기의 화북과 동북, 항일전술과 투쟁환경의 비교고찰: 팔로
군과 동북항일연군의 상이한 운명과 관연하여」, 『중국사연구』 제
22호, 중국사학회, 2003.

이강훈, 「그때 그 이야기: 공산당에 암살당한 김좌진장군의 최후」, 『북한』 제
152호, 북한연구소, 1984.

이계형, 「김중건의 원종 창시와 독립운동」, 『한국학논총』 제39호, 국민대학
교 한국학연구소, 2013.

이균영, 「신간회의 복대표대회와 민중대회사건」, 『한국독립운동사연구』 제
4호, 독립기념관 한국독립운동사연구소, 1990.

이덕일, 「민생단 사건이 동북항일연군 2군에 미친 영향」, 『한국사연구』 제
91호, 한국사연구회, 1995.

_____, 「동북항일연군 창설 배경에 관한 연구」, 『숭실사학』 제9호, 숭실대학
교사학회, 1996.

_____, 「연해주의 소련 극동적군 88여단의 결성배경과 성격」, 『한국근현대
사연구』 제6호, 한국근현대사학회, 1997.

이명영, 『김일성 열전』, 신문화사, 1974.

이상민, 「젊은 세대 속에 뿌리내린 일제 잔재의 망령: 청산 대상은 친일 아닌
일제적자 김정일 북한이다」, 〈한국논단〉 제214호, 2007.

이상봉, 「전후 일본보수정치와 평화헌법: 평화헌법의 출현, 존재방식, 의의에
대한 비판적 연구」, 『영남국제정치학회보』 제9권 1호, 동아시아국제
정치학회, 2006.

이상호, 「포로신문보고서를 통해 본 일본군 출신의 북한군 활동과 북한의 친
일파 숙청」, 『한일민족문제연구』 제39호, 한일민족문제학회, 2020.

이성우, 「시야 김종진의 아나키즘 수용과 독립운동」, 『한국민족문화』 제 82호, 부산대학교 한국민족문화연구소, 2022.

이성환, 「'미쓰야(三矢) 협정'에 관한 연구」, 『일본어문학』 제24호, 일본어문학회, 2004.

이영민, 「"조선로동당"의 대남공작 시조이야기(上): 대남공작의 원류를 알자— 공작원 성시백 국회프락치 사건」, 〈한국논단〉 제292호, 2014.

이영호, 「로베스피에르의 비극」, 『철학과 현실』 제20호, 철학문화연구소, 1994.

이용호, 「샌프란시스코 평화조약 제2조 (a)항과 독도」, 『민족문화논총』 제60호, 영남대학교 민족문화연구소, 2015.

이은희, 「김일성의 항일운동」, 숙명여자대학교 석사학위논문, 1999.

이재훈, 「1949~50년 중국인민해방군 내 조선인부대의 '입북'에 대한 북·중·소 3국의 입장」, 『한국정치논총』 제45권 3호, 한국국제정치학회, 2005.

이종훈, 「두 가지 브레스트-리토프스크 조약과 우크라이나 독립에 나타난 민족자결론의 전개」, 『이화사학연구』 제41호, 이화여자대학교 이화사학연구소, 2010.

이주호, 「해방 이후(1945~1950) 북한 방직공업 정책의 전개와 성격」, 『한국사학보』 제63호, 고려사학회, 2016.

이택선, 「취약국가 대한민국의 형성과정(1945-50년)」, 서울대학교 박사학위논문, 2012.

_____, 「해방 후 이범석 정치노선의 성격: 파시즘 논의와 국제정치적 배경을 중심으로」, 『한국민족운동사연구』 제94호, 한국민족운동사학회, 2018.

이해영, 「심훈의 '주의자 소설'과 '12월 테제'」, 『현대문학의 연구』제65호, 한
      국문학연구학회, 2018.

이현주, 「파리 코뮌, 최초의 노동자 국가」, 『마르크스21』제9호, 책갈피, 2011

이혜린, 「1920년 대한민국임시정부 대통령불신임운동의 주체와 성격」, 『인
      문과학』제57호, 성균관대학교 인문학연구원, 2015.

이혜진, 「전쟁과 여성의 브리콜라주: 일본과 독일 제국주의의 프로파간다를
      중심으로」, 『국제어문』제75호, 국제어문학회, 2017.

임경석, 「극동민족대회와 조선대표단(특집 조선 민족해방운동과 코민테
      른)」, 『역사와 현실』제32호, 한국역사연구회, 1999.

_____, 「박헌영과 김단야」, 『역사비평』제53호, 역사비평사, 2000.

_____, 「강달영, 조선공산당 책임비서」, 『역사비평』제58호, 역사비평사,
      2002.

_____, 「김철수와 조선공산당 제2회 대회」, 『역사비평』제60호, 역사비평사,
      2002.

_____, 「식민지시대 민족통일전선운동사 연구의 궤적」, 『한국사연구』제
      149호, 한국사연구회, 2010.

_____, 「조선공산당 창립대회 연구」, 『대동문화연구』제81호, 성균관대학교
      동아시아학술원, 2013.

_____, 「고려총국 내지부 연구」, 『사림』제48호, 수선사학회, 2014.

_____, 「1927년 조선공산당의 분열과 그 성격」, 『사림』제61호, 수선사학회,
      2017.

_____, 「책임비서의 비밀편지(임경석의 역사극장)」, 〈한겨레21〉 2019. 5. 16.

임성욱, 「조선정판사 '위조지폐' 사건의 재검토: 제1심 판결의 모순점을 중심
      으로」, 『역사비평』제114호, 한국역사연구회, 2016.

임승범, 「1920년대 식민지 조선의 자화상, 영화 〈아리랑〉: 6·10만세 운동 정국 속에서 영화 〈아리랑〉의 확산을 중심으로」, 『한민족문화연구』 제74호, 한민족문화학회, 2021.

장세윤, 「조선혁명군정부 연구」, 『한국독립운동사연구』 제11호, 독립기념관 한국독립운동사연구소, 1997.

_____, 「허형식, 북만주 최후의 항일 투쟁가: "백마 타고 오는 초인"」, 『내일을 여는 역사』 제27호, 역사와책임, 2007.

전갑생, 「성시백, 항일운동가에서 '거물 간첩'으로['스파이(Spy·간첩)' 이야기 2]」, 〈민족21〉 제131호, 2012년 12월.

전명혁, 「사회주의 사상의 도입과 조선공산당 창건」, 『진보평론』 제2호, 1999.

_____, 「서울청년회의 분화와 서울파의 형성」, 『역사문화연구』 제9호, 한국외국어대학교 역사문화연구소, 1999.

_____, 「1920년대 코민테른의 민족통일전선과 서울파 사회주의 그룹」, 『한국사학보』 제11호, 고려사학회, 2001.

_____, 「1920년 코민테른 2차대회 시기 박진순의 민족·식민지문제 인식」, 『한국사연구』 제134호, 한국사연구회, 2006.

_____, 「1930년대 이강국과 그의 인민전선론 인식」, 『마르크스주의 연구』 제5권 3호, 경상대학교 사회과학연구원, 2008.

_____, 「1920년대 '사상사건'의 치안유지법 적용 및 형사재판과정」, 『역사연구』 제37호, 역사학연구소, 2019.

전영주, 「조명암의 개작 시 연구」, 『한국시학연구』 제24호, 한국시학회, 2009.

전우용, 「1910년대 객주 통제와 '조선회사령'」, 『역사문제연구』 제2호, 역사문제연구소, 1997.

전재호, 「식민지 시기의 민족주의 연구: 국내 부르주아 우파와 사회주의 세력을 중심으로」, 『동북아연구』 제16호, 경남대학교 극동문제연구소, 2011.

정명문, 「전시의 극장, 선동과 공감의 매개체 : 한국 전쟁 시기 북한의 공연활동을 중심으로」, 『한국극예술연구』 제48호, 한국극예술학회, 2015.

정병일, 「"반민생단투쟁"의 정치사적 의의: 김일성 부상과 조국광복회 성립의 동인」, 『사회과학연구』 제16권 1호, 서강대학교 사회과학연구소, 2008.

정병준, 「한국전쟁기 남한 민간인 인명피해 조사의 유형과 특징: 한국정부의 통계·명부를 중심으로」, 『한국문화연구』 제14호, 이화여자대학교 한국문화연구원, 2008.

정성임, 「북한의 "선군정치"와 군의 역할」, 『국방연구』 제47권 1호, 국방대학교 안보문제연구소, 2004.

정욱재, 「조선유도연합회의 결성과 '황도유학'」, 『한국독립운동사연구』 제33호, 독립기념관 한국독립운동사연구소, 2009.

정정숙, 「21세기 일본의 국력과 평화헌법: 평화헌법 논쟁과 정치적 의미」, 『국제지역연구』 제7호, 국제지역학회, 1998.

정주수, 「일제강점기 창씨개명 법제해설(1)」, 『사법행정』 제56권 9호, 한국사법행정학회, 2015.

조규태, 「신간회 경성지회의 조직과 활동」, 『국사관논총』 제89호, 국사편찬위원회, 2000.

조동걸, 「조선의용군 유적지 태항산·연안을 찾아서(역사기행)」, 『역사비평』 제20호, 역사비평사, 1992.

『조선왕조실록』, 한국사데이터베이스(https://db.history.go.kr).

조우찬, 「1920년대 후반~1930년대 초반 함경남도 갑산 지역의 항일운동」, 『사학연구』 제121호, 한국사학회, 2016

_____, 「1930년대 중반 한인민족해방동맹의 항일투쟁의 특징과 역사적 재평가」, 『동북아역사논총』 제54호, 동북아역사재단, 2016.

조은경, 「중국 광주지역 내 한국 독립운동 관련 기념물 조성과 인식 변화: 광주기의열사능원 내 중조혈의정을 중심으로」, 『역사문제연구』 제25권 2호, 역사문제연구소, 2021.

조춘호, 「1920년대 후반 만주정세와 조선공산당 만주총국의 자치운동」, 『한중인문학연구』 제30호, 한중인문학회, 2010.

주미희, 「최재형 연구의 현황과 향후 과제」, 『역사연구』 제40호, 역사학연구소, 2021.

_____, 「자유시참변 1주년 논쟁에 대한 고찰」, 『역사연구』 제43호, 역사학연구소, 2022.

채근식, 『무장독립운동비사』, 공보처, 1985.

천자현, 「전쟁 종료 이후 집단기억이 국가 간 화해에 미치는 영향: 프랑스-알제리, 미국-베트남 사례를 중심으로」, 『국제지역연구』 제17권 2호, 한국외국어대학교 국제지역연구센터, 2013.

최규진, 「〈12월테제〉: 조선 사회주의자들의 나침반, 시대의 강령」, 『내일을 여는 역사』 제28호, 역사와책임, 2007년.

최백순, 『조선공산당 평전』, 서해문집, 2019.

최봉룡, 「조선혁명군의 한·중연합항일작전: 양세봉 사령의 활동을 중심으로」, 『한국민족운동사연구』 제31호, 한국민족운동사학회, 2002.

_____, 「1920~30년대 만주지역 한인사회주의운동과 종교: 종교에 대한 인식변화를 중심으로」, 『한국민족운동사연구』 제62호, 한국민족운동

사학회, 2010.

최영준, 「중국의 '국공합작': 반제국주의 민족공조의 모범적 사례인가?」, 『마르크스21』 제34호, 책갈피, 2020.

최용성, 「6·25전쟁시 북한군 제6사단 기동의 효과 분석」, 『군사연구』 제125호, 육군본부 군사연구소, 2008.

최용호, 「6·25전쟁 초기 북한군 제6사단의 호남지역전투 분석과 교훈」, 『군사발전연구』 제13권 1호, 조선대학교 군사학연구소, 2019.

최우철, 「스탈린 국가폭력의 한인 '인민의 적' 가족 해체 사례 연구: 김옥춘과 박정숙의 사례를 중심으로」, 『인문과학』 제82호, 성균관대학교 인문학연구원, 2021.

최운도, 「전후 일본 경제대국화의 원점: 점령의 개혁정치 vs. 역코스 정책」, 『일본학보』 제124호, 일본학회, 2020

최원영, 「신간회 해소의 배경과 과정」, 『충북사학』 제6호, 충북사학회, 1993.

최유경, 「『신황정통기』에 나타난 신국사상과 「가미(神)」로서의 천황」, 『종교와 문화』 제12호, 서울대학교 종교문제연구소, 2006.

최주환, 「이광수의 민족개조론 재고」, 『인문논총』 제70호, 서울대학교 인문학연구원, 2013.

하승희, 「북·일 관계와 전자악단의 활용」, 『현대북한연구』 제23권 2호, 북한대학원대학교 북한미시연구소, 2020.

한광덕, 「6.25전야의 성시백 대선전야의 「성시백」은?」, 〈한국논단〉 제279호, 2012.

한동훈, 「19세기 말 조선인의 연해주 월경과 한인마을의 형성: 조·청·러 삼국의 쇄환교섭을 중심으로」, 『한국독립운동사연구』 제78호, 독립기념관 한국독립운동사연구소, 2022.

한상귀, 「1926~28년 사회주의 세력의 운동론과 신간회」, 『한국사론』 제32호, 서울대학교 국사학과, 1994.

한시준, 「신흥무관학교 이후 독립군 군사간부 양성」, 『백산학보』 제100호, 백산학회, 2014.

_____, 「일제침략에 대한 한중 공동항전의 역사적 경험과 과제」, 『사학지』 제52호, 단국대학교 사학회, 2016.

한인섭, 「대한민국은 민주공화제로 함: 대한민국 임시헌장(1919.4.11) 제정의 역사적 의의」, 『서울대학교 법학』 제50권 3호, 서울대학교 아시아태평양법연구소, 2009.

한홍구, 「민생단 사건의 비교사적 연구」, 『한국문화』 제25호, 서울대학교 규장각한국학연구원, 2000.

홍 민, 「북한의 친일파 청산」, 『노동사회』 제64호, 한국노동사회연구소, 2002.

홍성곤, 「1930년대 코민테른의 반파시즘론의 발전」, 『역사와 경계』 제38호, 경남사학회, 2000.

홍웅호, 「1930년대 말 소련의 동아시아정책」, 『사림』 제23호, 수선사학회, 2005.

황민호, 「남만지역 중국공산당의 항일무장투쟁과 한인대원: 한인공산주의자들의 활동을 중심으로」, 『한국민족운동사연구』 제31호, 한국민족운동사학회, 2002.

_____, 「일제하 간도봉기의 전개와 한인사회의 대응」, 『한국민족운동사연구』 제65호, 한국민족운동사학회, 2010.

_____, 「재만 한국독립군의 성립과 항일무장투쟁의 전개」, 『사학연구』 제114호, 한국사학회, 2014.

_____, 「1930년대 재만 조선혁명군의 항일무장투쟁과 한·중연합작전의 동향: 국내언론의 보도 내용과 경향을 중심으로」, 『한국민족운동사연구』 제87호, 한국민족운동사학회, 2016.

황정식, 「상해 대한민국 임시정부와 체코군단」, 『동국사학』 제67호, 동국역사문화연구소, 2019.

황태연, 「'대한민국' 국호의 기원과 의미」, 『정치사상연구』 제21권 1호, 한국정치사상학회, 2015.

후지모토 겐지, 신현호 옮김, 『김정일의 요리사』, 월간조선사, 2003.

周保中, 『東北抗日遊擊日記』, 人民出版社, 1991.

Kim Junghwa and Moon Han byoul, "Trend of Censorship and Survival Strategy of the Media during the Period of Japanese Colonialism as Witnessed Through the Popular Magazine *Samcheonli*," *Journal of Korean Culture*, vol. 52, 한국어문학국제학술포럼, 2021.

「굴할 줄 모르는 강철전사 양정우」, 〈연변일보〉 2019년 6월 11일.

「김일성 이름 알린 '보천보 전투' 특종호외(D-Story 59)」, 동네(동아미디어그룹 공식 블로그, 2010년 11월 22일).

「김정일 생가라는 백두밀영은 어떻게 탄생했나(탈북 1호 박사 이애란의 북한통신)」, 〈조선일보〉 2014년 10월 22일.

「냉대받은 이승만, 회의장엔 들어가지도 못하고…(동아플래시100)」, 〈동아일보〉 2020년 8월 18일.

「미 CIA "북한 김성주(김일성으로 개명), 학창시절부터 사람 죽여"」, 〈월간조선〉 2017년 11월 9일.

「북한의 친일파 청산」, 〈월간조선〉 2006년 2월호.

「일본 외무성 외교사료관 문서 입수: 김좌진 암살범은 고려공산청년회 김신준」, 〈월간조선〉 2007년 10월호.

「일본 초고속 경제성장 엔진 점화: 한국전쟁 특수는 신이 내린 부흥의 바람 (2010 연중기획)」, 〈주간경향〉 2021년 6월 21일.

「잉크는 독가스, 펜은 기관총」, 〈미래한국〉 2016년 2월 23일.

붉은 항일

독립과 건국의 적(敵)

초판 1쇄 발행 2023년 10월 16일

지은이 황대일
펴낸이 안병훈
펴낸곳 도서출판 기파랑
등 록 2004. 12. 27 제300-2004-204호
주 소 서울시 종로구 대학로8가길 56 동숭빌딩 301호 **우편번호** 03086
전 화 02-763-8996(편집부) 02-3288-0077(영업마케팅부)
팩 스 02-763-8936
이메일 info@guiparang.com
홈페이지 www.guiparang.com

ISBN 978-89-6523-508-8 03300